Gabriele Kiesl & Hans Ludwig Höcherl
Die schönsten Wirtshäuser in Regensburg und Umgebung

Bücher für Bayern ♥ aus Liebe zur Heimat

BAYERNS
beste Seiten

MINIKATALOG Herbst / Winter 2023 / 2024
Unsere Bücher sind in allen regionalen Buchhandlungen und online erhältlich!

Kochen & Backen
Rezepte aus der Heimat

Heimat entdecken
Bildbände & Freizeitführer

Ratgeber
Gesund & nachhaltig leben

Bayerischer Humor
Bayerische Klassiker,
Toni Lauerer & Co.

und vieles mehr …

Heimat
battenberg
gietl verlag

BUCH- UND KUNSTVERLAG OBERPFALZ
MZ-BUCHVERLAG · SÜDOST-VERLAG · BAYERLAND

2 • Kochen & Backen

✦✦✦

»Gehört einfach in jede Kochbuchsammlung«
Günter Bielemeier, medienprofile

»Die Fotos machen Lust aufs Nachkochen.«
Stefan Grötsch, Juraland

Hans Bauer & Sandra Leitner
Strudellust herzhaft & süß
So schmeckt Glückseligkeit
1. Auflage 2022, 160 S.,
Format 21 x 28 cm,
durchgehend farbig,
Hardcover
ISBN 978-3-95587-813-9
Preis: 29,90 €

Mandel-Macadamia-Strudel

Irmi Hofmann
Bayerische Mehlspeisen
3. Auflage 2020, 160 Seiten,
Format 17 x 24 cm,
durchgehend farbig, Hardcover
ISBN 978-3-95587-730-9
Preis: 19,90 €

✦✦✦

»Selten läuft [einem] so sehr das Wasser im Mund zusammen wie beim Durchblättern dieses Buches.«
Sandra Hiendl, Passauer Neue Presse

Hans Bauer & Sandra Leitner
Knödellust herzhaft & süß
So schmeckt Glückseligkeit
Überarb. und erweit. 2. Aufl. 2022, 184 Seiten,
Format 17 x 24 cm, durchgehend farbig, Hardcover
ISBN 978-3-95587-801-6 · Preis: 24,90 €

A. Marmor · **Brot & Gefährten**
Brote, Suppen, Aufstriche & Salate – saisonale Rezepte fürs ganze Jahr
1. Auflage 2021, 200 Seiten,
Format 21 x 24 cm,
durchgehend farbig, Hardcover
ISBN 978-3-95587-782-8
Preis: 24,90 €

Kochen & Backen • 3

Kuchen, Torten & viele weitere süße Schmankerl

NEU Mitte Oktober 2023

Herzerltorte, Osser-Kipferl, Maulwurfshugerl – kreative Ideen für Kuchen, Torten & Gebäck

Spitzboum, Stolln und Springala
Ein Oberpfälzer Weihnachtsbackbuch
2. Auflage, 176 S., Format 17 x 24 cm, durchgehend farbig, Hardcover
ISBN 978-3-95587-055-3
Preis: 19,95 €

Bettina Haller
Backrezepte aus'm Bayerischen Wald
Herzerltorte, Osser-Kipferl, Maulwurfshugerl –
kreative Ideen für Kuchen, Torten & Gebäck
1. Auflage 2023, ca. 144 Seiten, Format 17 x 24 cm,
durchgehend farbig, Hardcover
ISBN 978-3-95587-820-7 · Preis: 24,90 €

Kouchn, Köichla, Kipfala
Oberpfälzer Brauchtumsbackbuch quer durchs Jahr
4. Auflage 2023, 160 S., F. 17 x 24 cm, durchgehend farbig, Hardcover
ISBN 978-3-95587-102-4
Preis: 24,90 €

Du suchst Backrezepte für den Alltag oder auch für besondere Anlässe? Du würdest gern mal eine Torte zaubern, die wundervoll aussieht, aber trotzdem nicht zu kompliziert zu backen ist? Dann ist dieses Buch genau das Richtige für dich. Darin findest du Rezepte für besonders schöne und einzigartige Kuchen und Torten, mit denen du ganz sicher bei deinen Gästen punktest. Bewährte Klassiker, neue Kreationen und viele weitere kleine Leckereien hält das Backbuch für dich bereit. Dank gut verständlicher Schritt-für-Schritt-Anleitungen kannst auch du künftig feinste Leckereien für dich und deine Lieben zaubern!

Kochen & Backen

✦✦✦
»Schon der Einband lässt einem das Wasser im Mund zusammenlaufen.«
Chamer Zeitung

Melanie Rauscher & Theresa Rauscher
Klostermühle Altenmarkt
Großes Oberpfälzer Kochbuch
So schmeckt's dahoam!
1. Auflage 2022, 184 Seiten, Format 17 x 24 cm,
durchgehend farbig, Hardcover
ISBN 978-3-95587-097-3 · Preis: 24,90 €

Inge Häußler
Großes Oberpfälzer Kartoffelkochbuch
7. Auflage 2020, 248 Seiten,
Format 17 x 24 cm,
durchgehend farbig, Hardcover
ISBN 978-3-86646-309-7
Preis: 19,90 €

✦✦✦
»Eine Kombination aus ‚aufgefrischten' traditionellen Rezepten (…) und modernen (…) Kompositionen«
Christa Vogel,
Der Neue Tag

Waltraud Witteler & Claudia Gregor
**Die besten Fischrezepte aus der Oberpfalz –
von einfach bis raffiniert**
1. Auflage 2022, 192 Seiten, Format 17 x 24 cm,
durchgehend farbig, Hardcover
ISBN 978-3-95587-083-6 · Preis: 29,90 €

Erdäpfl, a so a Freid
Neue und alte Kartoffelrezepte
aus der Oberpfalz
2. Auflage, 176 S., F. 17 x 24 cm,
durchgehend farbig, Hardcover
ISBN 978-3-935719-95-7
Preis: 19,95 €

Kochen & Backen • 5

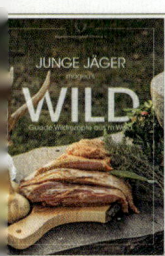

NEUAUFLAGE Mitte Sept. 2023 – bereits in der 6. Auflage!

Jägerkameradschaft Cham e. V.
Junge Jäger mögen's WILD
Guade Wildrezepte aus'm Woid
berarb. 2. Auflage 2023,
176 Seiten, Format 17 x 24 cm,
durchgehend farbig, Hardcover
ISBN 978-3-95587-800-9
Preis: 24,90 €

Rupert Berndl
Brennsuppn und Erdäpfel
Vergessene Rezepte
aus dem Bayerischen Wald
Überarbeitete und
erweiterte 6. Auflage 2023,
168 S., Format 17 x 24 cm,
durchgehend farbig,
Hardcover
ISBN 978-3-95587-825-2
Preis: 24,90 €

Dieses Kochbuch soll an Gerichte erinnern, wie sie im Bayerischen Wald des 19. Jahrhunderts üblich waren. Die Rezepte stammen von Köchinnen aus Bürger- und Pfarrhäusern ebenso wie aus der Feder einfacher Bäuerinnen – und zeigen sich sehr vielfältig und reich an Ideen!

NEUAUFLAGE Mitte Sept. 2023 – bereits in der 3. Auflage!

Rupert Berndl
**Rehragout
und Schnepfendreck**
Alte, vergessene Rezepte für
Wildgerichte · Jagd und
Wilderei im Bayerischen Wald
zwischen 1848 und 1948
. Auflage 2020, 176 Seiten,
Format 17 x 24 cm,
durchgehend farbig, Hardcover
ISBN 978-3-95587-767-5
Preis: 24,90 €

Rupert Berndl
**Kartoffelsterz und
Hollerkoch** · Rezepte
aus schweren Zeiten
Überarb. und erweiterte
3. Aufl. 2023, 152 Seiten,
Format 17 x 24 cm,
durchgehend farbig,
Hardcover
ISBN 978-3-95587-826-9
Preis: 24,90 €

Gerade in unserer heutigen Zeit, in der man sich wieder auf eine möglichst kalorienarme, aber trotzdem schmackhafte Kost und einen nachhaltigen, schonenden und sparsamen Umgang mit Nahrungsmitteln besinnt, regen die in diesem Kochbuch zusammengetragenen Rezepte zum Nachkochen an.

Andrea Leuoth-Münzberger
Frisches aus der Milchwerkstatt
Käse, Butter, Quark & Co. selber machen
und genießen
1. Auflage 2021, 160 S., Format 22 x 20,5 cm,
durchgehend farbig, Hardcover
ISBN 978-3-95587-773-6 · Preis: 19,90 €

Markusine Guthjahr
Die Speisekammer der Natur
Kochen im Einklang mit den Jahreszeiten
Gemüse · Kräuter · Früchte
1. Auflage 2020, 192 S., F. 17 x 24 cm,
durchgehend farbig, Hardcover
ISBN 978-3-95587-074-4 · Preis: 19,95 €

Dietmar Fiebrandt
Gemüse haltbar machen durch Fermentieren
Immunsystem stärken durch gesunde Ernährung
Überarbeitete und erweiterte 3. Auflage 2022,
160 Seiten, Format 17 x 24 cm,
durchgehend farbig, Hardcover
ISBN 978-3-95587-818-4 · Preis: 24,90 €

Ursula Gaisa
**Vegetarische Schmankerl
für 5 Jahreszeiten**
Raffinierte regionale
und saisonale Rezepte
1. Auflage 2019, 152 S., F. 17 x 24 cm,
durchgehend farbig, Hardcover
ISBN 978-3-86646-341-7 · Preis: 19,90 €

Kochen & Backen • 7

Waltraud Witteler & Maria Flor
Waltrauds Waldgeflüster
Geheimnisse der kreativen Pilzküche
1. Auflage 2020, 176 Seiten,
Format 17 x 24 cm,
durchgehend farbig, Hardcover
ISBN 978-3-95587-069-0 · Preis: 19,90 €

Roswitha Scheidler
**Spouzn, Schoppala &
Schwammerbröih**
Althergebrachte und neue
Oberpfälzer Küchengeheimnisse
8. Auflage, 160 Seiten, Format 17 x 24 cm,
durchgehend farbig, Hardcover
ISBN 978-3-95587-024-9 · Preis: 19,95 €

Norbert Griesbacher
Schwammerlsuche in Bayern
Heimische Speisepilze sammeln, bestimmen und
verarbeiten, Giftpilze sicher erkennen!
Überarb. und erweiterte 4. Auflage 2023, 216 S.,
F. 12,5 x 19 cm, durchgehend farbig, Broschur
ISBN 978-3-95587-806-1 · Preis: 16,90 €

Der Ratgeber von Norbert Griesbacher, Pilzsachverständiger der Deutschen Gesellschaft für Mykologie, bietet Ihnen detaillierte Beschreibungen und exzellente Bestimmungsbilder, sodass Sie heimische Pilze sicher bestimmen können.

»Ein Standardwerk«
Jürgen Herda, Der Neue Tag

»Ein wertvoller Helfer in der Hand
von Einsteigern und ein Nachschlagewerk für Fortgeschrittene«
Dr. Christoph Hahn, Präsident der
Bayerischen Mykologischen Gesellschaft

Natur

Hannelore Zech
Alles aus dem eigenen Garten
Ganzjährig selbstversorgt mit Permakultur
1. Auflage 2021, 160 Seiten, Format 17 x 24 cm, durchgehend farbig, Hardcover
ISBN 978-3-95587-775-0
Preis: 19,90 €

Andreas Heidinger
Mit Bienen die Welt retten
Neue Wege in Imkerei und Bienenhaltung für Stadt, Land und Landwirtschaft. Naturgemäß, ertragreich, ökologisch, gesund
1. Auflage 2022, 160 Seiten, Format 17 x 24 cm, durchgehend farbig, Klappenbroschur
ISBN 978-3-95587-798-9
Preis: 19,90 €

Gertraud Anna Portner
Oberpfälzer Gartenglück
Hobbygärtnern ins Beet geschaut
1. Auflage 2021, 176 Seiten, Format 21 x 24 cm, durchgehend farbig, Hardcover
ISBN 978-3-95587-081-2
Preis: 24,90 €

Volker Zahner, Markus Schmidbauer, Gerhard Schwab & Christof Angst
Der Biber
Baumeister mit Biss
2. Auflage 2022, 192 Seiten, Format 23,5 x 26,5 cm, durchgehend farbig, Hardcover
ISBN 978-3-95587-793-4 · Preis: 34,90 €

Berndt Fischer · **Wildfremd**
Geheimnisse zwischen Bayern und Böhmen
1. Auflage 2020, 176 Seiten, F. 30,3 x 24 cm, durchgehend farbig, Hardcover
ISBN 978-3-95587-075-1 · Preis: 29,90 €

Natur • 9

Bücher von Jürgen Schuller

Alle Bücher mit GPS-Koordinaten der Bäume!

NEU Mitte Oktober 2023

Faszinierende Bäume in der Oberpfalz
Baumgeschichte(n) · Biologie · Mythologie
überarbeitete und erweiterte
2. Auflage 2022, 176 Seiten, F. 21 x 28 cm,
durchgehend farbig, Hardcover
ISBN 978-3-95587-094-2 · Preis: 29,90 €

Faszinierende Bäume in Niederbayern
Baumgeschichte(n) · Biologie · Mythologie
1. Auflage 2022, 168 S., F. 21 x 28 cm,
durchgehend farbig, Hardcover
ISBN 978-3-95587-792-7 · Preis: 29,90 €

Faszinierende Bäume in Oberbayern
Baumgeschichte(n) · Biologie · Mythologie
1. Auflage 2023, ca. 192 Seiten, Format 21 x 28 cm,
durchgehend farbig, Hardcover
ISBN 978-3-89251-541-8 · Preis: 34,90 €

Wissen Sie, dass in Oberbayern eine Buche steht, die zum Fernsehstar wurde? Oder eine Schlosseiche, die ihr Schloss genauso überlebt hat wie eine Kirchhoflinde ihre Kirche samt Friedhof? Wer hat schon davon gehört, dass im Landkreis Traunstein ein Baum wächst, der im Laufe der Jahre nicht dicker, sondern dünner wird? Nach dem Erfolg der beiden Bücher „Faszinierende Bäume in der Oberpfalz" und „Faszinierende Bäume in Niederbayern" stellt Jürgen Schuller nun **charakterstarke Bäume Oberbayerns** in eindrucksvollen Fotografien vor. Sie erfahren Wissenswertes aus Biologie, Geschichte und Mythologie – und nicht zuletzt, warum im Landkreis Fürstenfeldbruck ein knorriger Baum steht, auf dessen Pflanzung vor 1400 Jahren die Todesstrafe gestanden hätte …

10 • Bildbände

W. & L. Bahnmüller · **Regensburg**
Weltkulturerbe · Deutsch · Englisch
2. Auflage 2019
ISBN 978-3-89251-374-2 · Preis: 19,90 €

W. & L. Bahnmüller · **Passau**
Dreiflüssestadt · Deutsch · Englisch
2. Auflage
ISBN 978-3-89251-386-5 · Preis: 9,90 €

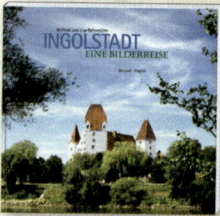

W. & L. Bahnmüller · **Ingolstadt**
Eine Bilderreise · Deutsch · Englisch
ISBN 978-3-89251-452-7 · Preis: 19,90 €

M. & B. Siepmann · **Der Pfaffenwinkel**
Eine Bilderreise rund um Weilheim und
Schongau · Deutsch · Engl. · Französ.
ISBN 978-3-89251-453-4 · Preis: 19,90 €

M. & B. Siepmann · **Rosenheim**
Eine Bilderreise durch den Landkreis
Deutsch · Englisch · Italienisch
ISBN 978-3-89251-471-8 · Preis: 19,90 €

M. & B. Siepmann · **Traunstein**
Eine Bilderreise durch den Landkreis
Deutsch · Englisch · Italienisch
ISBN 978-3-89251-479-4 · Preis: 19,90 €

108 Seiten, Format 23 x 22 cm, durchgehend farbig, Hardcover

Natur • 11

ingebettet zwischen Fichtelgebirge und Oberpfälzer Wald liegt der Naturpark Steinwald Norden der klimatisch rauen erpfalz. Fotograf Siegfried Steinhl war für dieses Buch jahrelang seiner Kamera auf Fotopirsch. Er gt auf Hunderten von Aufnahmen, arum der Steinwald ein Juwel der yerischen Naturparklandschaft ist. xtautor Wolfgang Benkhardt ver: in der aktualisierten und erweiterten Neuauflage, warum der Name einwald eigentlich gar nichts mit einen zu tun hat, wie es dazu kam, ss in der Region ausgestorbene ere zurückgekehrt sind und wie ertvoll die Arbeit der Ranger für en Steinwald ist. Ein Buch, das cht nur informiert, sondern auch st darauf macht, den Steinwald lbst zu entdecken.

Wolfgang Benkhardt & Siegfried Steinkohl
Steinreich – Naturpark Steinwald
Überarbeitete und erweiterte 2. Auflage 2023, 144 Seiten, Format 27 x 24 cm, durchgehend farbig, Hardcover
ISBN 978-3-95587-104-8 · Preis: 24,90 €

Wolfgang Benkhardt & Siegfried Steinkohl
teinreich – Wildromantisches Waldnaabtal
. Auflage 2021, 128 Seiten, Format 27 x 24 cm,
urchgehend farbig, Hardcover
SBN 978-3-95587-086-7 · Preis: 24,90 €

Günter Moser & Bernhard Setzwein
Die Oberpfalz
Weites Land, weite Blicke
2. Auflage, 176 S., F. 27 x 24 cm,
durchgehend farbig, Hardcover
ISBN 978-3-935719-88-9
früher: 29,95 €

Bildbände von Kai Ulrich Müller

Faszination Bayerischer Wald
Überarbeitete 2. Auflage 2022, 244 Seiten,
Format 24 x 32 cm, durchgehend farbig,
Hardcover
ISBN 978-3-95587-816-0 · Preis: 39,90 €

Nach jahrzehntelanger Abgeschiedenheit an der Grenze zum sogenannten „Eisernen Vorhang" präsentiert sich der Bayerische Wald heute – zusammen mit dem Nationalpark Šumava auf der tschechischen Seite – als das letzte große Urwaldgebiet Mitteleuropas. Eindrucksvolle Gipfel wie Großer und Kleiner Arber, Rachel oder Lusen, abgeschiedene Hochmoore, wildromantische, düstere Schluchten und weite, liebliche Ausblicke auf sanfte Bergrücken und grüne Täler verleihen dem Bayerischen Wald seinen einzigartigen Charme. In den wunderschönen Aufnahmen von Kai Ulrich Müller spiegelt sich die ganze Vielfalt des Bayerischen Waldes wider.

Faszination Heimat Straubing und der Landkreis Straubing-Bogen
1. Auflage 2021, 144 Seiten, F. 21 x 29,7 cm, durchgehend farbig, Hardcover

ISBN 978-3-95587-778-1 · Preis: 29,90 €

Jahrelang durchstreifte der Fotograf Kai Ulrich Müller Stadt und Landkreis Straubing auf der Suche nach den eindrucksvollsten Fotomotiven und faszinierendsten Lichtstimmungen – hier finden Sie das wunderbare Ergebnis!

Neuer Preis: 14,90 €

Faszination Heimat Schwandorf Stadt und Landkreis
1. Auflage 2020, 144 Seiten, F. 21 x 29,7 cm, durchgehend farbig, Hardcover

ISBN 978-3-86646-388-2 · früher: 29,90 €

Wundervolle Wanderpfade, Burgruinen, tiefblaue Seen: Der Landkreis Schwandorf ist ein absoluter Geheimtipp für alle, die auf der Suche nach der „echten" Oberpfalz sind – hier eingefangen in faszinierenden Bildern.

Bildbände • 13

NEU Mitte Oktober 2023

etzt erhältlich
n der überarbeiteten
. Auflage!

inzigartige Luftaufnahmen unserer schönen Oberpfalz – das erwartet Sie in diesem einzigartigen Bildband! ntdecken Sie Ihre Heimat, wie Sie sie noch e gesehen haben! Tauchen Sie ein in beein- ruckende Luftaufnahmen von rauschenden asserfällen, fantastischen Landschaften nd bodenständiger Kultur. Entdecken Sie rächtige Kirchenbauten und Klöster wie twa in Waldsassen oder in Speinshart, ebelumwaberte Burgen und Schlösser wie Veißenstein oder Flossenbürg, malerische tädte wie Amberg, Nabburg oder das Welt- ulturerbe Regensburg.

Faszination Oberpfalz
Überarbeitete 2. Auflage 2023, 208 Seiten,
Format 24 x 32 cm, durchgehend farbig, Hardcover
ISBN 978-3-95587-101-7 · Preis: 39,90 €

Neuer Preis:
19,90 €

Günter Moser, Bernhard Setzwein & Mathias Conrad
Oberpfälzer Burgen
Eine Reise zu den Zeugen der Vergangenheit
2. Auflage, 140 Seiten, Format 27 x 24 cm,
durchgehend farbig, Hardcover
ISBN 978-3-935719-54-4 · früher: 24,80 €

Naturkosmetik, Gesundheit, Handwerk & Brauchtum

Ramona Luger
Naturkosmetik selber machen
Natürlich schön durch gesunde, nachhaltige und preiswerte Pflege
Einfache Rezepte & Ideen für Cremes, Seifenprodukte, Gesichtsmasken, Haarpflege & vieles mehr!
1. Auflage 2023, 172 Seiten, Format 22 x 20,5 cm, durchgehend farbig, Hardcover
ISBN 978-3-95587-814-6 · Preis: 24,90 €

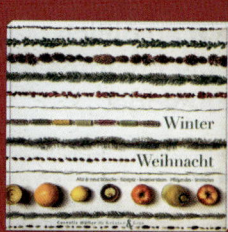

Cornelia Müller mit Kräuter & Leu
Winterweihnacht
Alte & neue Bräuche – Rezepte – kreative Ideen – Pflegendes – Sinnliches
1. Auflage 2022, 160 Seiten, Format 22 x 20,5 cm, durchgehend farbig, Hardcover
ISBN 978-3-95587-092-8
Preis: 24,90 €

Faszination Kräuterwissen
Heilpflanzen, Anwendungen und Rezepte aus dem Klostergarten
1. Auflage 2019, 224 Seiten, Format 14,8 x 21 cm, durchgehend farbig, Hardcover
ISBN 978-3-95587-067-6
Preis: 19,90 €

Annette Knell
Einfach gsund mit Kräutermedizin
Rezepte aus meiner bayerischen Heilpraxis
1. Auflage 2019, 184 Seiten, Format 14,8 x 21 cm, durchgehend farbig, Broschur
ISBN 978-3-95587-745-3
Preis: 17,90 €

Cornelia Müller
Wildkräuter, Handarbeit & Brauchtum
Alte Rezepte, Handwerkstechniken & kreative Ideen
1. Auflage 2020, 192 Seiten, Format 22 x 20,5 cm, durchgehend farbig, Hardcover
ISBN 978-3-95587-077-5
Preis: 19,90 €

Handwerk & Brauchtum • 15

Einzigartige Erzeugnisse aus der Oberpfalz

NEU
Mitte Oktober 2023

Von duftenden Seifen über ausgefallene Schals bis hin zu glänzenden Schmuckstücken: Entdecken Sie die ideenreiche, qualitätsbewusste und handwerkliche Seite der Oberpfalz! Ob Traditionsbetrieb oder junges Label: In heimischen Manufakturen entstehen individuelle, authentische und hochwertige Produkte, die sich wohltuend von Massenware abheben. Die Vielfalt, die traditionelle Technik, die Experimentierfreudigkeit: „Handgefertigt aus der Oberpfalz" steht für Qualität und eine nachhaltige Zukunft. Begleiten Sie Autorin Kristina Sandig auf ihrer spannenden Reise durch Oberpfälzer Manufakturen und lernen Sie die Macher kennen, die mit Liebe und Leidenschaft ans Werk gehen.

Kristina Sandig
Manufakturen in der Oberpfalz
Von der Liebe zu handgemachten Dingen
1. Auflage 2023, ca. 160 Seiten,
Format 13,5 x 20,5 cm,
durchgehend farbig, Broschur
ISBN 978-3-95587-098-0 · Preis: 19,90 €

Gutes aus der Heimat: Nudel-Kreationen aus dem Rottal, hopfige Spirituosen- und Schokoladenspezialitäten aus der Hallertau, Naturseifen aus dem Bayerwald: Dieses Büchlein stellt niederbayerische Manufakturen und die Menschen, die hinter den Unternehmen stehen, vor.

Christine Hochreiter
Manufakturen in Niederbayern
Von der Liebe zu handgemachten Dingen
1. Auflage 2021, 160 Seiten, Format 13,5 x 20,5 cm,
durchgehend farbig, Klappenbroschur
ISBN 978-3-95587-771-2 · Preis: 17,90 €

KARTELN mit Erich Rohrmayer

Watten, Wallachen, Schafkopfen mit der langen oder der kurzen Karte – egal, um welches Kartenspiel es sich dreht: Erich Rohrmayer weiß Bescheid! Auf einem Bauernhof mit Gastwirtschaft in der Nähe von Schierling groß geworden, beschäftigt sich Rohrmayer, seit er denken kann, mit Kartenspielen. Im Laufe der Jahre hat er festgestellt, dass viele Leute gerne Karten spielen würden, aber oft einfach niemanden haben, der ihnen die Spiele beibringt. Mit seinen Ratgebern will er diesem Umstand Abhilfe schaffen und einen Beitrag dazu leisten, dass das „Karteln" nicht ausstirbt.

Schafkopfen mit der langen und der kurzen Karte
1. Auflage 2020, 88 Seiten, Format 20,5 x 13,5 cm, durchgehend farbig, Broschur mit Drahtkammbindung
ISBN 978-3-95587-070-6
Preis: 14,90 €

Lerne Watten, 3. Auflage 2022
ISBN 978-3-95587-090-4 · Preis: 14,90 €

Lerne Böhmisch Watten & Grasobern
ISBN 978-3-95587-056-0 · Preis: 9,95 €

Lerne Wallachen
ISBN 978-3-95587-023-2 · Preis: 9,95 €

Lerne Skat
ISBN 978-3-95587-035-5 · Preis: 9,95 €

je 80 Seiten, Format 17,5 x 11,5 cm, durchgehend farbig illustriert, Broschur mit Spiralbindung und Umschlag

Brauchtum • 17

Jubiläumsausgabe – 25. Jahrgang!

Ein Kalender, der Sie wunderbar durchs Jahr führt! In spannenden Texten erzählen die Autorinnen von altbayerischen Bräuchen und deren Ursprung. Das ausführliche Kalendarium des „Altbayerischen Festtags- und Brauchtumskalenders" enthält Namenstage, Festtage und Bauernregeln. Dazu einen Aussaat- und Pflanzkalender, einen Holzschlagkalender, den 100-jährigen Kalender sowie die Mondzeiten für Gesundheit und Wohlbefinden. Mehr als 2000 Veranstaltungstipps laden Sie ein, an regionalen Festen und Märkten teilzunehmen, an Ausstellungen, Wallfahrten, Umzügen und vielem mehr. Und als kleines Schmankerl obendrauf gibt's heimische Rezepte, selbstgemachte Hausmittel und die schönsten Wörter der bairischen Sprache, die nicht in Vergessenheit geraten sollen.

Judith Kumpfmüller & Dorothea Steinbacher
**Altbayerischer
Festtags- und Brauchtumskalender 2024**
Oberbayern | Niederbayern | Oberpfalz
Mit Mond-, Aussaat- und Pflanzkalender
136 Seiten, Format 21,5 x 28 cm,
durchgehend farbig, Broschur
ISBN 978-3-89251-545-6 · Preis: 18,90 €

Die Bayern feiern gern. Das ganze Jahr über gibt es schier unzählige Feste, zu denen alle Liebhaber gelebten bayerischen Brauchtums eingeladen sind. Im vorliegenden Buch sind rund 160 der schönsten traditionellen Brauchtumsfeste zusammengestellt: von Januar bis Dezember, von Oberbayern über Niederbayern bis in die Oberpfalz, mit allen relevanten Informationen und zahlreichen Bildern.

Judith Kumpfmüller & Dorothea Steinbacher
Brauchtumsfeste in Altbayern
160 Seiten, Format 17 x 22 cm, durchgehend farbig, Hardcover
ISBN 978-3-89251-421-3 · Preis: 19,90 €

Georg Luft
Burgen, Ritter, Schlossgespenster
Abenteuer-Wanderungen in der südlichen Oberpfalz
1. Auflage 2021
ISBN 978-3-86646-396-7
Preis: 16,90 €

160 Seiten, Format 13,5 x 20,5 cm, durchgehend farbig, Broschur mit Drahtkammbindung

Georg Luft
Burgen-Wanderungen im Herzen der Oberpfalz
Spannende Touren zwischen Seen, Wäldern und Ruinen
1. Auflage 2022
ISBN 978-3-95587-411-7
Preis: 17,90 €

Wolfgang Benkhardt
Von Hexen, Geistern und Verbrechern
Die unheimlichsten Orte im Landkreis Tirschenreuth
1. Auflage 2022,
160 Seiten
ISBN 978-3-95587-096-6
Preis: 17,90 €

Mystisches Niederbayern
1. Auflage 2018
ISBN 978-3-95587-738-5

Mystische Burgen in der Oberpfalz
1. Auflage 2019
ISBN 978-3-95587-050-8

Julia Kathrin Knoll & Christian Greller
Von Hexen, Geistern und Verbrechern
Die unheimlichsten Orte im Landkreis Schwandorf
1. Auflage 2021,
168 Seiten
ISBN 978-3-86646-399-8
Preis: 17,90 €

Passau · Landshut · Deggendorf · Konzell · Abensberg · Straubing · Pfarrkirchen · Regen · Vilshofen · Ringelai · Freyung

Burgstall Rauhenkulm · Burg Leuchtenberg · Burgruine Wolfstein · Burg Falkenberg · Burg Parsberg · Burgruine Frauenstein und viele mehr!

144 Seiten, Format 21 x 28 cm, durchgehend farbig, Hardcover, Preis: 24,90 €

Format 13,5 x 20,5 cm,

NEUAUFLAGE
Mitte Juni 2023

Christian Baier & Peter Litvai
Von Hexen, Geistern und Verbrechern
Ein Rundgang zu den unheimlichsten Orten in Landshut
2. Auflage 2023, 160 Seiten
ISBN 978-3-95587-827-6
Preis: 19,90 €

Julia Kathrin Knoll & Christian Greller
Von Hexen, Geistern und Verbrechern
Ein Rundgang zu den unheimlichsten Orten in Regensburg und Umgebung
Überarbeitete und erweiterte
2. Auflage 2021, 176 Seiten
ISBN 978-3-95587-401-8
Preis: 17,90 €

durchgehend farbig, Broschur

NEU
Mitte Oktober 2023

Christian Baier & Peter Litvai
Von Hexen, Geistern und Verbrechern
Die unheimlichsten Orte
in Landshut und Umgebung
1. Auflage 2023, ca. 160 S., Format 13,5 x 20,5 cm,
durchgehend farbig, Broschur
ISBN 978-3-95587-824-5 · Preis: 19,90 €

Hinter den alten Mauern Landshuts lauert noch so mancher Geist, Verbrecher begehen ihre Missetaten. Und auch rund um die Stadt treiben schaurige Gestalten ihr Unwesen und in der Vergangenheit geschah so manch grausamer Mord. Autor Christian Baier und Fotograf Peter Litvai haben sich ein weiteres Mal auf die Suche nach unheimlichen Orten begeben und zeigen, dass nicht nur die Stadt Landshut, sondern auch die Umgebung spannende Gruselorte und -geschichten zu bieten hat.

Regionale Gastronomie entdecken!

Die mittelalterliche Stadt Regensburg nicht nur ein Juwel in der Oberpfa sondern auch ein wahrer Tummelpl traditionsreicher Wirtshäuser. Wir haben u auf eine Entdeckungstour durch die St. begeben, um für Sie die schönsten Gaststub und lauschigsten Biergärten zu entdeck Aber auch vor den Toren der Stadt haben recherchiert und so manchen ungeahn kulinarischen Schatz gefunden: Häuser uralter Geschichte und einem herrlich Interieur, unvergleichliche Speisekart bayerisch-herzlichen Service, Gemütlichk gepaart mit feinster regionaler Küche bayerische Wirtshauskultur auf höchst Niveau. Die Hüter unserer regionalen Küc arbeiten saisonal orientiert, nachhaltig, qualitativ hochwertigen Produkten. U selbstverständlich finden in den Wirtshäuse auch Fans vegetarischer oder veganer Kc feinste kulinarische Schmankerl. Kurzu gesagt: Die schönsten Wirtshäuser Regensburg und Umgebung haben einig zu bieten. Hier kommt Jung und Alt ge zusammen – für Geselligkeit und Genuss.

NEU Mitte Oktober 2023

Gabriele Kiesl & Hans Ludwig Höcherl
Die schönsten Wirtshäuser in Regensburg und Umgebung
Ein Gastronomieführer zu empfehlenswerten Wirtshäusern in der Stadt und Region Regensburg
Überarbeitete und aktualisierte 4. Auflage 2023, ca. 200 Seiten, Format 17 x 24 cm, durchgehend farbig, Hardcover
ISBN 978-3-95587-423-0 · Preis: 29,90 €

Cham

Gabriele Kiesl & Christian Greller
Die schönsten Wirtshäuser in Stadt und Landkreis Cham
1. Auflage 2021, 128 Seiten, Format 17 x 24 cm, durchgehend farbig, Hardcover
ISBN 978-3-95587-076-8 · Preis: 19,90 €

Ausflugs- und Freizeitführer • 21

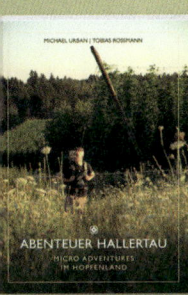

M. Urban & T. Roßmann
Abenteuer Hallertau
Micro Adventures im Hopfenland
1. Auflage 2022, 216 Seiten,
Format 17 x 24 cm,
durchgehend farbig, Broschur
ISBN 978-3-95587-794-1
Preis: 19,90 €

H. Gietlhuber · **Wanderführer**
Vorderer Bayerischer Wald
Die 30 schönsten Touren zwischen
Regensburg, Straubing & Cham
1. Aufl. 2021, 168 S., F. 13,5 x 20,5 cm,
durchgehend farbig, Broschur
mit Drahtkammbindung
ISBN 978-3-95587-787-3
Preis: 17,90 €

NEU
Mitte
September 2023

Wolfgang Benkhardt
Nördlicher Oberpfälzer Wald
Offizieller Führer für den Naturpark
Überarbeitete 3. Auflage 2023,
ca. 208 Seiten, Format 13,5 x 20,5 cm,
durchgehend farbig, Broschur
ISBN 978-3-95587-105-5 · Preis: 19,90 €

Die reich illustrierte Neuauflage des offiziellen Naturpark- und Wanderführers für den Nördlichen Oberpfälzer Wald ist ein spannendes Lesebuch und gleichzeitig ein nützlicher Begleiter bei der Erkundung. Autor Wolfgang Benkhardt lotst mit dem Buch, das in jede Westentasche passt, zu den schönsten Ausflugszielen, informiert über Artenschutz und Landschaftspflege, berichtet von der Rückkehr des Wolfes, verrät, was hinter dem Zoiglkult steckt und beleuchtet die Arbeit der Ranger.

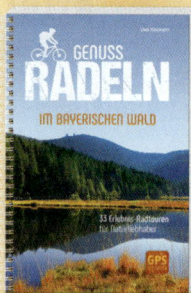

WIR ♡ RADELN

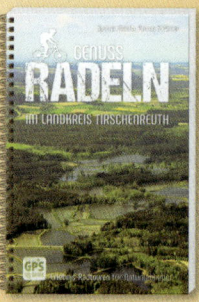

Abwechslungsreiche Genusstouren für Radlfreunde: Erkunden Sie den Bayerischen Wald und den Landkreis Tirschenreuth auf spannenden Rundtouren, die jedes Radfahrerherz höher schlagen lassen! Durchqueren Sie mit Ihrem Rad die wunderschöne Tirschenreuther Teichpfanne, erkunden Sie Naturschutzgebiete, Burgen und Vulkane oder entdecken Sie die Nationalparks Šumava und Bayerischer Wald! Rauf auf den Sattel und los geht's!

Uwe Neumann
Genussradeln im Bayerischen Wald
33 Erlebnis-Radtouren
für Naturliebhaber
2. Auflage 2022, 176 Seiten
ISBN 978-3-95587-791-0
Preis: 19,90 €

T. Sporrer, G. Richter, B. Person & H. Pürner
Genussradeln im Landkreis Tirschenreuth
Erlebnis-Radtouren
für Naturliebhaber
1. Auflage 2023, 168 Seiten
ISBN 978-3-95587-089-8
Preis: 17,90 €

Doris Becher-Hedenus & Michael Hedenus
Genusswandern Regensburg
Wanderführer für
Regensburg & Umgebung
1. Auflage 2023, 144 Seiten
ISBN 978-3-95587-421-6
Preis: 17,90 €

Alexandra Linzmeier
Genusswandern Hirschenstein & Umgebung
Wanderführer für die Region
zwischen Viechtach & Deggendorf
1. Auflage 2023, 128 Seiten
ISBN 978-3-95587-805-4 · Preis: 17,90 €

WIR ♡ WANDERN

Ausflugs- und Freizeitführer • 23

Martin Ehrensberger
**Genusswandern
Bayerischer Jura**
Wanderführer für die Region zwischen Regensburg & Neumarkt
1. Auflage 2023, 152 Seiten
ISBN 978-3-95587-419-3
Preis: 17,90 €

Georg Luft
**Erlebniswandern
Schwandorf & Umgebung**
Abenteuer-Touren rund um Burglengenfeld, Neunburg vorm Wald, Oberviechtach & Nabburg
1. Auflage 2023, 160 Seiten
ISBN 978-3-95587-418-6
Preis: 17,90 €

Gerhard Besenhard
Genusswandern Regental
zwischen Regensburg, Regenstauf & Nittenau
Überarbeitete 4. Auflage 2023, 136 Seiten
ISBN 978-3-95587-100-0
Preis: 17,90 €

Gilt für alle Radl- und Wanderführer:
- exakte Tourenbeschreibungen
- Infos zu Wegbeschaffenheit
- detaillierte Karten mit Höhenprofil
- verlässliche GPS-Daten
- Infos zu Parkmöglichkeiten, Einkehrtipps u. v. m.

Format 13,5 x 20,5 cm, durchgehend farbig, Broschur mit Drahtkammbindung

G. Besenhard · **Wanderführer südliches Naabtal**
Die schönsten Touren zwischen Kallmünz und Naabeck
1. Auflage 2019, 120 Seiten
ISBN 978-3-95587-059-1
Preis: 16,90 €

Hubert Zaremba
Wanderführer Hirschwald
Die schönsten Touren zwischen Amberg, Kastl und Schmidmühlen
1. Auflage 2022, 128 Seiten
ISBN 978-3-95587-084-3
Preis: 17,90 €

M. Ehrensberger · **Wanderführer Oberpfälzer Jura & Tal der Schwarzen Laber**
Die schönsten Touren zwischen Neumarkt und Regensburg
1. Auflage 2022, 144 Seiten
ISBN 978-3-95587-407-0
Preis: 17,90 €

S. Berndl · **Wanderführer Lallinger Winkel und Sonnenwald**
Die schönsten Touren zwischen Deggendorf und Schönberg
1. Auflage 2021, 144 Seiten
ISBN 978-3-95587-770-5
Preis: 16,90 €

S. Berndl · **Wandern im Bayerischen Wald**
Natur genießen zwischen Deggendorf, Zwiesel & Spiegelau
1. Auflage 2022, 144 Seiten
ISBN 978-3-95587-783-5
Preis: 17,90 €

Manfred Probst
Wandern im Passauer Land
Entdecker-Touren rund um Passau
1. Auflage 2022, 144 Seiten
ISBN 978-3-95587-795-8
Preis: 17,90 €

Ausflugs- und Freizeitführer • 25

J. Ertl & J. Fischaleck
Wandern zwischen Donau und Isar
Die schönsten Touren zwischen Regensburg, Straubing, Landshut und Kelheim
1. Auflage 2021, 144 Seiten
ISBN 978-3-95587-779-8
Preis: 16,90 €

Cornelia Fuchs & Dieter Herrmann
Wandern in und um Freising, Erding & Moosburg/Isar
Genuss-Touren im Münchner Umland
1. Auflage 2023, 144 Seiten
ISBN 978-3-89251-540-1
Preis: 17,90 €

Format 13,5 x 20,5 cm, durchgehend farbig, Broschur mit Drahtkammbindung

M. Hiergeist & H.-P. Müller
Wanderführer Bayerisches Donautal & Klosterwinkel
Entdecker-Touren zwischen Deggendorf und Passau
1. Auflage 2022, 144 Seiten
ISBN 978-3-95587-797-2
Preis: 17,90 €

U. Stanke · **Wanderführer Straubing-Bogen**
Die schönsten Touren zwischen Straubing und Sankt Englmar
Überarbeitete 3. Auflage 2022, 144 Seiten
ISBN 978-3-95587-810-8
Preis: 17,90 €

U. Stanke · **Wanderführer Straubing · Roding · Cham**
Die schönsten Touren zwischen Straubing und Waldmünchen
1. Auflage 2021, 144 Seiten
ISBN 978-3-95587-768-2
Preis: 16,90 €

Verband deutscher Schriftstellerinnen und Schriftsteller Ostbayern

Sie möchten wissen, welche unbekannten Begebenheiten hinter alten Fassaden, weltbekannten Denkmälern, verborgenen Plätzen und idyllischen Gassen der Stadt stecken? Was Mauern heimlich denken, Brunnen einst erlebt haben, steinerne Zeitzeugen vielleicht besser wissen als wir? „Rendezvous mit Regensburg" erzählt diese Geschichten – augenzwinkernd, in lockerem Ton und mit einem neuen Blick auf besondere Orte und ihre Bedeutung für die Stadt.

Verband deutscher Schriftstellerinnen und
Schriftsteller Ostbayern (Hg.) &
Christian Greller Fotografie
Rendezvous mit Regensburg
Besondere Orte und ihre
verborgenen Geschichten
1. Auflage 2023, 176 Seiten,
Format 13,5 x 20,5 cm,
durchgehend farbig, Broschur
ISBN 978-3-95587-420-9 · Preis: 19,90 €

Schauriges Ostbayern
Unheimliche Ereignisse und
geheimnisvolle Geschichten
Überarbeitete 3. Auflage
2018, 168 Seiten
ISBN 978-3-95587-751-4

Weihnachtliches Ostbayern
Winterliche Geschichten und
himmlische Ereignisse
1. Auflage 2020, 192 Seiten
ISBN 978-3-95587-747-7

Mörderisches Ostbayern
Verbrecherische Gedanken
und seltsame Todesfälle
1. Auflage 2018, 248 Seiten
ISBN 978-3-95587-721-7

Format 13,5 x 20,5 cm, s/w bebildert, Hardcover, Preis: 19,90 €

Geschichten aus Ostbayern

NEU
Mitte Oktober 2023

Man findet sie abseits der bekannten Pfade: die „Lost Places". Orte, in denen vor vielen Jahren das Leben pulsierte, die aber eines Tages stillgelegt, aufgegeben, vergessen wurden. Irgendwann waren sie aus der Zeit gefallen oder unbrauchbar geworden. Auch in Niederbayern und der Oberpfalz sind sie zu erspähen – in den Wäldern, den Brachlandschaften, den Seitenstraßen. Die Erkundung lohnt sich, denn die „verlorenen Orte" erzählen oft von außergewöhnlichen Menschen und merkwürdigen Begebenheiten. 18 Mitglieder des Schriftsteller:innenverbandes Ostbayern haben sich auf die Suche gemacht und die Vergangenheit dieser Orte ergründet. Auf kreative Weise haben sie die Geschichten weitergesponnen, ausgeschmückt, neu gedacht – und für „Lost Places"- und Lese-Fans niedergeschrieben.

Verband deutscher Schriftstellerinnen und Schriftsteller Ostbayern (Hg.) & Christian Greller Fotografie · **Verlassenes Ostbayern**
Lost Places und vergessene Geschichten
1. Auflage 2023, ca. 200 Seiten,
Format 13,5 x 20,5 cm, s/w bebildert, Hardcover
ISBN 978-3-95587-822-1 · Preis: 19,90 €

Geheimnisvolles Ostbayern
Mystische Ereignisse &
unheimliche Geschichten
VS Ostbayern & Christian Greller Fotografie
1. Auflage 2022, 192 Seiten
ISBN 978-3-95587-804-7

28 • Mystik & Prophezeiungen

Manfred Böckl
Der Mühlhiasl
6. Auflage 2020, 96 Seiten,
s/w bebildert, Hardcover
ISBN 978-3-95587-057-7
Preis: 11,90 €

Andreas Zeitler
**Die Prophezeiungen
des Mühlhiasl**
11. Auflage 2022, 64 Seiten,
Broschur
ISBN 978-3-95587-817-7
Preis: 8,90 €

Manfred Böckl · **Mühlhiasl**
Der Seher vom Rabenstein
Roman
11. Auflage 2022, 272 Seiten,
Hardcover
ISBN 978-3-95587-819-1
Preis: 17,90 €

Manfred Böckl
Prophet der Finsternis
Leben und Visionen des
Alois Irlmaier · Roman
5. Auflage 2022, 304 Seiten,
Hardcover
ISBN 978-3-95587-809-2
Preis: 19,90 €
Format je 13,5 x 20,5 cm

Egon M. Binder
Alois Irlmaier 1894–1959
Der Seher von Freilassing ·
Prophezeiungen
4. Auflage 2022, 72 Seiten,
s/w bebildert, Broschur
ISBN 978-3-86646-781-1
Preis: 9,90 €

Carl Amery
**Der Untergang der Stadt
Passau** · Ein Zukunftsroman
aus Bayern
3. Auflage 2022, 112 Seiten,
Broschur
ISBN 978-3-95587-808-5
Preis: 13,90 €

Heimatgeschichte • 29

Johann Härtl · **Resl von Konnersreuth**
Leben und Wirken meiner Großtante Theres Neumann
1. Auflage 2022, 208 S., Format 22 x 20,5 cm,
s/w bebildert, Hardcover
ISBN 978-3-95587-087-4 · Preis: 24,90 €

Manfred Böckl
**Prophezeiungen
zum Dritten Weltkrieg**
3. Auflage 2022, 136 Seiten,
Format 13,5 x 20,5 cm,
Broschur
ISBN 978-3-95587-807-8
Preis: 14,90 €

Rainer Ostermann
Kriegsende in der Oberpfalz
Ein historisches Tagebuch
3. Auflage 2023, 192 Seiten,
Format 17 x 24 cm,
s/w bebildert, Hardcover
ISBN 978-3-95587-424-7
Preis: 24,90 €

Josef Fischer & Erich Zweck
(Hg. Stadt Schwandorf)
Schwandorf 1945
Leben in einer zerstörten Stadt
1. Auflage 2020, 336 Seiten,
Format 21 x 28 cm,
durchgehend farbig, Hardcover
ISBN 978-3-86646-395-0
Preis: 29,90 €

Oskar Duschinger
Hans Schuierer
Symbolfigur des friedlichen
Widerstandes gegen die WAA
1. Auflage 2018, 408 Seiten,
Format 17 x 24 cm,
s/w bebildert, Hardcover
ISBN 978-3-95587-063-8
Preis: 19,90 €

Bücher von Peter Schmoll

Messerschmitt-Giganten und der Fliegerhorst Regensburg-Obertraubling 1936–1945
Überarbeitete 3. Auflage 2022, 280 Seiten, Format 21 x 28 cm, s/w bebildert, Hardcover
ISBN 978-3-95587-416-2
Preis: 39,90 €

Me 109
Produktion und Einsatz
312 Seiten,
Format 21 x 28 cm, Hardcover
ISBN 978-3-86646-356-1
Preis: 29,90 €

Die Messerschmitt-Werke im Zweiten Weltkrieg
3. Auflage, 232 Seiten,
Format 17 x 24 cm, Hardcover
ISBN 978-3-931904-38-8
Preis: 20,50 €

Luftangriffe auf Regensburg
Die Messerschmitt-Werke und Regensburg im Fadenkreuz alliierter Bomber 1939–1945
3. Auflage 2019, 272 Seiten, Format 21 x 28 cm, Hardcover
ISBN 978-3-86646-380-6
Preis: 29,90 €

Sperrfeuer
Die Regensburger Flakhelfer
144 Seiten, Format 17 x 24 cm, Broschur
ISBN 978-3-86646-357-8
Preis: 19,90 €

**Regensburg
Die Katastrophe vom 17. August 1943**
1. Auflage 2018, 128 Seiten, Format 17 x 24 cm, Broschur
ISBN 978-3-86646-369-1
Preis: 19,90 €

Heimatgeschichte • 31

Auf das Kampfflugzeug Messerschmitt Me 210 setzte das Reichsluftfahrtministerium große Hoffnungen und bestellte vom Reißbrett weg 2.000 dieser Flugzeuge, ohne eine Flugerprobung abzuwarten. In der Erprobung ergaben sich dann immer mehr aerodynamische und technische Probleme. Die Schwierigkeiten führten letztendlich im März 1942 zum Stopp der Produktion in Augsburg und Regensburg – für den Messerschmitt-Konzern ein Fiasko. Im Buch werden zahlreiche Fotos und technische Dokumente erstmals veröffentlicht. Auch wird der verlustreiche Einsatz der Me 210 bei der Luftwaffe in den Jahren 1942–1944 erstmals dokumentiert. Ein besonderes Kapitel befasst sich zudem mit der Symbolik der Uniformen im Dritten Reich.

NEU
Mitte Oktober 2023

Peter Schmoll
Messerschmitt Me 210
Das Rüstungsfiasko eines Kampfflugzeuges im Zweiten Weltkrieg
1. Auflage 2023, ca. 200 Seiten, Format 21 x 28 cm, s/w bebildert, Hardcover
ISBN 978-3-95587-428-5 · Preis: 49,90 €

Heimatgeschichte

✦✦✦
»Berückend schön bebildert«
Olaf Przybilla, Süddeutsche Zeitung

Wolf-Dietrich Nahr
Menschen am Alten Kanal
Leben an König Ludwigs Wasserstraße
1. Auflage 2022, 108 Seiten, Format 21 x 24 cm,
s/w bebildert, Hardcover
ISBN 978-3-95587-088-1 · Preis: 24,90 €

Wilhelm Liebhart
Altbayerische Geschichte
180 Seiten, Format 23 x 22 cm,
Hardcover
ISBN 978-3-89251-264-6
Preis: 25,50 €

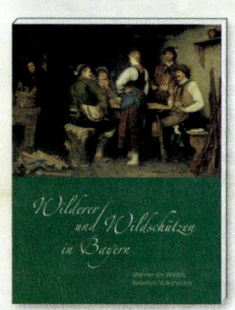

Neuer Preis: 14,90 €

Alfons Schweiggert
Wilderer und Wildschützen in Bayern
Männer der Wildnis, Rebellen, Volkshelden
2. Auflage, 124 Seiten,
Format 17 x 22 cm, Hardcover
ISBN 978-3-89251-392-6
Preis: 14,90 €

Historische Nebenbahnen
in der Oberpfalz und
Niederbayern
120 Seiten,
Format 14,8 x 21 cm,
s/w bebildert, Broschur
ISBN 978-3-86646-556-5
früher: 19,95 €

Rupert Berndl
Als die Eisenbahn in den Wald kam
Eine Erfolgsgeschichte
aus dem Bayerischen Wald
1. Auflage 2019, 136 Seiten,
17 x 24 cm, farbig, Hardcover
ISBN 978-3-95587-750-7
Preis: 19,90 €

ildbände von Martin Ortmeier

z fern von den Zentren der Macht, des
thandels und der Schwerindustrie hatten
im Bayerischen Wald und im Böhmerwald
je Zeit Zeugnisse einer alten bäuerlichen
gewerblichen Welt erhalten, die dem Atem
natürlichen Tages- und Jahresablaufs ge-
chte. Als sich in einem größeren Europa die
nzen öffneten, wandelte sich diese Welt
de. In diesem Buch wird der alten Zeit des
je geteilten Mittelgebirgslandes in Bild-
gnissen nachgespürt. Von Cham bis Obern-
und von Eisenstein bis Außergefild und
chatitz spannt sich das Panorama der Foto-
fien. Erst der genaue Blick auf das, was
öffnet den Blick auf die gewaltigen
änderungen, die sich eingestellt haben.

Herent und drent
Alte Bilder aus dem Bayerischen Wald
und dem Böhmerwald
Überarbeitete 3. Auflage 2023, 160 Seiten
ISBN 978-3-95587-821-4 · Preis: 24,90 €

ee is gwen, owa hirt
Bilder aus dem Bayerischen Wald
erarbeitete 6. Auflage 2022, 128 Seiten
N 978-3-95587-815-3 · Preis: 24,90 €

Seinerzeit auf dem Land
Alte Bilder von Frauenalltag und
Männerwelt in Ostbaiern
1. Auflage 2018, 144 Seiten
ISBN 978-3-95587-736-1 · Preis: 19,90 €

mat 26 x 21 cm, s/w bebildert, Hardcover

Heimatgeschichte – Regensburg

NEU
Mitte Oktober 2023

Carola Kupfer (Hg.)
Regensburger Almanach 2023
Kreative Stadt Entwicklung
1. Auflage 2023, ca. 200 Seiten, Format 22 x 20,5 cm, durchgehend farbig, Hardcover
ISBN 978-3-95587-426-1 · Preis: 29,90 €

Regensburger Almanach 2023

Wenn eine Stadt sich auf den W macht, Zukunft zu gestalten, is mit im Spiel: **die Kultur- Kreativwirtschaft.** Gemeint sind die vi kreativen Köpfe zwischen Buch, Bü Leinwand, Design, Architektur und Gar die dafür sorgen, dass Orte kulturell vielse jung, spannend, intellektuell, interess schön, cool und lebenswert sind – und d die Gratwanderung zwischen Bewah und Neuerfinden meistern. Der Regensbu Almanach 2023 dokumentiert, welche M schen, welche Themen das Stadtbild und Stadtgesellschaft im letzten Jahr beson geprägt haben und lässt zahlreiche n Stimmen zu Wort kommen, die über Perspektive auf das, was Regensburg bew erzählen.

Karl und Peter Bauer
Regensburg – Kunst-, Kultur- und Alltagsgeschichte
6. Auflage, 1088 Seiten, Format 17 x 24 cm, s/w bebildert, Hardcover mit Schutzumschlag
ISBN 978-3-86646-300-4
Preis: 49,90 €

Julia Knoll & Peter Milic
Regensburg in historischen Bildern, Band 1
Straßen, Gassen und Plätze auf Ansichtskarten
128 Seiten,
Format 22 x 20,5 cm,
s/w bebildert, Hardcover
ISBN 978-3-86646-324-0
Preis: 14,90 €

Julia Knoll & Peter Milic
Regensburg in historisch Bildern, Band 2
Gebäude und Bauwerke auf Ansichtskarten
136 Seiten,
Format 22 x 20,5 cm,
s/w bebildert, Hardcover
ISBN 978-3-86646-346-2
Preis: 14,90 €

Heimatgeschichte • 35

NEU
Mitte Oktober 2023

Dechbetten und Ziegelsdorf waren beschauliche Dörfer mit zahlreichen Bauernhöfen, etlichen Geschäften und einigen größeren Betrieben. 1938 wurden die beiden Dörfer zusammen mit Großprüfening nach Regensburg eingemeindet. Zwischen den Orten lag das herrschaftliche Gut Königswiesen, das in den 70er Jahren der fortschreitenden Bebauung durch Hochhäuser weichen musste. Einschneidend war der Bau der Autobahn mitten durch die Dörfer.
Gabriele Deml und Fritz Rehbach sammelten wie schon bei ihrem ersten Buch „Großprüfening. Das Dorf im Stadtwesten – damals und heute" zahlreiche Bilder und Geschichten, sprachen mit den Einheimischen und recherchierten in den Archiven. Mit ihrem Buch möchten sie Erinnerungen bewahren: an Häuser, an Ereignisse, an Menschen.

Gabriele Deml & Fritz Rehbach
Dechbetten, Ziegelsdorf und Königswiesen · damals und heute
1. Auflage 2023, ca. 160 Seiten,
Format 21 x 24 cm, s/w bebildert, Hardcover
ISBN 978-3-95587-427-8 · Preis: 29,90 €

Fritz Rehbach & Gabriele Deml
Großprüfening
Das Dorf im Stadtwesten –
damals und heute
1. Auflage 2021, 176 Seiten,
Format 21 x 24 cm,
s/w bebildert, Hardcover
ISBN 978-3-95587-405-6
Preis: 19,90 €

Bergverein Kallmünz e. V. (Hg.)
Ein Spaziergang durch Kallmünz in historischen Postkarten & Fotos
1. Auflage 2021, 144 Seiten,
Format 24 x 21 cm,
s/w bebildert, Hardcover
ISBN 978-3-95587-406-3
Preis: 19,90 €

Neuer Preis: 9,90 €

Otmar Fritz · **Regensburg**
Ein Stadtspaziergang
in historischen Fotos
1. Auflage 2018, 112 Seiten,
Format 24 x 20 cm,
durchgehend farbig,
Hardcover
ISBN 978-3-86646-365-3
früher: 19,90 €

NEU Mitte Oktober 2023

Alfons Schweiggert
Weihnachten mit Sisi
Die Weihnachtserlebnisse der Kaiserin Elisabeth
1. Auflage 2023, ca. 160 Seiten, Format 13,5 x 20,5 cm,
s/w bebildert, Hardcover
ISBN 978-3-89251-542-5 · Preis: 19,90 €

Alle Jahre wieder wird zur Freude aller Sisi-Fans im Fernsehen der Sisi-Dreiteiler von Marischka, der längst zum Kult geworden ist, ausgestrahlt. Schließlich kam Kaiserin Elisabeth am Heiligen Abend 1837 zur Welt. Das würde ihr Glück bringen, so glaubte man. Doch war Weihnachten im Haus Habsburg wirklich ein beschauliches Fest, bei dem Kaiser Franz Joseph I., seine Gemahlin und die Kinder vor dem Christbaum in Harmonie miteinander feierten und sich der liebevoll ausgesuchten Geschenke erfreuten? Oder war es ganz anders? Wie verliefen die Weihnachtsfeste im Leben der Kaiserin und was bedeutete ihr der Heilige Abend? Alfons Schweiggert enthüllt interessante Tatsachen, die nicht nur alle Verehrerinnen und Verehrer der Kaiserin überraschen werden.

Alfons Schweiggert (Hg.)
Das Christkind im Winterwald
Weihnachtsmärchen aus Bayern
128 Seiten, Format 13,5 x 20,5 cm, Hardcover
ISBN 978-3-89251-383-4
Preis: 7,95 €

Klaus Kiermeier (Hg.)
Und scho is wieder Weihnachten
Bayerische Geschichten zum Schmunzeln
2. Auflage 2020, 160 Seiten, Format 14,5 x 21,5 cm, Klappenbroschur
ISBN 978-3-89251-485-5
Preis: 12,90 €

Die Adventszeit ist da, Weihnachten steht bevor. Wir freuen uns auf die gemeinsame Zeit mit der Familie und Freunden. Erholung und Entschleunigung stehen immer mehr im Mittelpunkt. Wir konzentrieren uns auf die wichtigen Dinge im Leben und erfreuen uns an den weihnachtlichen Traditionen. Genau diese Werte will Pius Detterbeck in seinem dritten Weihnachtsbuch vermitteln und uns auf die „staade Zeit" einstimmen.

NEU
Mitte Oktober 2023

Pius Detterbeck, hg. von Wolfgang, Roland & Franziska Detterbeck
Advent, Adent
Mundartgedichte und Geschichten zur Weihnachtszeit
1. Auflage 2023, ca. 120 Seiten,
Format 13,5 x 20,5 cm, s/w bebildert, Hardcover
ISBN 978-3-95587-823-8 · Preis: 17,90 €

Pius Detterbeck, hg. von Wolfgang, Roland & Franziska Detterbeck
Staade Zeit
Mundartgedichte und Geschichten zur Weihnachtszeit
1. Auflage 2022, 112 Seiten,
Format 13,5 x 20,5 cm,
s/w bebildert, Hardcover
ISBN 978-3-95587-812-2
Preis: 16,90 €

Pius Detterbeck · **Weihnacht**
Mundartgedichte und Geschichten
2. Auflage 2019, 112 Seiten,
Format 13,5 x 20,5 cm,
s/w bebildert, Hardcover
ISBN 978-3-86646-767-5 · Preis: 14,90 €

Michael Altinger
Auch das Christkind muss dran glauben
1. Auflage 2019, 160 Seiten
ISBN 978-3-86646-741-5
Preis: 14,90 €
Hörbuch / Audio-CD
ISBN 978-3-86646-742-2
Preis: 14,90 €

Alfons Schweiggert
Weihnachten mit Karl Valentin
3. Auflage 2023, 128 Seiten
ISBN 978-3-89251-544-9
Preis: 16,90 €

Josef Fendl
Die Entführung aus der Krippe
Schmunzelgeschichten für die Advents- und Weihnachtszeit
4. Auflage, 128 Seiten
ISBN 978-3-89251-372-8
Preis: 12,90 €

Leopold Kammerer
Vom Kathreintanz zur Weihnachtsgans
Geschichten und Gedichte von Leopold Kammerer
7. Auflage, 136 Seiten
ISBN 978-3-922394-34-1
Preis: 12,90 €

Lieselotte Weidner
Kimm, staade Zeit
Verserl und Geschichten zwischen Advent und Dreikönig
5. Auflage, 128 Seiten
ISBN 978-3-89251-045-1
Preis: 12,90 €

Monika Pauderer
Kerzenliacht
Bayrische Geschichten und Gedichte zur Weihnachts- und Neujahrszeit
7. Auflage, 136 Seiten
ISBN 978-3-922394-43-3
Preis: 12,90 €

Format 13,5 x 20,5 cm, Hardcover

Weihnachten | Märchen & Sagen • 39

Toni Lauerer
A scheene Bescherung
Neue Geschichten zur
Weihnachtszeit
1. Auflage 2019, 160 Seiten
ISBN 978-3-86646-328-8
Preis: 14,90 €

Toni Lauerer
Scho wieder Weihnachten?
Neue Geschichten zum Fest
3. Auflage 2022, 160 Seiten
ISBN 978-3-95587-415-5
Preis: 16,90 €

Toni Lauerer
Endlich wieder gschafft
Weihnachtsgeschichten
10. Auflage 2023
ISBN 978-3-95587-429-2
Preis: 16,90 €

160 Seiten, Format 13,5 x 20,5 cm, Hardcover, auch als Hörbuch!

Hörbuch /
Audio-CD
ISBN 978-3-
95587-735-4
Preis: 19,90 €

Hörbuch /
Audio-CD
ISBN 978-3-
86646-361-5
Preis: 14,90 €

Toni Lauerer
**Die schönsten Grimms Märchen
auf Bairisch**
1. Auflage 2018, 136 S., Format 17 x 24 cm,
durchgehend farbig, mit Illustrationen von
Heidi Eichner, Hardcover
ISBN 978-3-95587-719-4 · Preis: 19,90 €

Hubertus Hinse & Toni Lauerer
Glaubn mechst es ja ned
Sagen aus der Oberpfalz
2. Auflage 2020, 152 Seiten,
Format 13,5 x 20,5 cm, Hardcover
ISBN 978-3-86646-362-2 · Preis: 14,90 €

Alfons Schweiggert
Bayerische Märchen
3. Auflage 2022, 344 Seiten,
mit Illustrationen von
Peter Mühlbauer
ISBN 978-3-95587-802-3

Michael Waltinger
Niederbayerische Sagen
6. Auflage 2019, 232 Seiten,
mit Illustrationen von
Peter Mühlbauer
ISBN 978-3-86646-779-8

Gustl Motyka
Sagen und Legenden aus dem Land um Regensburg
5. Auflage 2020, 192 Seiten
ISBN 978-3-86646-384-4

Format 13,5 x 20,5 cm, Hardcover, Preis: 19,90 €

Wilma Pfeiffer · **Warum ist die Donau so blau?**
Märchen · Mythen · Mutmaßungen
1. Auflage 2019, 176 Seiten,
Format 14,5 x 21,5 cm,
Klappenbroschur
ISBN 978-3-89251-515-9
Preis: 12,90 €

Alois Angerpointner
Butterhex und Hacklmo
Sagen aus Altbayern
192 S., Format 14,5 x 21,5 cm,
s/w bebildert,
Klappenbroschur
ISBN 978-3-89251-491-6
Preis: 12,90 €

Stephanie Ambrozy,
Heidi Eichner & Thomas Kern
**G'heirat werd,
hams' gsagt …**
Die Landshuter Hochzeit – ein modernes Märchen anno 1475
104 Seiten, Format 20 x 24 cm,
farbig, Hardcover
ISBN 978-3-86646-790-3
Preis: 16,90 €

Bairische Wörterbücher • 41

O. Hietsch & A. Dick (Bearb.)
Wörterbuch Bairisch – English
überarbeitete und erweiterte
4. Auflage 2019,
192 S., Format 14,8 x 21 cm,
s/w illustriert von
Nina Schneider, Hardcover
ISBN 978-3-86646-739-2
Preis: 19,90 €

Ute Freihart
Des konnst deim Bou veazöhln
Oberpfälzisch für Anfänger
2. Auflage 2020, 88 Seiten,
Format 12 x 18 cm, durchgehend farbig, Broschur
ISBN 978-3-95587-078-2
Preis: 12,90 €

Astrid Schäfer
Das bairische Fluch-Buch
Schimpfworte und Drohungen
gesammelt und zur
Anwendung freigegeben von
Astrid Schäfer
1. Auflage 2018, 96 Seiten,
Format 11 x 19 cm, Hardcover
ISBN 978-3-89251-509-8
Preis: 11,90 €

Franz Ringseis
Ringseis' Bayerisches Wörterbuch
5. Auflage 2020, 368 Seiten,
Format 11,5 x 17,5 cm,
Hardcover
ISBN 978-3-89251-350-6
Preis: 19,90 €

Norbert Göttler · **Irxenschmoiz und Wedahex**
Alte bairische Worte
Wiederentdeckt und erklärt
von Bezirksheimatpfleger
Norbert Göttler
2. Auflage, 96 Seiten, Format
11 x 19 cm, Hardcover
ISBN 978-3-89251-454-1
Preis: 11,90 €

Norbert Göttler · **Ohrwuzler und Zeiserlwagen**
Alte bairische Worte
Wiederentdeckt und erklärt
von Bezirksheimatpfleger
Norbert Göttler
96 Seiten, Format 11 x 19 cm,
Hardcover
ISBN 978-3-89251-465-7
Preis: 11,90 €

42 • Humor

Alfons Schweiggert
Ja, lachen Sie nur!
Die schönsten Karl-Valentin-Anekdoten und -Witze
7. Auflage 2023, 120 Seiten,
Format 13,5 x 20,5 cm,
Hardcover
ISBN 978-3-89251-543-2
Preis: 16,90 €

NEUAUFLAGE
Mitte Okt. 2023 –
bereits in der
7. Auflage!

Lustige Geschichten
von Toni Lauerer

je 160 Seiten, Format
13,5 x 20,5 cm, Hardcover,
Preis: 14,90 €

Eva Karl Faltermeier
Der Grant der Frau
Geschichten einer unterschätzten Emotion
1. Auflage 2021, 192 Seiten,
Format 13,5 x 20,5 cm,
s/w bebildert, Hardcover
ISBN 978-3-95587-784-2
Preis: 14,90 €
Hörbuch / Audio-CD
ISBN 978-3-95587-785-9
Preis: 14,90 €

Mei, bin i a Depp!
2. Auflage 2019
ISBN 978-3-86646-371-4

Norbert Neugirg
Tusch eineinhalbmal
3. Auflage 2020, 176 Seiten,
Format 13 x 20,5 cm,
Hardcover
ISBN 978-3-95587-030-0
Preis: 16,95 €

Der Alltag is da Wahnsinn
ISBN 978-3-86646-337-0

Topfit ist er, der Toni! Obwohl er schon über 30 ist. Eigentlich über 40. Ehrlich gesagt, über 50. Gerüchte sagen sogar, a bissl über 60! Aber egal: Topfit ist er! Also meistens … Umso mehr ärgert es ihn, dass sich die Anzeichen dafür mehren, dass er von seiner Umgebung nicht mehr als blutjung wahrgenommen wird: Da fragt ihn doch eine taktlose Bedienung tatsächlich, ob sie ihm die Senioren-Speisekarte bringen soll. Und ein unverschämter jugendlicher Rapper bietet ihm in der U-Bahn einen Sitzplatz an. Und der Gipfel der Unverschämtheit: Seine eigene Frau macht für ihn einen Check-up-Termin beim Urologen aus – obwohl noch alles „gut in Schuss" ist! Gegen solche Tendenzen gilt es sich zu wehren. Und Toni Lauerer tut es in Form dieses Buches, auf seine köstlich humorvolle Art und Weise. Damit die Menschen es schwarz auf weiß haben, wie fit und geschmeidig er noch ist. **Eine sehr humorvolle Liebeserklärung an die zweite Halbzeit des Lebens und ein amüsanter Lesegenuss für „angeblich Alt" und Jung!**

NEU Mitte Oktober 2023

Toni Lauerer
Älter werden is (ko)a Gaudi
Geschichten vom ewigen Kindskopf
1. Auflage 2023, 160 Seiten,
Format 13,5 x 20,5 cm, Hardcover
ISBN 978-3-95587-430-8 · Preis: 16,90 €

Willkommen im Spiegelsaal
ISBN 978-3-86646-305-9

Hörbuch / Audio-CD
1. Auflage 2023, Spieldauer: ca. 80 Min.
ISBN 978-3-95587-431-5 · Preis: 16,90 €

Seit 2022 ist Toni Lauerer offizieller Botschafter der Oberpfalz!

Toni Lauerer blickt mit einem liebevollen Augenzwinkern zurück: auf die Schulzeit, die samstäglichen Tanzabende, die Zeit der ersten, aber erfolglosen Kontaktaufnahme mit dem weiblichen Geschlecht und viele Dinge mehr!

Hörbuch / Audio-CD
1. Auflage 2022,
Spieldauer: 79 Min.
ISBN 978-3-95587-414-8
Preis: 16,90 €

Blumen, Bulli, Bumskopfsemmel
Geschichten aus den wilden Siebzigern
1. Auflage 2022
ISBN 978-3-95587-413-1

160 Seiten,
Format 13,5 x 20,5 cm,
Hardcover,
Preis: 16,90 €

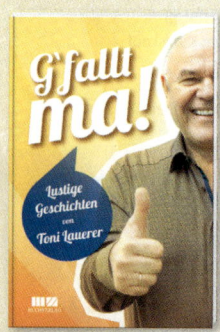

G'fallt ma!
2. Auflage 2022
ISBN 978-3-95587-409-4

Möchten'S ned probiern?
3. Auflage 2022
ISBN 978-3-95587-410-0

Gestern beim Unterwirt
Wirtshausg'schichten
aus Bayern
1. Auflage 2020
ISBN 978-3-86646-390-5
Preis: 14,90 €

Michl Ehbauer · **Baierische Weltgschicht, Band 1 (farbig illustrierte Schmuckausgabe)**
6. Auflage 2019, mit Illustrationen von Heidi Eichner, 312 S., F. 14,8 x 21 cm, durchgeh. farbig, Hardcover
ISBN 978-3-86646-760-6
Preis: 19,90 €

K. Schwarzfischer (schwafi)
Da Schtruwlbeda af Bairisch
2. Auflage 2020, 44 Seiten, Format 17 x 24 cm, durchgehend farbig, Hardcover
ISBN 978-3-95587-709-5
Preis: 14,90 €

K. Schwarzfischer (schwafi)
Max und Moritz af Bairisch
1. Auflage 2019, 64 Seiten, Format 17 x 24 cm, durchgehend farbig, Hardcover
ISBN 978-3-95587-752-1
Preis: 14,90 €

Josef Fendl
Bauernseufzer
2000 bayerische Kürzestgeschichten
4. Auflage, 270 Seiten, Format 11,5 x 17,5 cm, Hardcover
ISBN 978-3-89251-333-9
Preis: 15,90 €

Alfons Schweiggert
Königlich Bayerisches Kopfkissenbuch
Aufgeweckte Geschichten zum Schmunzeln und Lachen
1. Auflage 2020, 144 Seiten, F. 13,5 x 20,5 cm, Broschur
ISBN 978-3-95587-756-9
Preis: 14,90 €

Alfons Schweiggert
Das Nachtkastlbuch
Heitere Betthupferl-Geschichten
4. Auflage 2019, 160 Seiten, Format 13,5 x 20,5 cm, Broschur
ISBN 978-3-86646-740-8
Preis: 14,90 €

46 • Geschenkbücher

Evi Wagner
Glück · Rezepte für mehr Lebensfreude
1. Auflage 2022, 160 Seiten,
Format 14,8 x 21 cm,
Broschur
ISBN 978-3-95587-091-1
Preis: 19,90 €

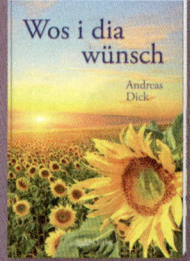

Andreas Dick
Wos i dia wünsch
Überarbeitete und erweiterte
2. Auflage 2020,
120 S., Format 12,5 x 18,5 cm,
farbig bebildert, Hardcover
ISBN 978-3-95587-762-0
Preis: 12,90 €

Annemarie Köllerer
Sag's auf bayrisch
Einladn – Gratuliern –
Schenken – Dankschönsagn
5. Auflage, 128 Seiten, Format
13,5 x 20,5 cm, Hardcover
ISBN 978-3-89251-294-3
Preis: 12,90 €

Helmut Zöpfl
Ein Packerl voll Freude
Gute Gedanken
zu jeder Stunde
ISBN 978-3-89251-460-2
Preis: 7,95 €

Annemarie Köllerer & Elfie Meindl
Pumperlgsund sollst werdn
Lachen ist die beste Medizin
2. Auflage
ISBN 978-3-89251-403-9

Sieglinde Ostermeier (Hg.)
Werd scho wieda wern!
Bloß koane
Krankngschichtn …
1. Auflage 2019
ISBN 978-3-89251-514-2

80 Seiten, Format 11,5 x 16,5 cm, Hardcover, Preis: 7,95 €

Anthologien | Historische Romane • 47

Helmut Eckl (Hg.)
I sog nix!
Vom brandgefährlichen
Dialog zwischen ihm und ihr
1. Auflage 2022
ISBN 978-3-89251-532-6

Josef Fendl (Hg.)
Obandln
Bayerische Liebesabenteuer
1. Auflage 2018
ISBN 978-3-89251-504-3

Astrid Schäfer (Hg.)
Grant
Eine bayerische Gemütslage
1. Auflage 2019
ISBN 978-3-89251-518-0

160 Seiten, Format: 14,5 x 21,5 cm, Klappenbroschur, Preis: 12,90 €

Klaus Kiermeier (Hg.)
Dahoam
Unser bayerisches Lesebuch
256 S., Format 14,5 x 21,5 cm,
Klappenbroschur
ISBN 978-3-89251-500-5
Preis: 14,90 €

Norbert Göttler
Die Pfuscherin
Amalie Hohenester, Wunder-
heilerin und Doktorbäuerin
Roman, 160 Seiten,
Format 14,5 x 21,5 cm,
Klappenbroschur
ISBN 978-3-89251-467-1
Preis: 11,90 €

Wilma Pfeiffer
Die wilde Kaiserin · Sisi in
Geschichten und Anekdoten
2. Auflage 2018, 160 Seiten,
Format 13,5 x 20,5 cm,
Hardcover
ISBN 978-3-89251-503-6
Preis: 14,90 €

Josef Bader · **Waldbrüder**
Wildererroman nach einer wahren Begebenheit
2. Auflage, 192 Seiten
ISBN 978-3-89251-437-4
Preis: 16,50 €

Manfred Böckl · **Jennerwein**
Ein bayerisches Wildererdrama · Historischer Roman
138 Seiten
ISBN 978-3-89251-466-4
Preis: 11,90 €

Manfred Böckl
Agnes Bernauer
Hexe · Hure · Herzogin
208 Seiten
ISBN 978-3-89251-492-3
Preis: 12,90 €

Isolde Stöcker-Gietl
Auf den Spuren des Todes
Wahre Verbrechen in Ostbayern
2. Auflage 2022, 200 Seiten
ISBN 978-3-86646-387-5
Preis: 17,90 €

Johann Dachs
Wahre Mordgeschichten
Kriminalfälle aus Niederbayern und der Oberpfalz
mit Fotos von Claudia Gregor
4. Auflage 2023, 160 Seiten
ISBN 978-3-95587-425-4
Preis: 16,90 €

Susanne Mittermaier
Alles, was recht ist
Bayerische Kriminalfälle vor Gericht
208 Seiten
ISBN 978-3-89251-501-2
Preis: 12,90 €

 battenberg gietl verlag — Heimat

Battenberg Gietl Verlag GmbH
Pfälzer Straße 11 · D-93128 Regenstauf
Telefon: 0 94 02/93 37-0
E-Mail: info@battenberg-gietl.de

Unser vollständiges Buchprogramm finden Sie unter: www.battenberg-gietl.de/heimat

Gabriele Kiesl & Hans Ludwig Höcherl

Die schönsten Wirtshäuser in Regensburg und Umgebung

Ein Gastronomieführer zu empfehlenswerten Wirtshäusern in der Stadt und Region Regensburg

BUCHVERLAG

Bibliografische Information Der Deutschen Bibliothek

Die Deutsche Bibliothek verzeichnet diese Publikation in der Deutschen Nationalbibliografie; detaillierte bibliografische Daten sind im Internet über http://dnb.ddb.de abrufbar.
ISBN 978-3-95587-423-0

Für uns, die Battenberg Gietl Verlag GmbH mit all ihren Imprint-Verlagen, ist Nachhaltigkeit ein wichtiger Teil unserer Unternehmensphilosophie. Daher achten wir bei allen unseren Produkten auf den Einsatz umweltschonender Ressourcen und Materialien.

Dieses Buch wurde auf FSC®-zertifiziertem Papier gedruckt. FSC (Forest Stewardship Council®) ist eine nicht staatliche, gemeinnützige Organisation, die sich für die verantwortungsvolle und ökologische Nutzung der Wälder unserer Erde einsetzt.

Unsere Partnerdruckerei kann zudem für den gesamten Herstellungsprozess nachfolgende Zertifikate vorweisen:
– Zertifizierung für FOGRA PSO
– Zertifizierungssystem FSC®
– Leitlinien zur klimaneutralen Produktion (Carbon Footprint)
– Zertifizierung EcoVadis (die Methodik besteht aus 21 Kriterien in den Bereichen Umwelt, Einhaltung menschlicher Rechte und Ethik)
– Zertifikat zum Energieverbrauch aus 100% erneuerbaren Quellen
– Teilnahme am Projekt „Grünes Unternehmen" zum Schutz von Naturressourcen und der menschlichen Gesundheit

Titelbild: Regensburg (AdobeStock, refresh), Käsespätzle (AdobeStock, push2hit)
4. Auflage 2023
ISBN 978-3-95587-423-0
Alle Rechte vorbehalten
© MZ-Buchverlag in der Battenberg Gietl Verlag GmbH, Regenstauf
www.battenberg-gietl.de

Vorwort

Wenn man im Schatten malerischer Gassen oder in besonders idyllischem Ambiente regionales Bier und besondere kulinarische Schmankerln genießt, dann befindet man sich sicher in einem Regensburger Wirtshaus oder zumindest in der näheren Umgebung dieser schönen Stadt. Wir möchten damit nicht sagen, dass man nur dort auf gutes Bier und traditionelle Küche trifft, aber leicht gemacht wird es einem hier schon. Nicht selten stößt man bei seiner Suche auf eines der vielen „Musikantenfreundlichen Wirtshäuser", die es einem schwer machen könnten, nicht zum nächsten Stammgast zu mutieren.

Lebensecht und hautnah mitzuerleben, wo sich der gemeine Ostbayer am wohlsten fühlt, steckt an. Vor allem in den lauen Sommernächten zieht es einen förmlich in die zahlreichen Biergärten und Innenhöfe der UNESCO-Welterbestadt. Aber auch tagsüber finden Familien und Tagesausflügler sicher einen geeigneten Tisch, an dem man mit Blick auf eine der vielen Sehenswürdigkeiten gemütlich verweilen kann. Nicht selten sitzt man dabei inmitten geschichtsträchtiger Mauern. Doch was reden wir? Kehren Sie ein und überzeugen Sie sich selbst …

Gabriele Kiesl

Hans Ludwig Höcherl

Foto: Gabi Kiesl

Danksagung

Wenn ein Gastronomieführer erscheint, bedarf es vieler Menschen drum herum, um eine solche Publikation zu verwirklichen. Und bei diesen lieben Menschen, die uns während der Recherche, des Essens und des Schreibens zur Hilfe standen, möchten wir uns hiermit besonders bedanken. Ein sakrisches Vergelts Gott geht an:

- Unseren Verleger Josef Roidl, der uns nicht nur sein Vertrauen geschenkt hat, sein Werk weiterzuführen, sondern uns auch immer mit Rat und Tat zur Seite stand.
- Manuela Bonfissuto für ihr offenes Ohr und die stets motivierenden Worte, wenn mal irgendetwas nicht auf Anhieb geklappt hat.
- Regina Schindler, ohne sie wäre unser Buch nicht das, was es jetzt ist, da sie es nicht nur ganz wunderbar gestaltet hat, sondern auch viel Geduld für uns aufbringen musste.
- Alle Wirtinnen und Wirte, die uns ihre Türen herzlich geöffnet und uns bereitwillig einen Einblick in ihre schönen Wirtshäuser gewährt haben.
- Alle Servicekräfte, die uns freundlich bedient und uns die Auswahl für unser Buch oftmals leichter gemacht haben.
- Sigi und Herbert Helmbrecht und ihren Schlemmerclub, die zu unserem Glück ständig kulinarisch unterwegs sind.
- Frank und Sandro Fiebig, die uns in ihrer Wahlheimat Kelheim und näherer Umgebung mit Ratschlägen und Tipps zur Seite standen.
- Doris Weilert, die als ehemalige Hotelbetriebswirtin und waschechte Regensburgerin wertvolle Hinweise zu Traditionshäusern geben konnte.
- Und selbstverständlich geht der Dank auch an die Liebsten zuhause – allen voran die ehemaligen Wirtsleute Gerda und Karl-Heinz Bischoff, den Eltern von Gabi Kiesl, die nicht nur immer gerne bereit sind, ihre Tochter zu unterstützen, sondern durchaus auch ein klares Bild von bayerischer Küche haben.

Inhaltsverzeichnis

Vorwort | 5
Danksagung | 6
Inhaltsverzeichnis | 7
Einleitung und Erklärungen | 10
Übersichtskarte Stadt Regensburg | 14
Übersichtskarte Umgebung von Regensburg | 16

Die schönsten Wirtshäuser in Regensburg (alphabetisch)
Alte Linde | 19
Auer Bräu | 25
Bischofshof am Dom | 29
Dicker Mann | 33
Goldener Hirsch (Großprüfening) | 37
Gravenreuther | 41
Hofbräuhaus Regensburg | 45
Kneitingers Hubertushöhe | 49
Kneitinger am Arnulfsplatz | 53
Kneitinger im Antoniushaus | 57
Parzefall (Burgweinting) | 61
Sorgenfrei | 65
Spitalgarten | 69
Unter den Linden | 73

Die schönsten Wirtshäuser in der Umgebung von Regensburg (alphabetisch nach Ort)
Adlersberg, Prösslbräu | 79
Aumbach, Jagawirt | 83
Bad Abbach, Gasthaus Zirngibl | 87
Brennberg, Hirschbergers Holzofenkuchl | 91
Burglengenfeld, Gasthof zu den 3 Kronen | 95

Foto: Hans Bauer

Foto: Ilse Thomele

Foto: Hans Bauer

Inhaltsverzeichnis

Donaustauf, Landgasthof Hammermühle | **99**
Eichhofen, Brauereigasthof Eichhofen | **103**
Eilsbrunn, Gaststätte Röhrl | **107**
Kallmünz, Zum Bürstenbinder | **111**
Kallmünz, Gasthof und Brauerei Zum Goldenen Löwen | **117**
Karlstein, Gaststätte Lautenschlager | **121**
Kelheim, Gasthaus Berzl | **125**
Kelheim, Gasthof Stockhammer | **129**
Kelheim, Waldgaststätte Frauenhäusl | **133**
Kelheim, Weißes Bräuhaus | **137**
Niedertraubling, Altes Schloss | **141**
Nittenau, Brauereigasthof Jakob | **145**
Parsberg, Wir z'Haus | **149**
Pfakofen, Gasthof Röhrl – Zum Schwarzen Adler | **155**
Pielenhofen, Klosterwirtschaft | **159**
Randeck, Ritterschänke Burg Randeck | **163**
Rettenbach, Rettenbacher Hofs | **169**
Riedenburg-Buch, Landhotel Schneider | **173**
Thaldorf, Landgasthof Frischeisen | **177**
Unterirading, Gasthof zur Walba | **181**
Weltenburg, Klosterschenke Weltenburg | **185**

Foto: Martin Weiss (Kneitinger unter den Linden)

Aufbau des Wirtshausführers

Tradition

Tradition hat zwei Bedeutungen:
1.) Das Lokal ist seit mehreren Generationen in Familienbesitz bzw. seit sehr vielen Jahren ist in diesen Räumlichkeiten eine Gastwirtschaft untergebracht.
2.) Die Einrichtung und das Ambiente sind traditionell und entsprechen dem Stil und der Erwartung eines bayerisch-oberpfälzischen Wirtshauses.

Brauerei

Brauerei bedeutet:
Das Wirtshaus ist eine offizielle Brauereigaststätte bzw. in unmittelbarer Umgebung des Lokals befindet sich die Brauerei, deren Bier in diesem Wirtshaus ausgeschenkt wird.

Biergarten

Biergarten bedeutet:
Direkt beim Wirtshaus befinden sich im Freien ein Biergarten, ein Freisitz oder eine Terrasse, die durch Bäume beschattet sind.

Gästezimmer

Gästezimmer bedeutet:
Das Wirtshaus verfügt über Gästezimmer im eigenen Haus oder in unmittelbarer Nähe. Die Qualität der Übernachtungsmöglichkeiten wurde nicht geprüft.

Beispiel

SCHWEINEBRATEN INDEX

Leberknödelsuppe:	5,20 €
Schweinebraten mit Knödel & Salat:	14,50 €
Halbe Bier:	4,50 €

Juli 2023

Schweinebraten-Index bedeutet: die aktuellen Preise für die genannte Suppe und den Schweinebraten sowie für einen halben Liter helles Bier. Das Datum der Preiserfassung wurde dabei jeweils unten rechts angegeben. Der Schweinebraten-Index gibt keinen Hinweis auf die Qualität des Essens, sondern ist lediglich eine Preisorientierung.

Was ist ein Wirtshaus?

In diesen Gastronomieführer wurden nur Lokale aufgenommen, die nach gängiger und regionaler Meinung ein Wirtshaus sind. Das war oftmals keine leichte Entscheidung, da die Grenzen hier vielfach fließend sind.

Ein Wirtshaus muss regelmäßig und auch tagsüber geöffnet sein und mindestens am Sonntagmittag eine warme Küche anbieten, wie sie regional üblich ist, d.h. der klassische Schweinsbraten mit Knödel darf auf keinen Fall fehlen. Außerdem kann man in ein Wirtshaus auch mal nur zum Biertrinken oder Schafkopfen gehen und unterliegt nicht dem Zwang, dort zu speisen.

Wir haben ausgeschlossen: alle Lokale mit ausschließlich ausländischer Küche, Bars, Pubs, Bistros, Hotelrestaurants, Studentenlokale und auch die gehobenen Restaurants, wenn sie nicht am Sonntagmittag die klassische bayerische Bratenküche mit Schweinsbraten usw. zu einem akzeptablen und ortsüblichen Preis anbieten.

Aktualität

Wir haben alle Daten sorgfältig erfasst und auch überprüft. Aber natürlich ist es nicht auszuschließen, dass sich Fehler eingeschlichen haben. Wir bitten deshalb alle Leser um Nachricht, wenn solche Fehler auffallen. Außerdem müssen wir hier darauf hinweisen, dass in der Gastronomie des Öfteren Pächterwechsel stattfinden, die wir nur bis zur Drucklegung berücksichtigen konnten.

Über weitere Anregungen, Kritik und natürlich auch Lob freuen sich die Autoren und der Verlag.
(wirtshaus@battenberg-gietl.de)

Umgebung von Regensburg

Das sind nicht nur die Gaststätten im Landkreis Regensburg, sondern auch Wirtshäuser, die ein Regensburger noch beim Sonntagsausflug zum Mittagessen anfährt, also im Umkreis von ca. 40 km.

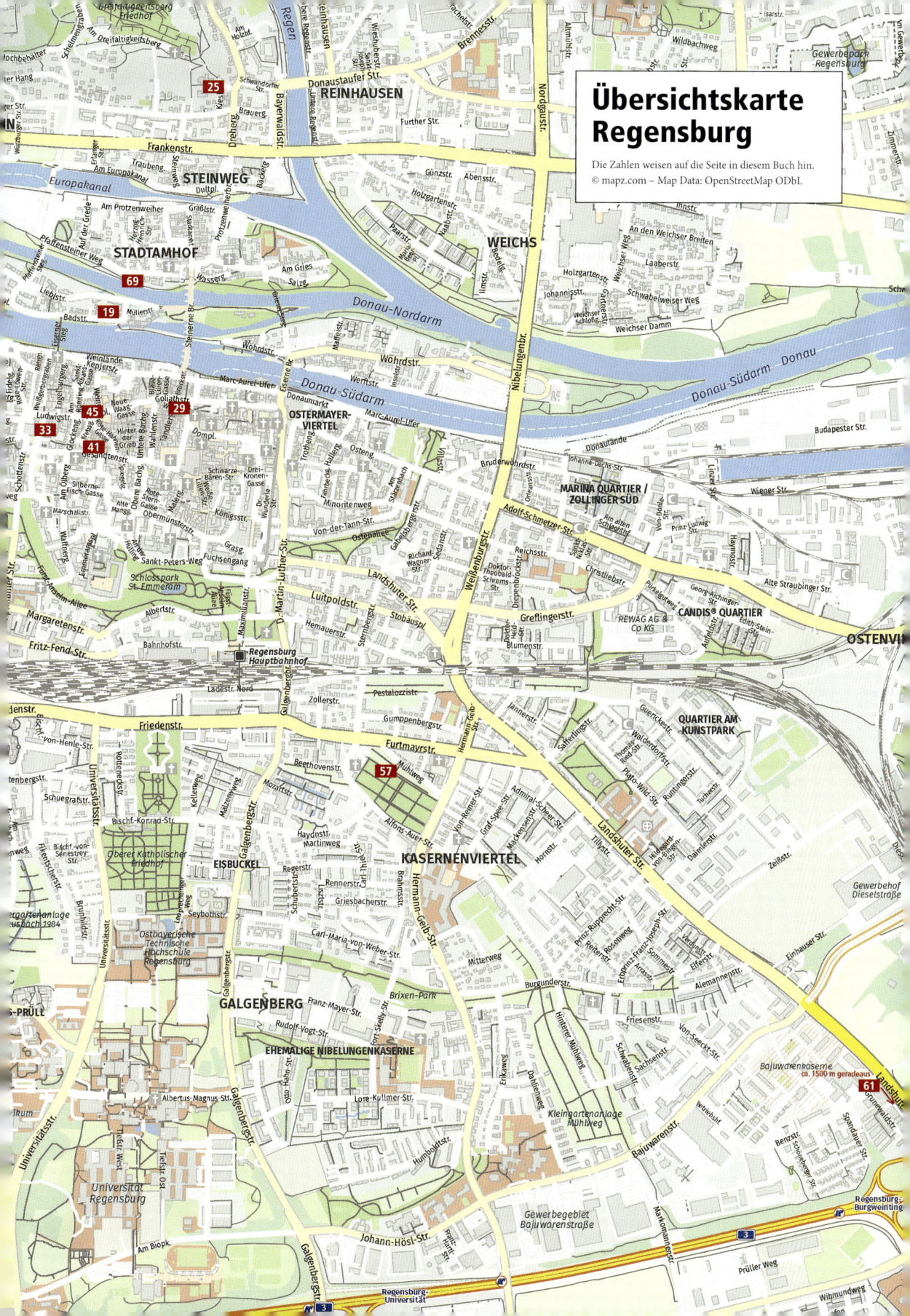

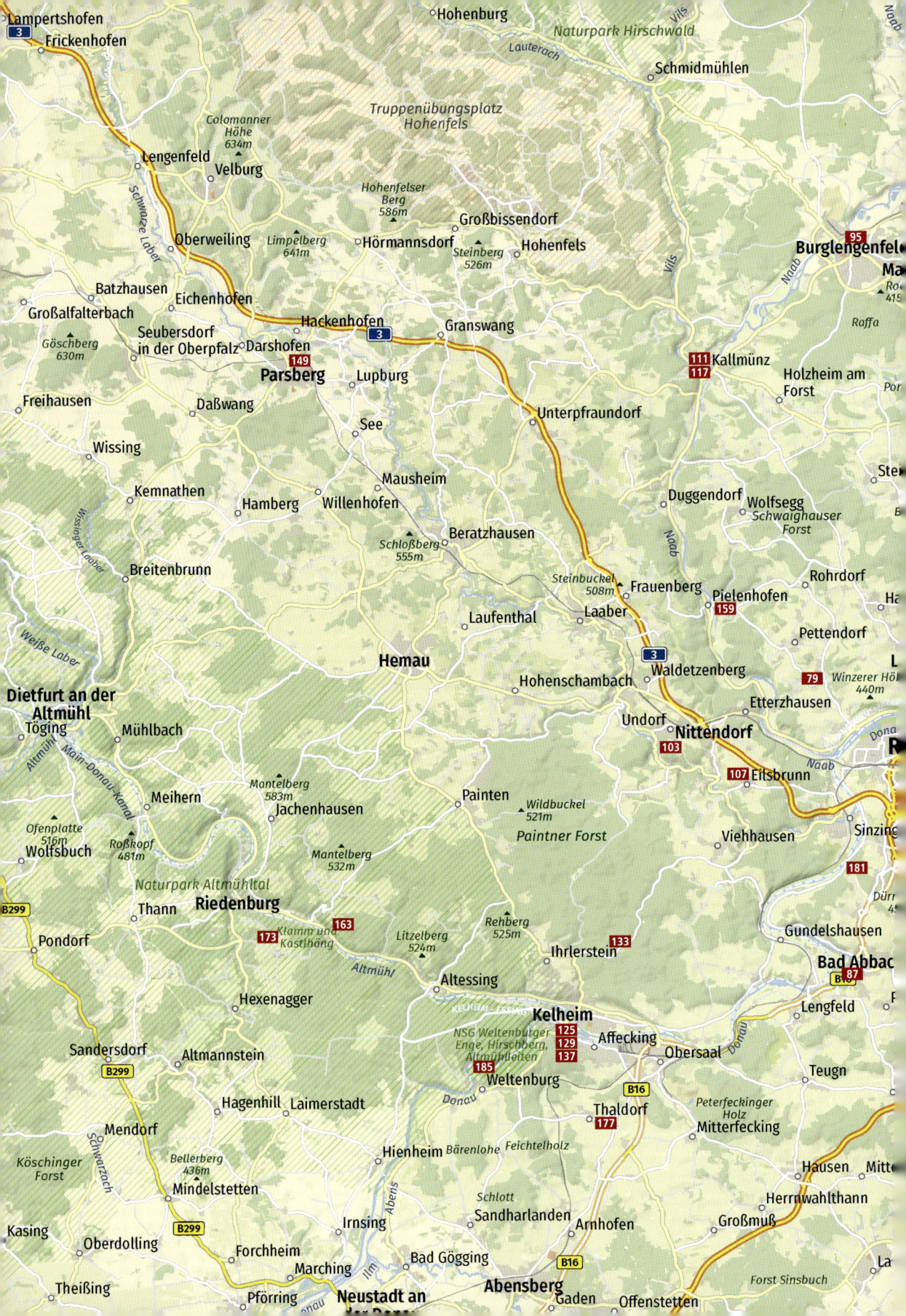

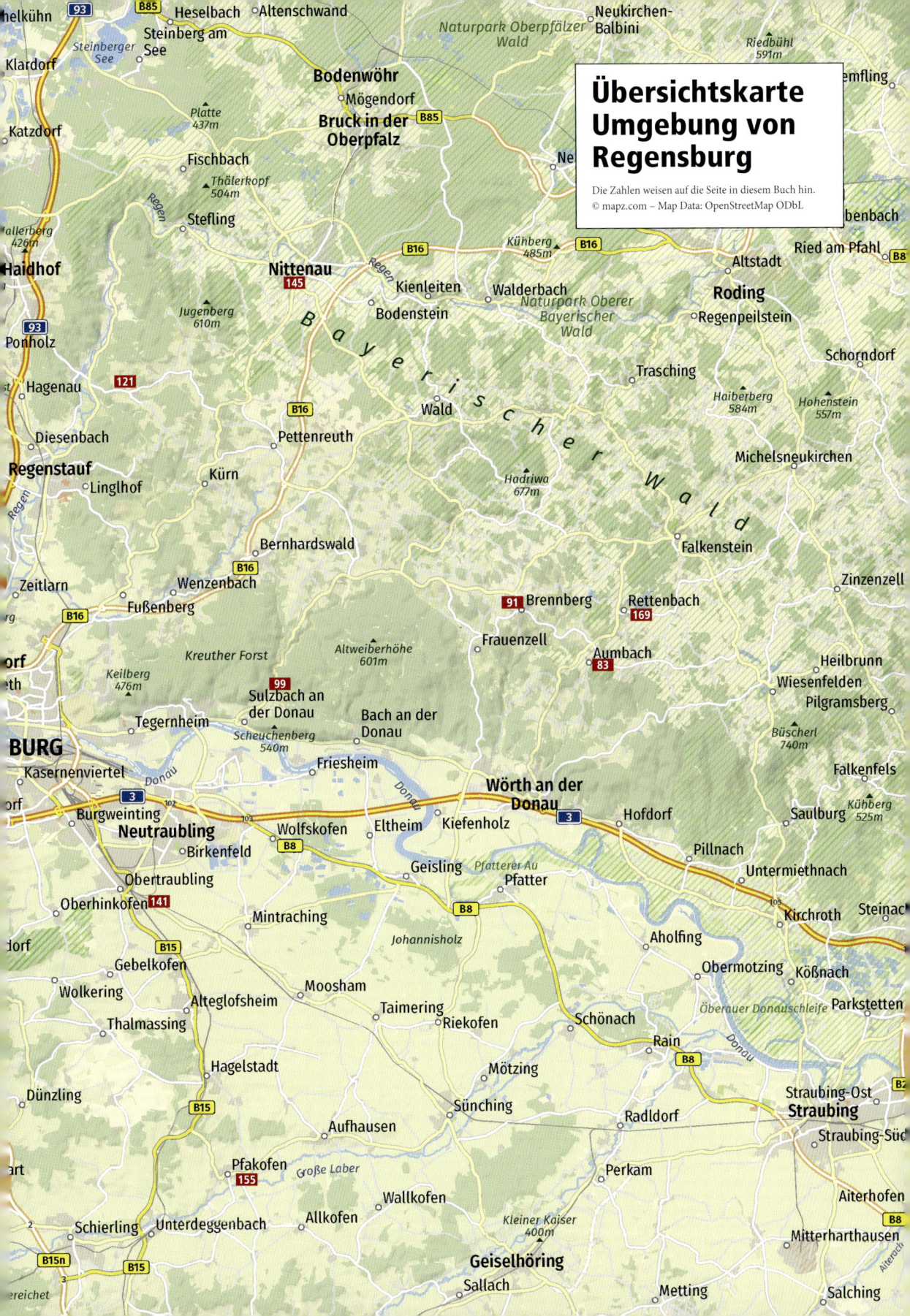

Die schönsten Wirtshäuser in Regensburg

Foto: Hans Bauer

 Tradition
 Biergarten

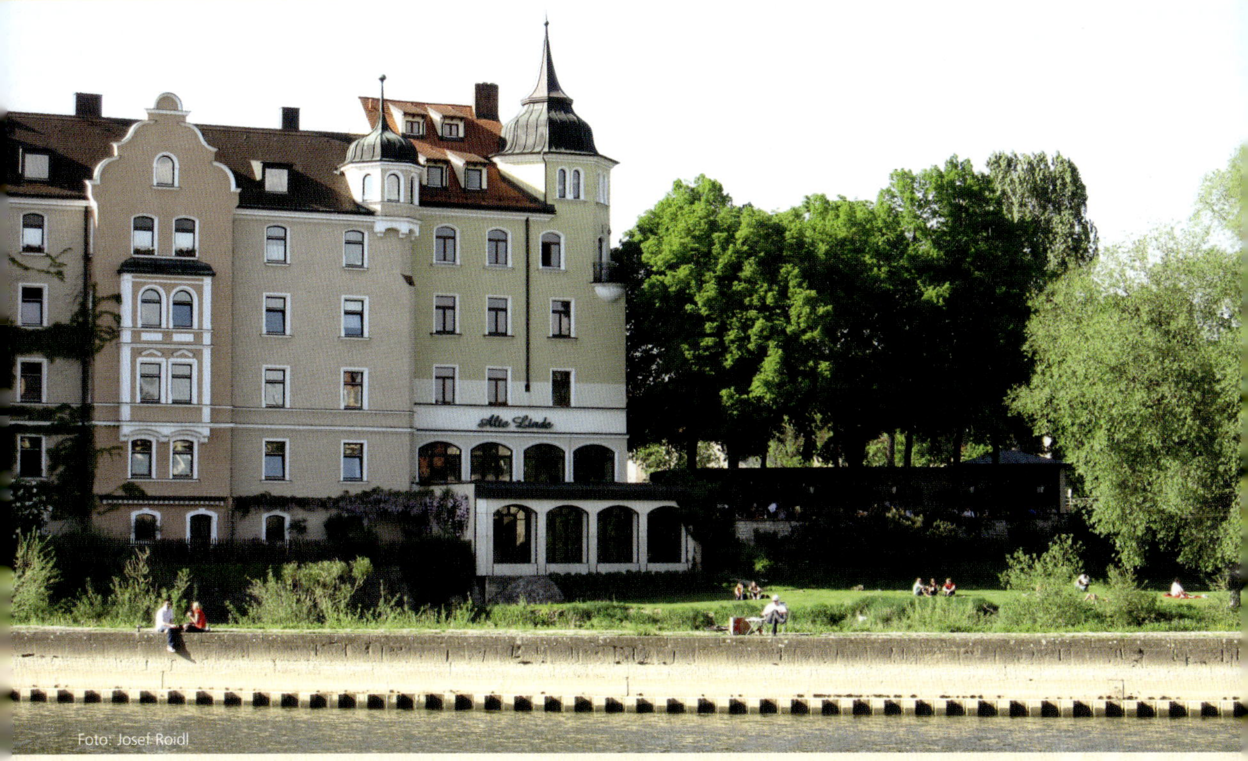

Alte Linde

Beschreibung

Was gibt es Schöneres, als sich unmittelbar an, beziehungsweise unter, der Steinernen Brücke im schattigen Biergarten der schönen „Alten Linde" – einem wahren Schmuckstück traditioneller Regensburger Gastronomie – niederzulassen und den Blick auf die historische Altstadt zu werfen? Wenn überhaupt dann nur eins, nämlich dabei ein kühles Helles und eine ordentliche Brotzeit zu genießen. Denn an deftigen Schmankerln mangelt es in der

Kartoffelsuppe:	4,90 €
Schweinebraten mit Knödel & Sauerkraut:	14,90 €
Halbe Bier:	4,10 €

1 Der Biergarten mit dem herrlichen Ausblick auf die Steinerne Brücke und den Dom. [Foto: Hans Bauer]

2 Die untere Gaststubn – ideal für Feierlichkeiten.

3 Die obere Gaststubn. [Foto: Josef Roidl]

4 Die „Alte Linde" auf dem Oberen Wöhrd, eine Insel in der Donau. [Foto: Josef Roidl]

5 Historische Aufnahme mit der alten Linde.

Regensburg | Alte Linde

„Alten Linde" nicht. Ganz im Gegenteil: Die Auswahl der Speisekarte ist derart groß, dass man sich kaum entscheiden kann. Hier findet man nicht nur diverse Wurstsalate und andere knackige Salatvariationen, sondern auch Außergewöhnliches und scheinbar längst Vergessenes. Limburger mit „Musik" zum Beispiel, einen klassisch-würzigen Käse, der mit Essigsud, den man liebevoll als „Musik" betitelt, roten Zwiebeln und Bauernbrot gereicht wird. Oder die hausgemachte Bratensülze – die zwar bekannt, aber dafür ebenso lecker ist. Doch es ist auch immer wieder etwas ganz Besonderes, wenn man, direkt am Donauufer, ein Fischgericht in dem durch Linden beschatteten Biergarten zu sich nimmt. Unser Tipp: Forelle aus dem Buchenrauch, bezogen vom Fischhof Mulzer, die lauwarm serviert wird. Passend dazu wird Preiselbeer-Meerrettich und Baguette gereicht – ein Gedicht!

So lässt sich die Sommerzeit und das Flair dieser alten Stadt bestens erleben: mit atemberaubendem Ausblick auf den Dom St. Peter und die Steinerne Brücke das bunte Treiben auf der benachbarten Jahninsel beobachten und den Künstlern und Sonnenanbetern zuzusehen, wie sie das Leben in vollen Zügen aufzusaugen scheinen. Doch auch im Winter hat die „Alte Linde" einiges zu bieten. Der Gastraum Donaustüberl ist in kalten Monaten, was die Aus-

Inhaber:
Julian Wiesbeck

Adresse:
Müllerstraße 1
93059 Regensburg

Telefon:
0941/88080

E-Mail:
altelinde_wiesbeck@yahoo.de

Öffnungszeiten:
1. April – 1. September
Mo. – Sa. 11.00 – 23.00 Uhr
Sonntag 11.00 – 22.00 Uhr
1. Oktober – 31. März
Mo. – Fr. 16.00 – 23.00 Uhr
Sa. und So. 11.00 – 23.00 Uhr

Ruhetag:
Keiner

Räumlichkeiten:
Obere Gaststubn (90 Plätze)
Untere Gaststubn (60 Plätze)

Besonderheiten:
Lebensmittel von Oberpfälzer Lieferanten mit Blick auf Tierwohl, Nachhaltigkeit und Regionalität. Allerwelts-Kirchweih mit Gans- und Entenessen. Traumhafter Blick auf die Regensburger Altstadt und den Dom.

Biergarten:
Schöner, schattiger Biergarten an der Donau mit 600 Plätzen

Bier:
Alle Biere (Pils, Dunkles, Bock) von der Brauerei Kneitinger, Weißbier von der Brauerei Schneider, Kelheim

Preise:
Suppen: 4,90 – 6,40 €
Brotzeiten: 8,90 – 14,90 €
Hauptgerichte: 10,40 – 25,90 €
Nachspeisen: 6,40 €

Warme Küche:
Durchgehend
11.00 – 22.00 Uhr

sicht betrifft, kaum zu toppen. Direkt am Wasser der Donau gelegen und mit traumhaftem Blick auf die historische Silhouette der Regensburger Altstadt: Was will man mehr? Wir sind sowieso der Meinung, dass dieses Wirtshaus gerade im Herbst und Winter etwas Zauberhaftes hat. Denn die Donau scheint dann etwas langsamer zu fließen, Nebel steigt mystisch von ihr auf, oder es lässt sich am anderen Ufer ein Hauch Schnee auf den Häuserdächern nieder. Dann ist es die perfekte Zeit, um in die, seit 1901 bestehende, „Alte Linde" einzukehren, sich kulinarisch verwöhnen zu lassen und an einem Fensterplatz die Eindrücke der mittelalterlichen Stadt in sich aufzusaugen. Das Leben kann so schön sein!

Fazit

In der „Alten Linde" auf der Donauinsel „Oberer Wöhrd" kann man sich sowohl vegetarische Gerichte als auch vor allem die deftigen bayerischen Traditionsgerichte schmecken lassen, und das bei einem traumhaften Ausblick auf die historische Altstadt von Regensburg, die Steinerne Brücke und den Dom St. Peter. Es gibt keinen schöneren Ort zu entspannen als diesen, vor allem im durch (die namensgebenden) Linden beschatteten, großen Biergarten. Von dort hat man auch einen guten Blick auf die benachbarte Jahninsel und die beiden Donauufer, wo immer ein reges Treiben herrscht. Ein Ort, an den man immer wieder gerne zurückkehrt.

www.altelinde-regensburg.de

WIRTSHAUS KULTUR

... die für sich spricht. Unsere Gaststätten in und um Regensburg ...

Brauereigaststätte

Hubertushöhe

Auer Bräu

Alter Schlachthof

Unter den Linden

Kneitinger Keller

Goldener Ochs

Goldener Hirsch

Ramspauer Hof

Gasthof zur Post

Altes Schloss

BRAUEREIGASTSTÄTTE » Arnulfsplatz 3 — 0941 52455
UNTER DEN LINDEN » Dr.-Johann-Maier-Straße 1 — 0941 2049900
AUER BRÄU » Schwandorfer Straße 41 — 0941 88597
HUBERTUSHÖHE » Wilhelm-Raabe-Straße 1 — 0941 90257
KNEITIGER KELLER » Galgenbergstraße 18 — 0941 76680
ALTER SCHLACHTHOF » Am Alten Schlachthof 9 — 0941 4637770
GOLDENER HIRSCH » Großprüfening 21 — 0941 30787614
GOLDENER OCHS » Schwanenplatz 3 — 0941 560518
RAMSPAUER HOF » Dorfstraße 5, Ramspau — 09402 4560
GASTHOF ZUR POST » Hauptstraße 1, Köfering — 09406 2934
ALTES SCHLOSS » Schloßstraße 21, Niedertraubling — 09401 9135635

Kneitinger
kneitinger.de

Foto: Hubert Lankes

Tradition

Biergarten

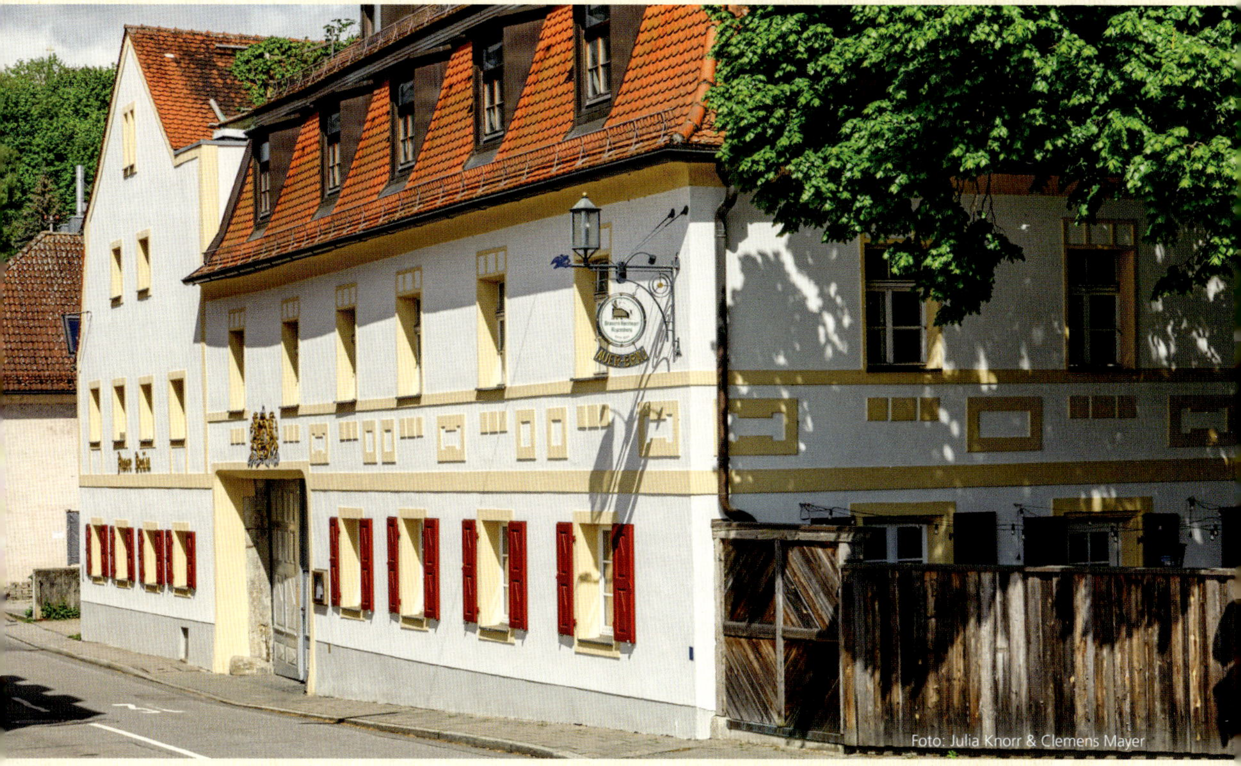

Foto: Julia Knorr & Clemens Mayer

Auer Bräu

Beschreibung

Eigentlich sind die Gründe, sich in ein Wirtshaus zu begeben, meist einfacher Natur. Entweder treibt einen der Hunger dazu, manchmal auch ein gehöriger Durst oder man lechzt nach Gesellschaft. Und wer auf all das und zusätzlich auf bayerische Gemütlichkeit mit einer deftigen Portion Schwein und „Äktschn" Lust hat, der geht – ganz klar – ins Auer Bräu. Denn dieses Wirtshaus hat längst Kultstatus erreicht! Das Auer Bräu – einst Brauerei, heute Kult-

Leberknödelsuppe:	4,50 €
Schweinebraten mit Knödel & Sauerkraut:	15,70 €
Halbe Bier:	4,40 €

Juli 2023

1 Der Biergarten des Auer Bräus. [Foto:Seimani]

2 Das erfolgreiche Wirte-Ehepaar: Gabriele und Karl-Heinz Mierswa.
[Foto: Julia Knorr & Clemens Mayer]

3 Haben Sie auch gerade Magenknurren?
[Foto: Julia Knorr & Clemens Mayer]

4 Die urgemütliche Gaststube lädt zum Verweilen ein. [Foto: Julia Knorr & Clemens Mayer]

objekt – ist ein Stück Regensburger Geschichte. Die älteste bildliche Darstellung, auf der das Anwesen zu erkennen war, entdeckte man auf einer Federzeichnung der Stadt Regensburg aus dem Jahre 1610. Wahrscheinlicher ist aber, dass die Grundsteinlegung bereits im Mittelalter oder weit vorher war, dies lässt zumindest der zu jener Zeit verwendete Mörtel vermuten. Doch kommen wir zum Hier und Jetzt: Seit 1993 sind Gabriele und Karl-Heinz Mierswa Pächter des historischen und wahrscheinlich schönsten Wirtshauses in Regensburg. Zwei Jahre später sanierte die Kneitinger Stiftung das Gebäude umfassend und orientierte sich zum Glück am alten Vorbild. Wunderschön gelungen, wie wir finden, ist auch die Schwemme hinter dem großen Eingangstor. Im Wirtshaus selbst hat man bewusst auf Schnickschnack verzichtet und auf Tradition gesetzt. Das tut nicht nur der Regensburger Wirtshauskultur gut, sondern auch dem Gemüt der Gäste. Und wo wir schon beim Wohl der Gäste sind. Freundliche Bewirtung mit bayerischem Charme und Unterhaltungswert findet man ebenso im Auer Bräu wie eine hervorragende bayerische Küche. Wem hier der Schweinebraten nicht schmeckt, dem kann man ehrlich gesagt auch nicht mehr helfen; und wem das süffige „Knei", das Kneitinger Bier, nicht zusagt, bei dem ist sowieso Hopfen und Malz verloren. Wir lassen uns immer wieder gern von der deftigen Küche überzeugen und

Pächter:
Karl-Heinz & G. Mierswa GbR

Adresse:
Schwandorfer Straße 39 – 41
93059 Regensburg (Steinweg)

Telefon:
0941/88597

E-Mail:
info@auerbraeu-regensburg.de

Öffnungszeiten:
Do. – Mo. 12.00 – 23.00 Uhr

Ruhetag:
Dienstag und Mittwoch
(außer Feiertage)

Räumlichkeiten:
Hauptraum (90 Plätze)
mit angeschlossenem
Nebenraum (50 Plätze)
Schwemm (50 Plätze)
Alzstüberl (50 Plätze)

Besonderheiten:
Preisgünstiges Mittagsmenü
Montag – Freitag
12.00 – 16.00 Uhr, Biergarten geöffnet ab 18 Grad.
Historisches Mobiliar mit Wandvertäfelung und Kachelofen von 1896.
Überkopf-Bockbieranstich mit Blasmusik.

Biergarten:
Schöner Kastaniengarten mit 150 Plätzen

Bier:
Alle Biere von der Brauerei Kneitinger, Weißbier von der Brauerei Schneider, Kelheim

Preise:
Suppen: 3,80 – 5,20 €
Brotzeiten: 7,50 – 9,50 €
Hauptgerichte: 12,70 – 23,70 €
Nachspeisen: 4,50 – 7,50 €

Warme Küche:
Durchgehend
12.00 – 21.30 Uhr, Sonn- und Feiertage 12.00 – 21.00 Uhr

schwelgen dabei nicht selten in Kindheitserinnerungen. Bei meiner Lieblingsmenüfolge – Griesnockerlsuppe, Schnitzel mit Kartoffel-Gurkensalat und Bananensplit mit Vanilleeis – schlägt mein Herz jedes Mal höher. Vor allem, weil auch dem Tier zuliebe alle aktuellen Gerichte vom Strohschwein angeboten werden. Doch auf der Speisekarte des Auer Bräu geht es sehr abwechslungsreich, gern auch mal mediterran zu. Hans bevorzugt zum Beispiel die vegetarischen Kräuterquarknocken mit Paprikagemüse, Grana Padano mit Salat und als Dessert liebt er Vanilleeis mit Wassermelone. Aber was erzählen wir hier, am besten Sie warten nicht lang und lassen sich selbst von der Küche überzeugen. Kehren Sie im bekannt-beliebten Auer Bräu ein und lassen Sie sich auf amüsanteste Art verwöhnen. Und wenn Sie mal Lust auf Ausnahmezustand im Auer Bräu haben, dann halten Sie sich Anfang April und im Oktober besser einen Abend frei. Denn im April lädt das Wirtshaus zum legendären Jahresfest ein und im Oktober heißt es wieder „Ozapft wird!". Werden Sie Zeuge der großen Kunst der Bockbier-Zapfung. Doch wer hier eine „gewöhnliche" Bier-Zapfung erwartet, irrt. Denn die Auer-Zapfung ist etwas ganz Besonderes. Kopfüber, schwebend, rotierend, unter Wasser, blind oder kopfunter – spektakuläre Zapfungsmöglichkeiten werden hier bei zünftiger Blasmusik zelebriert. Eine klassisch-langweilige Vorgehensweise irgendeines dahergelaufenen Politikers hat hier seit dem Jahr 1993 schon niemand mehr anschauen müssen. Unser Tipp: Warten Sie nicht bis zu einem dieser Ereignisse, denn im Auer Bräu erlebt man jeden Tag genau das, was man in einem bayerischen Wirtshaus erwartet: guads Essen, guads Bier, Gesellichkeit und a Mordsgaudi. Prost!

Fazit

Der Auer Bräu im Regensburger Stadtteil Steinweg-Pfaffenstein ist ein uriger und gemütlicher Gasthof am westlichen Ufer des Regenflusses, direkt an der Regenbrücke. Die Erbauungszeit reicht bis ins Mittelalter zurück. Man fühlt sich sowohl in dem von historischem Mobiliar geprägten Gebäude als auch im schönen schattigen Biergarten gleich wohl. Das seit 1993 unter Führung des Regensburger Unikums Karl-Heinz Mierswa – der in den Neunzigern unter dem Decknamen Josef Alzheimer ohne Programm, aber mit professionellem Wahlkampf in den Regensburger Stadtrat einzog (Slogan: „Freier Schweinsbraten für freie Bürger") und dadurch für bundesweite Schlagzeilen sorgte – stehende altbayerische Wirtshaus ist eine der ersten Anlaufstellen in Regensburg, wenn es um hervorragende bayerische Küche in traditionellem, urigem Ambiente geht.

www.auerbraeu-regensburg.de

Tradition **Brauerei** **Biergarten** **Gästezimmer**

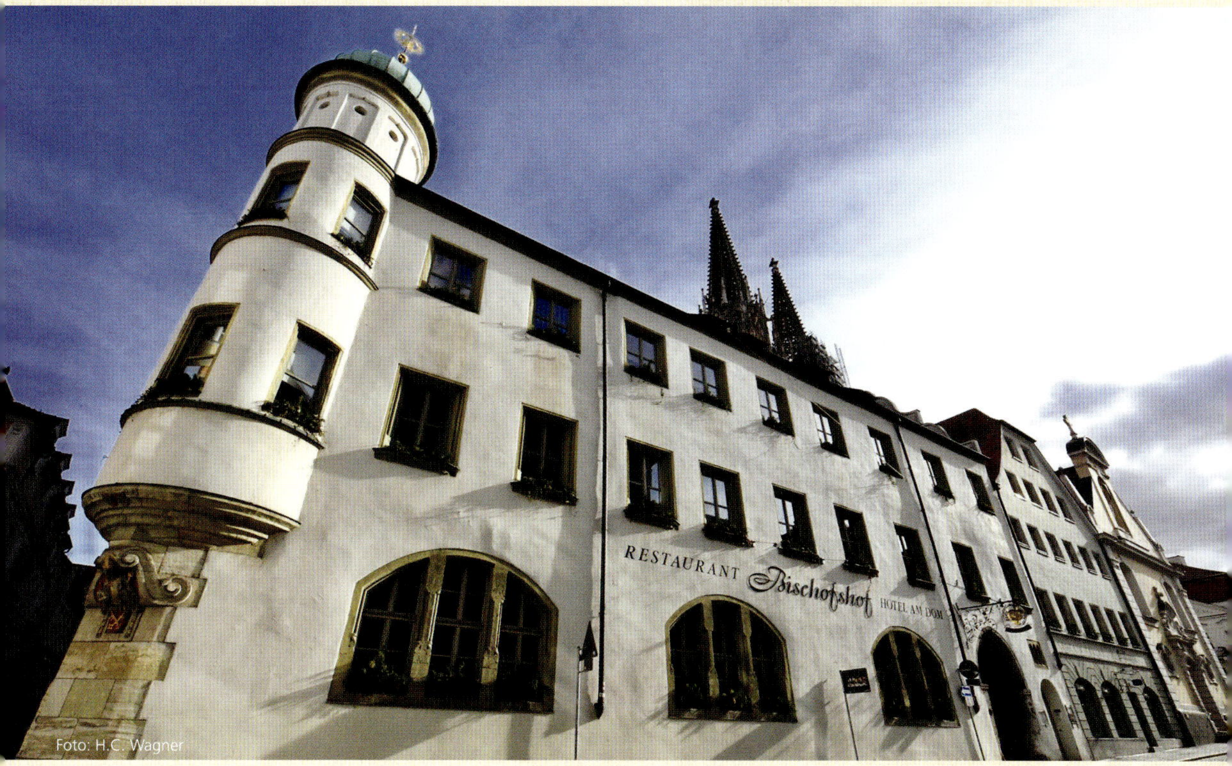

Foto: H.C. Wagner

Bischofshof am Dom

Beschreibung

Wo lässt es sich besser speisen als an einem Ort mit direktem Blick auf den Regensburger Dom St. Peter? Zwischen der Porta Praetoria, dem Nordtor des ehemaligen Römerlagers Castra Regina, und dem imposanten Dom liegt das Juwel „Bischofshof am Dom", eingebettet in das UNESCO-Weltkulturerbe Regensburg. Schon Kaiser und Könige aßen, tranken und nächtigten einst während des Immerwährenden Reichstages im Bischofshof. Kein Wunder, dass der

Leberknödelsuppe:	5,60 €
Schweinebraten mit Knödel & Salat:	14,50 €
Halbe Bier:	4,60 €

Juli 2023

1 Geschäftsführer Eric Hagelstein mit seinem Team. [Foto: H.C. Wagner]

2 Hotel Bischofshof ... Das Schild. [Foto: H.C. Wagner]

3 Der schöne schattige Biergarten. [Foto: H.C. Wagner]

4 Rustikal, charmant, ehrlich: der Bürgersaal. [Foto: H.C. Wagner]

5 Der historische Speisesaal. [Foto: H.C. Wagner]

6 Die Hausdame in Aktion. [Foto: H.C. Wagner]

7 Eine Suite, von der man nur träumen kann. [Foto: H.C. Wagner]

Regensburg | Bischofshof am Dom

Bischofshof am Dom auch heute noch ein wahrer Magnet für Touristen und Einheimischen ist, denn das heutige 4-Sterne-Haus verfügt mittlerweile nicht nur über siebenundachtzig individuelle Zimmer und Suiten, sondern lebt auch im dazugehörigen Wirtshaus bayerische Gastlichkeit mit internationalen Einflüssen. Ganz für Feinschmecker und Genießer eben – quasi ein kulinarischer Anlaufpunkt. In der Gaststätte und natürlich auch im schönen Innenhof-Biergarten werden neben bayerischen „Klassikern" auch sehr kreative und internationale Gerichte angeboten. Stets im Vordergrund steht: Frische, Regionalität und Nachhaltigkeit. Und diese Komponenten werden vom Bischofshofer Küchenteam auch konsequent umgesetzt. Täglich gibt ebendieses und das überaus freundliche Servicepersonal ihr Bestes, um den Gästen mit gelebter bayerischer Gastfreundlichkeit und einem hohen Qualitätsbewusstsein zu begegnen. Sie können sich sicher vorstellen, dass allein schon dadurch einem angenehmen und schönen Aufenthalt im „Bischofshof am Dom" nichts mehr im Wege steht. Auch wir haben es uns vor ein paar Tagen wieder einmal in den historischen Mauern und Räumlichkeiten des Bischofshofs am Dom schmecken lassen. Während sich Hans für die sensationelle Vorspeise namens „Streichorchester ‚Dom St. Peter'" mit Leberwurst, Obaztem, Griebenschmalz und Bauernbrot, das aktuelle Tagesgericht geschmorte Kalbsbackerl an Selleriepüree mit knusprigen Kartoffelspalten und das sommerliche Dessert Limonen-Mousse im Glas mit Kiwi-Mark begeistern konnte, fiel meine Hauptgangwahl diesmal auf ein edles Fischgericht. Ich sage nur: Meerwolffilet vom Grill mit Gemüse an Weißweinsauce gereicht, dazu Petersilienkartoffeln und gemischter Salat! Unsere vegetarisch essende Begleitung wählte gebratene Scheiben vom Serviettenknödel an Kräutersauce, sautierte Pilze, Erbsenschoten und ebenfalls gemischten Salat. Ihr zufriedenes Gesicht nach dem Essen erübrigte unsere

Pächter:
Gastro Service GmbH

Adresse:
Krauterermarkt 3
93047 Regensburg

Telefon:
Restaurant: 0941/5941010
Hotel: 0941/58460

E-Mail:
info@hotel-bischofshof.de

Öffnungszeiten:
Mo. – So. 7.00 – 24.00 Uhr

Ruhetag:
Keiner

Räumlichkeiten:
Bürgersaal (100 Plätze)
Historischer Speisesaal (70 Plätze)
Pfarrerstüberl (30 Plätze)
Pilsstüberl (30 Plätze)
Wartenberg-Zimmer (35 Plätze)

Tagungsräume:
Buchberger-Zimmer (12 Plätze)
Dalberg-Zimmer (25 Plätze)
Römersaal (40 Plätze)

Besonderheiten:
Schnelles WLAN im ganzen Haus und im Garten,
4 E-Ladesäulen verfügbar inkl. einem Schnelllader, öffentliche/hauseigene Tiefgarage.
Asambockanstich im Frühjahr, Fronleichnam mit Blasmusik, Kirwa am Kirchweihmontag mit Gansessen und Musik.

Biergarten:
Imposanter Biergarten im Innenhof mit 350 Plätzen

Bier:
Alle Biere von der Brauerei Bischofshof bzw. Weltenburg

Preise:
Suppen: 5,60 – 5,80 €
Brotzeiten: 10,80 €
Hauptgerichte: 9,80 – 28,80 €
Nachspeisen: 6,80 – 8,90 €

Warme Küche:
Durchgehend
11.00 – 21.30 Uhr
Frühstück 7.00 – 10.30 Uhr

Übernachten:
87 individuelle Zimmer und Suiten, teilweise mit tollem Domblick, zwischen 123 € und 350 €

Frage, ob es ihr geschmeckt habe. Dazu ein süffiges Bischofshof Bier – dessen Brauereigeschichte im Übrigen bereits im Jahre 1649, direkt hier an und über der Porta Praetoria begonnen hat – was will man mehr? Bis 1910, also über 250 Jahre lang, war das heutige Areal des „Bischofshofs am Dom" Heimat der Bischofshof-Bierbrauer. Heute befindet sich die große Brauerei im Regensburger Stadtwesten. Übrigens, haben Sie schon gewusst, dass im „Bischofshof am Dom" täglich von 14.00 bis 17.30 Uhr eine Nachmittagskarte mit warmen Speisen angeboten wird? Sollte Ihr Stadtbummel mal unvorhergesehenerweise länger als geplant gedauert haben, nutzen Sie doch einfach mal das umfangreiche Angebot der hervorragenden Bischofshofer Küche. Wir jedenfalls haben uns dafür entschieden, uns bei unserem nächsten Besuch in der neuen Hotelbar niederzulassen, um uns dort mit Freunden zur späteren Stunde zu verabreden. Sicher ein idealer Treffpunkt in der Regensburger Altstadt und ein weiteres Highlight des „Bischofshofs am Dom". Und wer weiß, vielleicht treffen wir ja dort auch auf Sie …

Fazit

Schon Kaiser und Könige stiegen während des Immerwährenden Reichstages im Bischofshof ab. Zwischen der Porta Praetoria, dem Nordtor des ehemaligen Römerlagers Castra Regina, und dem Dom St. Peter liegt das Juwel der Regensburger Hotellerie. In Restaurant und Biergarten wird bayerische Gastlichkeit mit internationalen kulinarischen Einflüssen gepflegt. Auch Tagungen, Firmenfeiern und Familienfeste sind hier mitten im Herzen der Weltkulturerbestadt möglich.
Der wunderschöne Biergarten im Innenhof sowie das tolle große Hotel mit den sehr ansprechenden Zimmern aller Größenordnungen runden das Ganze noch ab. „Pure Lebensfreude trifft herzliche Gastlichkeit" … dieser Slogan der Bischofshof-Crew trifft es genau.

www.hotel-bischofshof.de

 Tradition    Biergarten    Gästezimmer

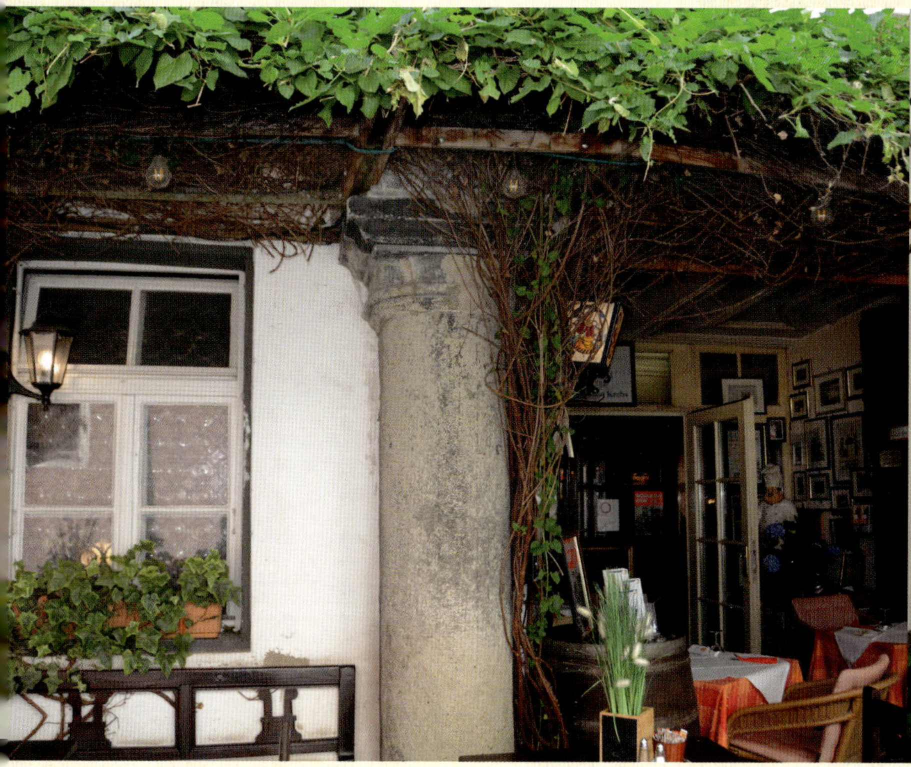

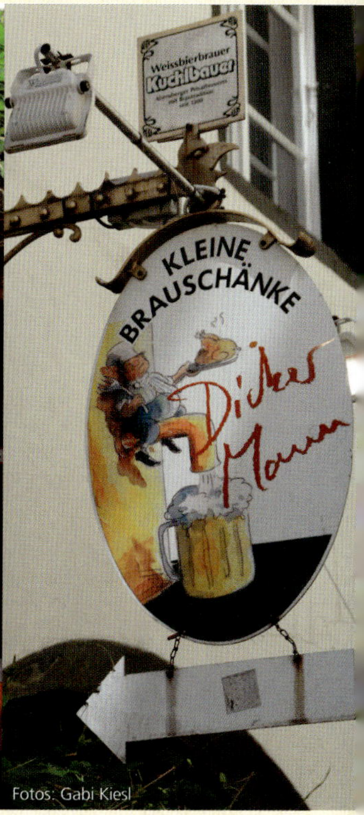

Dicker Mann

Beschreibung

Bereits im Mittelalter befand sich in der Krebsgasse ein Gasthof, genauer gesagt der Gasthof „Zum blauen Krebs", der im Übrigen auch einst der Gasse ihren Namen gab. Im 14. Jahrhundert wurde dann das heutige Gebäude errichtet, das nach mehreren Restaurierungen bis heute genutzt wird und in dem letztendlich seit 1984 die gastronomische Tradition der mittelalterlichen Gaststätte wieder aufgenommen wurde. 1994 wurde der historische Gasthof

Kaspressknödelsuppe:	5,90 €
Schweinebraten mit Knödel & Salat:	14,90 €
Halbe Bier:	4,70 €

Juli 2023

1

1 In den schönsten Wirtshäusern findet man auch die schönsten Gäste. [Foto: Gabi Kiesl]

2 Kuschelige Sitzgruppen im einladenden Eingangsbereich. [Foto: Gabi Kiesl]

3 Die Krebsgasse – das Ziel in Sicht.
[Foto: Gabi Kiesl]

4 Suite im Hotel zum Blauen Krebs – eine edle Übernachtungsmöglichkeit.
[Foto: Weissenbacher]

5 Unsere Lieblingstische. [Foto: Gabi Kiesl]

2
3 4

5

mit dem turmähnlichen Halbgiebelbau saniert und modernisiert, dabei wurden, durch mehrere Schichten übereinanderliegender Wandmalereien, wertvollste Wandgemälde entdeckt, freigelegt und anschließend zur Freude der Gäste auch restauriert. So kann man heutzutage im „Dicken Mann" im wahrsten Sinne des Wortes Geschichte erleben, während man traditionelle Küche und ein frisch gezapftes Bier genießt.

Das Bier übrigens stammt von der um 1300 gegründeten und weit über die Grenzen der Stadt hinaus bekannten Absensberger Brauerei Kuchlbauer. Und bei den Regensburgern gleichermaßen beliebt ist natürlich auch längst der Salzburger Pächter, Wirt und Wahl-Regensburger Anton Weissenbacher, der als erfolgreicher Geschäftsführer bestens bekannt ist. Doch der österreichische Hotelkaufmann und seine Frau führen im selben Haus auch das beliebte Hotel zum Blauen Krebs, das stilvolle und geräumige Gästezimmer bietet. Doch konzentrieren wir uns nun wieder auf das Wirtshaus, denn wir möchten Ihnen ja schließlich in erster Linie von den zahlreichen traditionellen Gerichten und österreichischen Spezialitäten berichten. Und auch wenn man es vielleicht bereits vermutet, dass im „Dicken Mann" allem voran das original Wiener Schnitzel vom Kalb, die Salzburger Nockerl oder der Kaiserschmarrn zu empfehlen sind,

Pächter:
Fam. Weissenbacher

Adresse:
Krebsgasse 6
93047 Regensburg (Altstadt)

Telefon:
0941/57370

E-Mail:
kontakt@dicker-mann.de

Öffnungszeiten:
Mi. – Fr. 7.00 – 1.00 Uhr
Sa. und So. 8.00 – 1.00 Uhr

Ruhetag:
Keiner

Räumlichkeiten:
Großer Raum mit Nebenräumen (100 Plätze)

Besonderheiten:
Variantenreiche Auswahl zum Frühstück, teilweise buchbar für Feiern aller Art bis zu 30 Personen, das zugehörige Hotel „Blauer Krebs" befindet sich im Haus.

Biergarten:
Freisitze vor dem Lokal und heimeliger Biergarten im Innenhof (ca. 100 Plätze)

Bier:
Alle Biere von der Brauerei Kuchlbauer aus Abensberg

Preise:
Suppen: 4,90 €
Brotzeiten: 9,90 – 14,50 €
Hauptgerichte: 9,80 – 25,90 €
Nachspeisen: 7,50 – 13,50 €

Warme Küche:
Durchgehend

Übernachten:
12 Zimmer (1 – 4 Personen) und eine Suite, mit interessanten Namen, geschmackvoll eingerichtet. Preise zwischen 99 € und 185 €

so möchten wir doch auch auf weitere Highlights der Speisekarte hinweisen. Wie wäre es zum Beispiel mal mit einem Doradenfilet vom Grill mit mediterranem Gemüse, Kräuterbutter und Rosmarinkartoffeln oder einem veganen Gemüsecurry mit Kirschtomaten-Couscous? Vielleicht möchten Sie ja auch mal in Anton Weissenbachers urgemütlichem Wirtshaus den Tag beginnen und kehren bei österreichischem Charme und bayerischer Gemütlichkeit zum Frühstücken ein? In den wunderschönen Räumlichkeiten kann man nur gut in den Tag starten, einem „Fiaker-Frühstück", einem österreichischen Morgenstart mit Croissant, Weißbrot, Marmelade, Butter, Mondseer Käse, Tiroler Schinken, Obst und Orangensaft; Wohlgefühl bereitet auch das „Guten Morgen Bayern Frühstück", die bayerische Frühstücksvariante mit einem Paar Münchner Weißwürsten, ofenfrischen Brezen und original Händlmaier-Senf. Auch das Hotel im selben Hause kann man uneingeschränkt empfehlen.

Kein Wunder, dass man im „Dicken Mann" stets gut gelaunte Menschen antrifft, sei es das überaus freundliche Servicepersonal, das sichtlich Spaß an der Arbeit hat, die fröhlichen und zufriedenen Gäste oder den geschmeidigen Wirt Anton Weissenbacher selbst, der es einfach versteht, Menschen glücklich zu machen. Kehren Sie ein und lassen auch Sie sich von derart guter Laune anstecken!

Fazit

Der gemütliche „Dicke Mann" in der Regensburger Altstadt mit seinem österreichischen Pächterehepaar Tatjana und Anton Weissenbacher ist aus der lokalen Gastronomieszene nicht mehr wegzudenken. Man findet auf der Karte sowohl bayerische als auch österreichische Schmankerln der edleren Art und kann sogar dort frühstücken. Sollte man sich länger in der Weltkulturerbestadt aufhalten, so ist das im selben Haus befindliche Hotel „Blauer Krebs" nur zu empfehlen.

www.dicker-mann.de

Regensburg (Großprüfening) | Goldener Hirsch

Tradition

Biergarten

Goldener Hirsch

Beschreibung

Unmittelbar in der Nähe der Großprüfeninger Fähre liegt das Gasthaus Goldener Hirsch. Wer dort, frühmorgens oder abends, entlang der Donauufer mit seinem Fahrrad entlangfährt, kann durchaus auf Wirt Albert Manglkammer treffen, der mehrmals wöchentlich auf der Donau beim Fischen unterwegs ist, um für seine Gäste fangfrischen Fisch anbieten zu können. Fischgerichte sind daher auch die Spezialität des Hauses. Wo sonst bekommt man derart

Schweinebraten
mit Knödel & Krautsalat: 13,40 €
Halbe Bier: 4,20 €

Juli 2023

1 Der schattige Biergarten. [Foto: Goldener Hirsch]

2 Das Wirtshausschild. [Foto: Goldener Hirsch]

3 Die Gaststube. Hier steht ein großer Fernseher, wo Fußballfans die aktuellen Top-Spiele sehen können. [Foto: Goldener Hirsch]

4 Das G'wölb. [Foto: Goldener Hirsch]

3

frischen Donaufisch? Für uns und sicher auch für alle anderen Fischliebhaber ist eine Einkehr im Gasthaus Goldener Hirsch jedes Mal wieder aufs Neue eine Freude. Bodenständige, handwerkliche Küche, die nach einer Fahrradtour zur Stärkung dient und einem am besten in dem schönen Biergarten mit den vielen alten Kastanienbäumen schmeckt. Vor allem unter der imposanten Linde rinnt das Kneitinger Bier gleich nochmal so leicht die Kehlen hinunter als anderswo. Doch das edle Kneitinger Bier kann man natürlich auch im Gasthof bestmöglich genießen, denn der Goldene Hirsch hat sich über all die Jahre seinen bayerischen Charme bewahrt. Er besticht durch seine gemütliche Gaststube, sein uriges Gewölbe und sein zauberhaftes Fischerstüberl, so dass man sie gar nicht mehr verlassen mag. Hier kommt man zusammen, pflegt Geselligkeit, spielt auch gern mal eine Runde Schafkopf und lässt es sich schmecken – eben ganz so, wie es sich in einem bayerischen Wirtshaus gehört. Auf der Speisekarte werden saisonal und täglich variierende Speisen angeboten. Neben den klassischen Braten- und Pfannengerichten gibt es auch Rouladen, Brotzeiten oder buntgemischte Salatvariationen. Wir haben uns vor Kurzem für einen der besten Schweinebraten in ganz Regensburg mit Kartoffelknödel und Krautsalat sowie für ein ge-

Pächter:
Albert Manglkammer

Adresse:
Großprüfening 21
93049 Regensburg

Telefon:
0941/30787614

E-Mail:
info@goldener-hirsch-regensburg.de

Öffnungszeiten:
Di. ab 17.00 Uhr
Mi. – So. 10.00 – 24.00 Uhr

Ruhetag:
Montag

Räumlichkeiten:
Gaststube (48 Plätze)
G'wölb (48 Plätze)
Fischstüberl (25 Plätze)

Besonderheiten:
Täglich wechselnde Tagesgerichte, fangfrischer Donaufisch auf der Karte (vom Chef persönlich gefangen), Maibaumaufstellen am 1. Mai, Allerweltskirchweih mit Gans- und Entenessen.

Regensburg (Großprüfening) | Goldener Hirsch

Biergarten:
Ruhiger Biergarten unter Kastanienbäumen und einer majestätischen Linde mit 150 Plätzen

Bier:
Alle Biere von der Brauerei Kneitinger und Weißbier von der Brauerei Schneider, Kelheim

Preise:
Brotzeiten: 7,90 – 8,90 €
Hauptgerichte: 7,40 – 21,90 €
Nachspeisen: 4,90 – 5,40 €

Warme Küche:
Durchgehend von 11.30 – 21.00 Uhr

backenes Zanderfilet mit Kartoffelsalat entschieden. Wie schon zuvor erwähnt: Eine Einkehr im Gasthaus Goldener Hirsch kommt ohne ein Fischgericht für uns nicht in Frage. Eigentlich müsste das ruhig und inmitten einer reizvollen Gegend gelegene Wirtshaus Gasthaus Goldener Fisch heißen.

Fazit

Das Gasthaus Goldener Hirsch im ruhig gelegenen Großprüfening ist ideal, um sich bei einer Donau-Radltour oder einer Wanderung in der reizvollen Gegend eine Stärkung zu gönnen. Mehrmals wöchentlich bricht der Wirt zum Fischen auf, um die Spezialität des Hauses, fangfrischen Donaufisch, anbieten zu können. Außerdem finden sich auf der Speisekarte weitere saisonal und täglich variierende Speisen.

Eine gemütliche Gaststube, ein charmantes Gewölbe und ein adrettes Stüberl verleihen dem Gasthaus seinen besonderen bayerischen Charme.

Der Biergarten mit alten Kastanienbäumen und einer majestätischen Linde eignet sich hervorragend, um bei einem kühlen Kneitinger zur Ruhe zu kommen oder für eine gemütliche Runde Schafkopf.

www.goldener-hirsch-regensburg.de

 Tradition  Biergarten

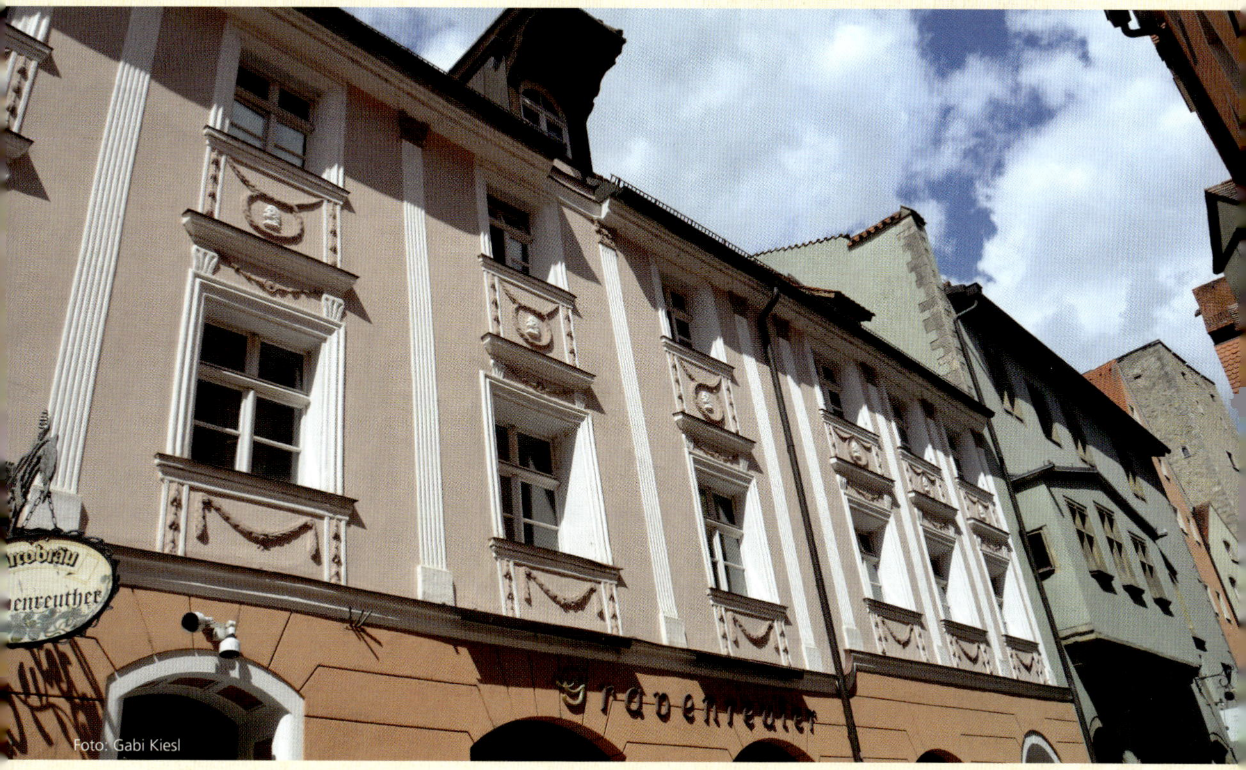

Gravenreuther

Beschreibung

Als eines der malerischsten Gässchen von Alt-Regensburg kann man wohl die Gasse „Hinter der Grieb" betiteln und eben inmitten dieser findet man die Gaststätte Gravenreuther vor. Der erste Besitzer dieser mächtigen Patrizierburg darf wohl dem Geschlecht derer in der Grub zugesprochen werden und im Jahre 1381 wird erstmalig die Familie Gravenreuther als Eigentümer in der Chronik erwähnt. Die jahrhundertealten Mauern des Hauses

Leberspätzlesuppe:	4,90 €
Schweinebraten mit Knödel & Salat:	13,90 €
Halbe Bier:	4,30 €

Juli 2023

1 Die schöne Fassade des Gravenreuthers. [Foto: Gabi Kiesl]

2 Naturtrübes Radler. [Foto: Gabi Kiesl]

3 Bis bald! [Foto: Gabi Kiesl]

4 Pfifferlingsgröstl mit Speck. [Foto: Gabi Kiesl]

5 Regensburger Wurstsalat. [Foto: Gabi Kiesl]

„Gravenreuther" sind mit feinstem Fassadendekor, Büstenreliefs mit Blättern und Blumengirlanden versehen und verleihen der Hausfront nicht nur eine edle Optik, sondern erinnern an längst vergangene Zeiten. Doch nicht nur die Fassade des Hauses ist sehenswert, denn die Gaststätte kann durchaus auch als eine Art Museum für verstorbene Regensburger Originale gesehen werden. Besondere Menschen, die durch ihre Eigenheiten gleichermaßen beliebt und belacht wurden, findet man als geschnitzte Konsolfiguren unter allen Tragbalken der Decke des heutigen Wirtshauses vor. So zum Beispiel den „Wusti, Wusti", einen den Damen besonders zugetanen ehemaligen Regensburger Wurstverkäufer, der jede von ihnen mit tiefer Verneigung begrüßte. Oder den „Mozartl", einen Musikanten, der von Wirtshaus zu Wirtshaus zog und sein Können – das nur aus einer einzigen Melodie bestand – auf einem selbst mit Saiten bespannten Holzrahmen zum Besten gab. Was es mit all den anderen Gesellen, wie dem einstigen Mesner namens „Krebshaut" von St. Emmeram oder mit dem „Schmalzler Franzi" auf sich hatte, können Sie am besten direkt bei Ihrer nächsten Einkehr im Gravenreuther erfahren. Doch eine Einkehr lohnt sich natürlich nicht nur wegen der illustren Zeitzeugen, sondern vor allem auch wegen der hervorragenden Küche des Hauses. Denn dort wird regionale, traditionelle und außergewöhnliche Küche stets mit modernen Akzenten verfeinert. Aus deftig-bayerischen Rezepturen zaubert das Küchenteam jedes Mal wahre kulinarische Genüsse auf die Teller und einmal im Monat entführen die Köche einen auf Wunsch sogar in eine bayerisch-kulinarische Nacht. Manchmal gibt es auch einen ganz besonderen Abend, wie zum Beispiel den Menüabend „Bayerisch Vegan". Hierzu rät es sich aber unbedingt zu reservieren, denn die Themenabende – im Übrigen ebenso die Sonntage, die sogenannten Bratentage mit spezieller Sonntags-Bratenkarte – erfreuen sich

Pächter:
Gravenreuther Gastro GmbH

Adresse:
Hinter der Grieb 10
93047 Regensburg (Altstadt)

Telefon:
0941/55050

E-Mail:
info@gravenreuther.de

Öffnungszeiten:
Mo., Mi., Do. und Fr.
ab 17.00 Uhr
Sa. 11.00 – 14.30 Uhr
und ab 17.00 Uhr
So. Bratentag mit
Sonntagskarte
11.00 – 14.30 Uhr und
ab 17.00 Uhr

Ruhetag:
Dienstag

Räumlichkeiten:
Gastraum und das
Grafenstüberl
(bis zu 150 Personen)

Besonderheiten:
Jeden Sonntag Bratentag mit spezieller Sonntagsbratenkarte, Menüabende „Bayerisch Vegan", einmal im Monat bayerisch-kulinarische Nacht, spezielle saisonale Angebote, wie zum Beispiel zur Spargel- und Pfifferlingsaison.

Biergarten:
Freisitze vor dem Lokal und schöner Biergarten im Innenhof

Bier:
Sämtliche Biersorten der Brauerei Arcobräu aus Moos, wie zum Beispiel das bekannte „Mooser Liesl"

Preise:
Suppen: 4,90 €
Brotzeiten: 9,40 – 15,90 €
Hauptgerichte: 9,40 – 25,90 €
Nachspeisen: 2,90 – 8,90 €

Warme Küche:
Werktags 17.00 – 21.30 Uhr
Sa./So. 11.30 – 14.30 Uhr
und ab 17.00 Uhr
kalt von 21.30 – 22.00 Uhr

höchster Beliebtheit. Wir allerdings haben es uns vor Kurzem mal an einem Werktag im Biergarten schmecken lassen und zum Glück noch einen freien Tisch ergattert. Angelockt von den aktuellen Pfifferlingsgerichten, dem stets überaus freundlichen Servicepersonal und der Mooser Liesl, einer bekannten Biersorte der Brauerei Arcobräu, machten wir uns auf in den schönen Innenhof-Biergarten. Und während ich mir Feinstes zur Schwammerlzeit, nämlich ein Pfifferlingsgröstl mit Speck, bestellte, genossen meine Freunde Regensburger Wurstsalat und gebackene Forelle mit Kartoffel-Gurken-Salat. Den Pilzen sei Dank konnte ich mir diesmal meine Leibspeise, das Münchner Schnitzel mit Meerrettich und süßem Händlmaiersenf in der Panade, verkneifen. Und wo wir gerade bei dem meines Erachtens weltbesten Senf angekommen sind: Haben Sie schon gewusst, dass es im Gravenreuther auch Bayerische Tapas mit eben diesem Senf gibt? Ich sage nur: gebackene Weisswurstradln mit Händlmaiersenf. Ein Traum! Aber auch diverse andere Tapas-Variationen erfreuen sich immer größer werdender Beliebtheit bei den Gästen. So zum Beispiel der Erdäpfelkas auf Schüttelbrot, das Bratwürstlschaschlik oder die Torpedogarnelen auf Rahmsauerkraut und viele mehr.

Und wer lieber vegetarisch isst, freut sich sicher über Ofenkartoffeln mit Kräuter-Sauerrahm und Salatbeilage oder gleich eine vegane Bowl mit grünem Spargel, Bärlauch, Kartoffeln und Salat? Egal für was Sie sich entscheiden – im Gravenreuther wird Ihnen die Wahl nicht leicht gemacht. Am besten Sie schauen zukünftig regelmäßig vorbei und genießen jedes Mal ein anderes Gericht der abwechslungsreichen und saisonalen Speisekarte.

Fazit

Im Restaurant Gravenreuther kann man traditionelle, regionale Küche verfeinert durch moderne Akzente genießen. In dem Gässchen „Hinter der Grieb" gibt es auf der Speisekarte so allerhand Überraschungen, angefangen von Gerichten der Saison (wie Spargel oder Pfifferlinge) bis hin zu wirklichen Überraschungen wie „Bayerische Tapas" in verschiedensten Ausführungen. Nach einem ausgedehnten Stadt- oder Einkaufsbummel kann man sich in dem alten Patriziergemäuer mit dem angenehmen Ambiente zu verschiedenen köstlichen Schmankerln niederlassen oder auch – wenn das Wetter passt – draußen im Biergarten oder den Freisitzen verweilen.

www.gravenreuther.de

 Tradition
 Biergarten

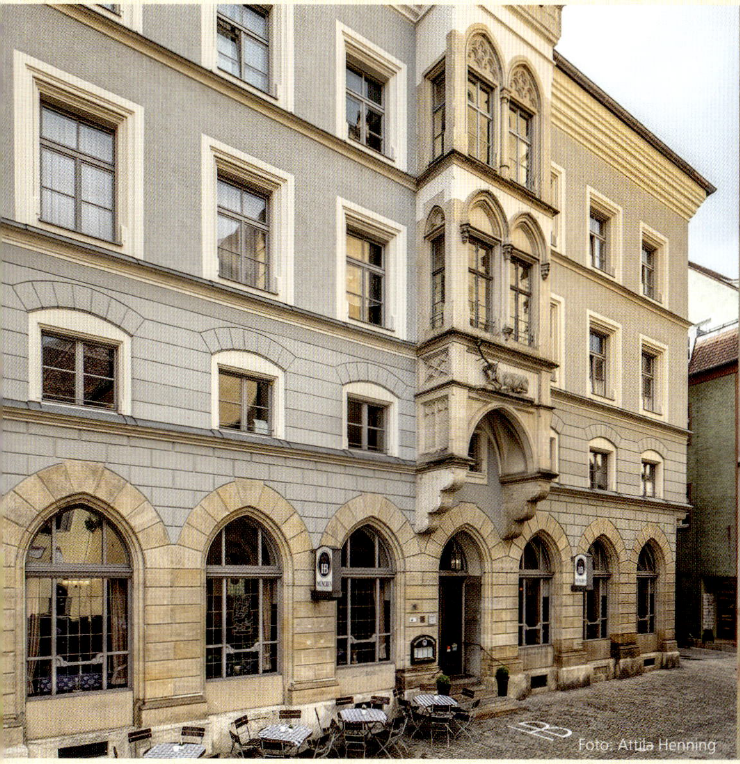

Hofbräuhaus Regensburg

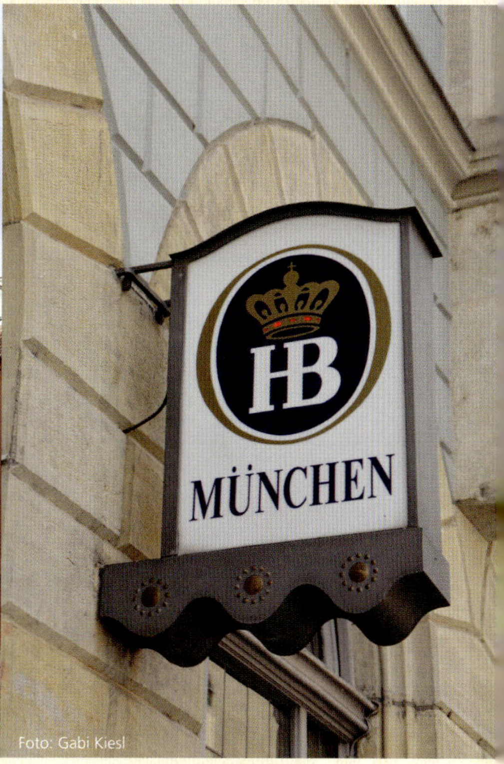

Beschreibung

Mitten in der Regensburger Altstadt und direkt gegenüber dem Alten Rathaus findet man das Regensburger Hofbräuhaus. Zwischen dem Kohlenmarkt und dem Haidplatz gelegen, kann man während seiner Sightseeing- oder Shoppingtour nur schwerlich an dem imposanten Gebäude vorbeigehen. Die ursprüngliche Patrizierburg mit ihren bleiverglasten Fenstern hat früher viele Berühmtheiten während des Immerwährenden Reichstages beherbergt und

Leberknödelsuppe:	5,50 €
Schweinebraten mit Knödel & Salat:	15,80 €
Halbe Bier:	4,70 €

Juli 2023

1 Der markante Gastraum mit seinem ungewöhnlichen und edlen Gestühl. [Foto: Attila Henning]

2 „Grüß Gott beinand". Seniorchefin Gerti Schafbauer erkundigt sich nach dem Wohl der Gäste. [Foto: Hofbräuhaus]

3 Ungarisches Saftgulasch [Foto: Hofbräuhaus]

4 Das weltweit bekannte HB-Logo. [Foto: Attila Henning]

5 Die edlen, bleiverglasten Fenster mit mundgeblasenen Echtantikglas aus Waldsassen; die denkmalgeschützten Fenster stammen aus dem Jahr 1920. [Foto: Hofbräuhaus]

6 Hereinspaziert. [Foto: Gabi Kiesl]

7 Hängender Holzkranz mit Schäfflertanz-Schnitzereien. [Foto: Gabi Kiesl]

ist seit dem Jahr 2000 in dem jetzigen Zustand. Für die Wiederherstellung der ursprünglichen Fassade von 1871 wurde Familie Schafbauer 2003 von der Stadt Regensburg ausgezeichnet. Seit 1930 ist hier das Hofbräuhaus beheimatet. Das Regensburger Hofbräuhaus gilt als „Institution" und gehört mit Sicherheit zu den schönsten historischen Wirtshäusern der gesamten Oberpfalz. Bayerische Schmankerln, Oberpfälzer Spezialitäten und das Münchner Hofbräu-Bier sind seit jeher das Erfolgsrezept des traditionsreichen Familienbetriebs. Hier trifft man Jung, Alt, Einheimische und Touristen gleichermaßen an. HB, das bekannte Logo der Brauerei aus München, ist längst bekannt und steht für bayerische Wirtshauskultur in höchster Vollendung. Werte des bayerischen Kochhandwerks werden hier gepflegt und Regionalität und Frische sind für das Küchenteam eine Selbstverständlichkeit. Als Besonderheit empfinde ich es jedes Mal, wenn jemand von der Familie Schafbauer die Gäste selbst an den Tisch geleitet. Denn die Familie ist längst über die Grenzen Regensburgs hinaus bekannt. Stolz beschäftigt sie Mitarbeiter aus zehn verschiedenen Nationen. Ganz so wie man es von dem Traditionshaus im Herzen der Altstadt erwartet: weltoffen, familienfreundlich, authentisch, bodenständig und Gemeinschaft pflegend. Ein Wirtshaus, in dem der Gast sich wohl fühlt. Und dass ein Wohlgefühl auch durch den Magen gehen kann, das spürt man spätestens dann, wenn man sich den ersten Bissen seiner gewählten Speise schmecken lässt. Und hierbei sprechen wir natürlich selbst aus Erfahrung, denn während ich immer wieder gern beim ungarischen Saftgulasch mit Salzkartoffeln und Salat zur „Wiederholungstäterin" werde, so wählt Hans öfter mal was Neues aus, das er in der ständig wechselnden und interessanten Tageskarte vorfindet. Heute hat er sich zum Beispiel für Herz vom Rost mit Bratkartoffeln entschieden und bei unserer letzten Einkehr für die vegetarischen Gemüsenudeln

Inhaber:
Thomas Schafbauer e. K.

Adresse:
Waaggässchen 1
93047 Regensburg
(Altes Rathaus)

Telefon:
0941/51280

E-Mail:
info@hofbraeuhaus-regensburg.de

Sommeröffnungszeiten:
(Sonntag nach Ostern)
Mo. – Mi. 10.00 – 00.00 Uhr
Do. – Sa. 10.00 – 00.30 Uhr
Sonntag Ruhetag

Winteröffnungszeiten:
(Okt. – Ostern)
Di. – Mi. 10.00 – 00.00 Uhr
Do. – So. 10.00 – 00.30 Uhr
Montag Ruhetag

Räumlichkeiten:
Großer hoher Gastraum
mit 300 Plätzen.

Besonderheiten:
Mächtiger geschichtsträchtiger Bau; das Inventar ist bemerkenswert mit Schnitzereien, bleiverglasten Fenstern und historischem Ambiente.
Maibockanstich am Samstag nach Ostern.

Biergarten:
Kleiner Biergarten im Innenhof, Freisitz vorm Haus

Bier:
Alle Biere vom Hofbräuhaus München

Preise:
Suppen: 4,00 – 5,50 €
Brotzeiten: 5,50 – 14,50 €
Hauptgerichte: 12,00 – 19,50 €
Nachspeisen: ab 8,50 €

Warme Küche:
Durchgehend ab 11.30 Uhr

mit Gorgonzolasoße mit Blattsalat. Was passt da besser dazu als ein frisch gezapftes und „gekröntes" Hofbräu-Bier? Eben ganz nach bayerischer Genusskultur und Lebensart. Was will man mehr, als in dem hohen und einladenden Wirtsraum auf einem mit reichlich Schnitzereien versehenen Stuhl zu sitzen und mit Blick auf den handgeschnitzten Holzkranz sich des Lebens zu erfreuen? Schwer zu toppen. Höchstens, wenn man die Wahl hat, in den Sommermonaten vor dem Eingang auf einem Stühle auf dem Freisitz zu sitzen und das Treiben der Stadt zu beobachten, oder sich in dem idyllischen Biergarten im Innenhof des Hauses ein ruhigeres Plätzchen zu suchen. Für was Sie sich zukünftig auch entscheiden werden, eins ist sicher: Sie werden danach bestimmt – ebenso wie wir – regelmäßig in das schöne Regensburger Hofbräuhaus einkehren!

Fazit

Das Hofbräuhaus gilt als „Institution" und gehört zu den schönsten historischen Wirtshäusern in der Oberpfalz. Bayerische Spezialitäten und das Münchner Hofbräu-Bier sind das Erfolgsrezept der Familie Schafbauer. Seit über 35 Jahren gehört das HB zu den traditionsreichsten Wirtshäusern der Stadt. Die Gastgeber Thomas und Karin Schafbauer führen das Wirtshaus mit ebenso viel Liebe und Einsatz wie bereits die Seniorchefs Hans und Gerti Schafbauer. Der Chef des Hauses legt als Küchenmeister großen Wert auf frische und regionale Produkte und sorgt dafür, dass Gerichte wie Herz vom Rost, Leber sauer und viele andere Gerichte mit Tradition nicht von der Karte verschwinden.

www.hofbraeuhaus-regensburg.de

Regensburg | Kneitingers Hubertushöhe

Tradition

Biergarten

Gästezimmer

Foto: Hubertushöhe

Kneitingers Hubertushöhe

Beschreibung

Zünftig geht's zu auf der Hubertushöhe, und zwar solange ich denken kann. Hier habe ich mich schon als junge Frau mit meinen Freundinnen, allesamt gekleidet in feschen Dirndln, getroffen, um im Biergarten junge Männer in Krachledernen zu beobachten. Manchmal wurden wir dabei sogar auf ein Paar Bratwürste vom Grill eingeladen. Heute müssen wir unsere Würste selbst bezahlen, doch trotzdem kommen wir immer wieder gerne her. Genießer können

SCHWEINEBRATEN INDEX

Leberknödelsuppe:	5,50 €
Holzfällersteak:	14,90 €
Halbe Bier:	4,50 €

Juli 2023

1 Das Bratenreindl.
[Foto: Hubertushöhe]

2 Direkt neben der Gaststätte und sehr ruhig gelegen – der schöne Biergarten.
[Foto: Josef Roidl]

3 Die Wirtsstube.
[Foto: Hubertushöhe]

4 Der große Festsaal mit der Bühne für das Bauerntheater. [Foto: Josef Roidl]

Regensburg | Kneitingers Hubertushöhe

Pächter:
Michael Scharff

Adresse:
Wilhelm-Raabe-Straße 1
93051 Regensburg
(Ziegetsberg)

Telefon:
0941/90257

E-Mail:
wirt@hubertushoehe.com

Öffnungszeiten:
Mo. – Fr. 12.00 – 22.00 Uhr
Sa. 12.00 – 21.00 Uhr
So. 10.00 – 21.00 Uhr

Ruhetag:
Keiner

Räumlichkeiten:
Hubertus-Stubn (60 Plätze)
Ganghofer-Stubn (30 Plätze)
Restaurant (30 Plätze)
Festsaal (250 Plätze)

Besonderheiten:
Günstige Mittagsangebote für 8,90 €. Kirchweih-Montag Bockbieranstich mit Blasmusik, Regensburger Bauerntheater im Festsaal von Mitte September bis Ende Mai jeweils am Samstag, manchmal am Freitag.

Biergarten:
500 Plätze, unter schattigen Bäumen

Bier:
Alle Biere von der Brauerei Kneitinger und Weißbier von der Brauerei Schneider, Kelheim

Preise:
Suppen: 5,50 €
Brotzeiten: 9,50 – 11,50 €
Hauptgerichte: 9,50 – 22,50 €
Nachspeisen: 4,50 – 11,50 €

Warme Küche:
Mo. – Fr. 12.00 – 13.45 Uhr und 17.30 – 21.00 Uhr
Sa. 12.00 – 13.45 Uhr und 17.30 – 20.00 Uhr
So. 11.30 – 13.45 Uhr und 17.30 – 20.00 Uhr

Übernachten:
8 Doppelzimmer (ab 109 €) und 3 Einzelzimmer (ab 99 €), Frühstück extra 10 € pro Person

sich auf deftige Schmankerln, bayerische Gemütlichkeit und selbstverständlich auch auf ein frisch gezapftes Kneitinger Bier freuen. Falls Sie zu den Menschen gehören, die bereits zur Mittagszeit genießen möchten, haben wir da was für Sie. Es gibt nämlich in der Kneitinger Hubertushöhe ein kaum zu übertreffendes Mittagsangebot. Hier kann man für günstiges Geld ein Menü, das aus Suppe und Hauptgericht besteht, bestellen und dies für eine kleine Auszeit vom Arbeitstag nutzen. Doch auch abends ist der Traditionsgasthof am Ziegetsberg ein beliebter Treffpunkt für Jung und Alt. Klassiker wie das Hubertus-Spezial-Cordon-Bleu vom Schweinerücken, gefüllt mit Obatztem und geräuchertem Schinken, mit Pommes frites und gemischtem Salat werden ebenso oft an einem vorbeigetragen wie ein Oberpfälzer Surbraten mit Bratensauce, Kohlrabigemüse und Salzkartoffeln. Meist schauen wir der Bedienung aber nicht lange nach, sondern bestellen uns natürlich auch etwas aus der umfangreichen Karte. Anschließend greifen wir dann oft auf Kaffee und Apfelkiachl in Zimt-Zucker mit Vanilleeis und Schokosoße zurück, um auch noch den süßen Gelüsten Genüge zu tun. Diese Nachspeise ist – ähnlich wie das 1950 errichtete Gebäude – kaum noch aus Regensburg wegzudenken. Ebenso wie Restaurantfachmann Michael Scharff, der seit über 20 Jahren erfolgreich die Geschäfte der Kneitinger Hubertushöhe führt und mit seinem Konzept „Genießen auf Bayerisch", mehr als richtig liegt. Unser Tipp: Besuchen Sie doch mal eine Aufführung des Regensburger Bauerntheaters, das auf eine über 100-jährige Tradition zurückblicken kann. Im Festsaal der Hubertushöhe führen sie jeweils von September bis Mai ihre

volkstümlichen Stücke auf und trainieren dabei die Lachmuskeln ihrer Zuschauer. Lassen Sie sich nebenbei von bayerischer Wirtshauskultur vom Feinsten begeistern und kommen Sie immer wieder auf den Ziegetsberg.

Fazit

Kneitingers Hubertushöhe ist ein familiär geführter Gasthof mit Biergarten, Festsaal und schönem Restaurant. Über den Dächern von Regensburg können Sie es sich gut gehen lassen im bayerischen Gasthof mit ausgezeichneter Küche und zünftiger Gaststube. „Genießen auf Bayerisch" ist das Motto in der Hubertushöhe. Der Traditionsgasthof am Ziegetsberg inmitten der ensemblegeschützten Ganghofer-Siedlung ist ein beliebter Treffpunkt in der neu geschaffenen „Grünen Mitte". Unlängst saniert und liebevoll gestaltet, bieten die Räumlichkeiten – von der Hubertus-Stube, der gemütlichen Ganghofer-Stube über das Restaurant bis hin zum großen Festsaal – eine stimmungsvolle Kulisse für vielerlei Veranstaltungen in Dirndl und Lederhosn. Wer nach der Feier nicht mehr fahren will, kann gleich die hauseigenen Gästezimmer dazu buchen. Genießer können sich auf zünftige Schmankerln, gute Stimmung, aufmerksamen Service und natürlich ein kühles, frisch gezapftes Kneitinger Bier freuen.

www.hubertushoehe.com

Tradition

Brauerei

Foto: Hubert Lankes

Kneitinger am Arnulfsplatz

Beschreibung

Wenn man das sogenannte Mutterhaus des Kneitingers am Arnulfsplatz besucht, befindet man sich nicht nur in einer der bekanntesten Brauereigaststätten Regensburgs, sondern auch in einer der ältesten. Bereits seit dem Jahr 1590 ist eine Brauerei in diesem Gebäude ansässig und wiederum seit 1861 im Besitz der Familie, beziehungsweise der Hans und Sofie Kneitinger-Stiftung. Längst genießt das Traditionshaus Kultstatus, und das nicht nur

SCHWEINEBRATEN INDEX	
Leberknödelsuppe:	6,50 €
Schweinebraten mit Knödel & Salat:	15,90 €
Halbe Bier:	4,40 €

Januar 2023

1 Die Brüder Mathias und Max Reichinger. [Foto: Julia Knorr / Clemens Mayer]

2 Die Schweinshaxn sind ein Gedicht. [Foto: Hubert Lankes]

3 Ehrenplatz für Sofie und Hans Kneitinger, die Begründer der Kneitinger-Stiftung. [Foto: Josef Roidl]

4 Die Kapelle Josef Menzl beim Bockanstich – ein gesellschaftliches Ereignis. [Foto: Niedenzu]

5 Das Schaffnerstüberl mit vielen historischen Aufnahmen für Eisenbahnfreunde. [Foto: Hubert Lankes]

unter den Bierkennern. Liebevoll geführt durch die Pächterfamilie Reichinger wird das Wirtshaus seit nun mehr dreizehn Jahren im Sinne der ehemaligen Gründer und Brauer weitergeführt. Mit viel Fingerspitzengefühl, Können und Gastfreundschaft wird hier bayerische Gemütlichkeit mit süffigem Bier und herzhaften Schmankerln verbunden. Bereits beim Eintreten in die Lokalität fühlt man eine wohlige Stimmung. Meist kommt man erst gar nicht in eine der vielen urigen Stuben, sondern bleibt erstmal in der Schwemme, die Sitzplätze für über hundert Personen bietet, bei einem „Knei" – wie Stammgäste das selbstgebraute Edel-Pils liebevoll nennen – hängen. In der Schwemme trifft man meist Bekannte, sitzt neben echten Urgesteinen oder auch mal neben dem einen oder anderen Touristen und erklärt gern und bereitwillig, was es damit auf sich hat, wenn man sich ein „Knei" bestellt. Schmackhaftes Bier verbindet halt – egal ob Jung oder Alt, Künstler oder Bauarbeiter, Student oder Pensionär, Einheimische oder Weltenbummler. Und auch wenn man in den anderen Räumlichkeiten wie dem Salettl, dem Schaffnerstüberl – das im Übrigen unser Lieblingsraum ist, weil in den Vitrinen unzählige Schätzchen aus der ehemaligen Schaffnerzeit bewahrt werden – der Braustuben oder dem Stammtischstüberl bestimmt auch einen geeigneten Platz findet, so kommt man an der Schwemme nur schwer vorbei. Doch egal für welchen Platz Sie sich auch entscheiden – eins ist sicher: Man merkt sofort, dass Familie Reichinger seit vielen Jahren gekonnt und mit viel Gespür fürs Detail das Traditions-

Pächter:
Familie Reichinger

Adresse:
Arnulfsplatz 3
93047 Regensburg

Telefon:
0941/52455

E-Mail:
kneitinger-arnulfsplatz
@kneitinger.de

Öffnungszeiten:
So. – Do. 11.00 – 23.30 Uhr
Fr. & Sa. 11.00 – 00.00 Uhr
So. 11.00 – 17.00 Uhr
Schankschluss jeweils
30 Minuten vorher

Ruhetag:
Keiner, geschlossen am
1. Weihnachtsfeiertag und
Neujahrstag

Räumlichkeiten:
Braustuben (125 Plätze)
Schwemm (108 Plätze)
Salettl (90 Plätze)
Stammtischstüberl
(45 und 63 Plätze)
Schaffnerstüberl (28 Plätze)
Gang (Stehtische bis 50 Plätze)

Besonderheiten:
Bockbieranstich am ersten
Donnerstag im Oktober –
Ausnahmezustand.
Kein Weißbier, keine Modegetränke (Cola, Fanta …)
Wöchentlich neue Speisekarte
Online-Tischreservierung
(über 20 Gäste per E-Mail).
Kein Ruhetag

Bier:
Ausschließlich Biere der
Brauerei Kneitinger:
Edel-Pils, Heller Hans,
Kneitinger Bock, Dunkel Export,
Alkoholfrei, Sommerbier

Preise:
Suppen: 6,50 – 6,50 €
Brotzeiten: 9,90 – 12,50 €
Hauptgerichte: 10,90 – 25,90 €
Nachspeisen: 6,50 – 8,90 €

Warme Küche:
Durchgehend

haus lenkt und zusammen mit ihrem Personal einen Wohlfühlort geschaffen hat, der seinesgleichen sucht. Wir kommen jedenfalls immer wieder gerne an diesen Ort des Bieres, und das nicht nur im Oktober, wenn beim Bockbier-Anstich Ausnahmezustand herrscht. Die einstige Alleinerbin Sofie Kneitinger wäre bestimmt sehr stolz darauf, wenn sie mitbekäme, dass das sogenannte Kneitinger Mutterhaus heutzutage gleichermaßen ein Anziehungspunkt für Einheimische und Touristen aus der ganzen Welt ist. Und sicher auch darauf, dass ihre einst gegründete Stiftung, die ihr so am Herzen lag, ausschließlich gemeinnützige Zwecke durch die Förderung der Alten- und Jugendhilfe in Regensburg unterstützt. Ein Grund mehr für uns beide, hier zwei frisch gezapfte „Knei", oder einen Hellen Hans – das ist ein helles Bier, das anlässlich des 120. Geburtstages zu Ehren von Johann Kneitinger kreiert wurde – zu trinken und knusprige und ausgelöste Schweinshaxen zu essen, um im Anschluss nach einem Bummel durch die nahgelegene Altstadt vielleicht noch ein zweites Mal in die Schwemme auf einen Absacker einzukehren.

Fazit

Der Kneitinger ist ein Familienbetrieb am Arnulfsplatz und eine Regensburger Traditionsadresse für Freunde gutbürgerlicher bayerischer Küche verbunden mit selbst gebrauten erlesenen Bieren. Hier kann man sich mitten in Regensburg in einer der vielen Räumlichkeiten mit Freunden oder Kollegen treffen oder sich auch mal einfach nur so im Vorbeigehen am Eingang eine Halbe „Knei" genehmigen.

www.reichinger.info

Regensburg | Kneitinger im Antoniushaus

Biergarten

Foto: Hans Bauer

Kneitinger im Antoniushaus

Beschreibung

Der Kneitinger im Antoniushaus ist schon etwas ganz Besonders. Und auch wenn er nicht direkt in der Innenstadt der Welterbestadt Regensburg liegt, so macht er doch weit über die Grenzen der Stadt hinaus von sich reden. Denn das bayerische Wirtshaus ist nicht nur als Lokal zu sehen, das seine Wurzeln in der ursprünglichen bayerischen Küche hat, sondern es hat auch österreichische und schweizerische Einflüsse. Gekocht wird vornehmlich mit

SCHWEINEBRATEN INDEX	
Kaspressknödelsuppe:	6,90 €
Schnitzel „Wiener Art":	16,90 €
Halbe Bier:	4,50 €

Juli 2023

1 Hier kann das Auge gut mitessen.
[Foto: Sebastian Reindl]

2 Ein Gedicht von einem Kaiserschmarrn.
[Foto: Sebastian Reindl]

3 Ein Traum: die leckere Kalbsleber.
[Foto: Sebastian Reindl]

4 Das geräumige, einladende Gastzimmer.
[Foto: Sebastian Reindl]

5 Modern ausgestattet: der Seminarraum.
[Foto: Hans Bauer]

6 Der schöne, schattige Biergarten mit dem wohlverdienten Fernsehpreis.
[Foto: Sebastian Reindl]

7 Wollen wir vielleicht reservieren ...
[Foto: Gabi Kiesl]

8 ... und eine Vorstellung im nebenan befindlichen Theater Regensburg besuchen? [Foto: Theater Regensburg, Pawel Sosnowski]

Pächter:
Markus Ordziniak

Adresse:
Mühlweg 13
93053 Regensburg

Telefon:
0941/60094669

E-Mail:
info@antoniushaus-kneitinger.de

Öffnungszeiten:
Mo. – Fr. 11.00 – 24.00 Uhr
Sa. 12.00 – 24.00 Uhr
So. 9.00 – 22.00 Uhr

Ruhetag:
Keiner

Räumlichkeiten:
Gastzimmer (75 Plätze)
Nebenzimmer (20 Plätze)
Seminarraum (30 – 50 Plätze)

Besonderheiten:
Gewinner der Regensburger Wochenwertung der Kabel Eins TV-Show „Mein Lokal – Dein Lokal" im Juni 2023.
Modern eingerichteter Tagungsraum – je nach Bestuhlung für 30 bis 50 Personen.
Die zweite große Spielstätte des Theaters Regensburg mit 420 Plätzen befindet sich im selben Gebäude.

Biergarten:
Schöner heimeliger Biergarten vor dem Haus.

Bier:
Alle Biere von der Brauerei Kneitinger, Bischofshof Weißbier, Weltenburger Dunkle Weiße

Preise:
Suppen: 6,90 €
Brotzeiten: 7,90 – 14,90 €
Hauptgerichte: 8,90 – 21,90 €
Nachspeisen: 4,90 – 10,90 €

Warme Küche:
Bis 21.00 Uhr
Brotzeiten bis 22.00 Uhr

regionalen Zutaten, die, soweit möglich, auch aus der näheren Umgebung bezogen werden. Nachhaltigkeit und Heimatnähe ist Markus Ordziniak, dem Chef des Kneitingers im Antoniushaus, außerordentlich wichtig. Traditionell, innovativ, vegetarisch und vegan, das sind feste Komponenten der heimatlichen Geschmacksrichtung und der fühlen sich Markus Ordziniak und Küchenchef Sebastian Reindl fest verpflichtet. Selbstverständlich findet man, vor allem in der aktuellen Tageskarte, auch mal einen Abschweifer in andere köstliche Regionen, und das gefällt den zufriedenen Gästen des Kneitingers im Antoniushaus sehr. Denn auch wenn das schöne Wirtshaus keine direkten Touristenströme anlockt, so hat sich längst in Regensburg und Umgebung herumgesprochen, dass hier echtes Kochhandwerk gelebt und Heimatküche auf höchstem Niveau geboten wird. Kein Wunder also, dass Markus Ordziniak zusammen mit seinem Küchenchef Sebastian Reindl den ersten Preis beim TV-Format „Mein Lokal – Dein Lokal" erhalten hat. Wohlverdient, wie wir finden! Denn seit unserer ersten Einkehr in das denkmalgeschützte Wirtshaus, das sich den äußerlichen Charme der 1950-er Jahre erhalten konnte, sind wir Stammgäste. An einem lauen Sommerabend saßen wir damals im schattigen Biergarten vor dem Eingang des Wirtshauses und haben einen sehr erfrischenden veganen Schwarzwurzel-Erdbeersalat mit Radieschen, Tomaten, Gewürzsesam und Salat mit Himbeerdressing sowie eine Kalbsleber mit Balsamico-Zwiebeln, Pfifferlingen, Kartoffelstampf mit Röstzwiebeln und Thymian-Gin-Sauce genossen. Zur späteren Stunde rundeten wir unser Menü noch mit „Reindls Kaiserschmarrn", der mit Rosinen und Mandeln veredelt und mit Zwetschgenröster und Vanilleeis serviert wurde, ab. Was für eine Geschmacks-

explosion. Unser Tipp: unbedingt probieren! Was unserer Meinung nach auch erwähnenswert ist, ist die gut durchdachte und übersichtliche Speisekarte. Alle veganen Gerichte sind deutlich mit grüner Schrift hervorgehoben und sind daher leichter zu finden. Wir waren sehr darüber erstaunt, wie viele vegane Gerichte „biergartentauglich" sind. Küchenchef Sebastian Reindl ist es, so sagt er, ein besonderes Anliegen, dass auch Veganer bei ihnen echtes Biergartenfeeling erleben können. Das, so finden wir, spricht für ein Wirtshaus, in dem sich gern getroffen wird und Gemeinschaft gepflegt wird. Und das kann man im Kneitinger im Antoniushaus vor allem auch nach einem Theaterbesuch. Denn seit geraumer Zeit ist das Antoniushaus auch die zweite Spielstätte für das Theater Regensburg. Also verbinden Sie doch mal Kultur mit gemütlicher Gastronomie. Egal ob vor oder nach der Veranstaltung, das Team des Kneitingers im Antoniushaus lädt zum Verweilen ein und freut sich auf Sie!

Fazit

Das im Februar 2022 neu eröffnete „Kneitinger im Antoniushaus" ist ein Ort, wo man sich gerne trifft, wo man Zeit miteinander verbringen kann und wo Heimatküche mit Niveau gepflegt wird. Unter Verwendung von vor allem regionalen Zutaten hat es seine Wurzeln in der ursprünglichen, bayerischen Küche, aber auch österreichische und schweizerische Einflüsse findet man auf der Speisekarte, manchmal sogar auch noch andere Regionen. Die Mischung aus Tradition und Innovation gefällt uns so gut, dass wir immer wieder hierher kommen, vielleicht auch mal vor oder nach einer Vorstellung des Theaters Regensburg, das sich ebenfalls im Antoniushaus befindet.

www.antoniushaus-kneitinger.de

Regensburg (Burgweinting) | Parzefall

Tradition

Biergarten

Gästezimmer

Foto: Gasthof Parzefall

Gasthof Parzefall

Beschreibung

Das Parzefall rockt, und das im wahrsten Sinne des Wortes. Ich weiß nicht, ob ich jemals auf das Gasthaus aufmerksam geworden wäre, wenn mich nicht vor einiger Zeit ein Sprinter mit auffälliger Autowerbung überholt hätte. Zu meinem Glück schaltete die Ampel vor dem Bus auf rot, sodass ich genügend Zeit hatte, mir die lässige Werbefläche anzusehen. Ein scheinbar wildgewordener Haufen in Tracht, bewaffnet mit Kochtöpfen, Maßkrügen, Kochlöffeln

SCHWEINEBRATEN INDEX

Leberknödelsuppe:	6,90 €
Schweinebraten mit Knödel & Sauerkraut:	12,90 €
Halbe Bier:	4,10 €

Juli 2023

1 Das Team vom Gasthof Parzefall: modern und traditionell zugleich. [Foto: Gasthof Parzefall]

2 Der geräumige Gastraum. [Foto: Gasthof Parzefall]

3 Brotzeit is de scheenste Zeit. [Foto: Gasthof Parzefall]

4 Schweizer Wurstsalat – perfekt für heiße Sommertage. [Foto: Gabi Kiesl]

5 Donnerstag ist Haxentag. [Foto: Gasthof Parzefall]

und Holzfässern strahlte mich gut gelaunt an. Darunter in güldenen Lettern die Aufschrift „Gasthaus Parzefall" und in derselben Farbe – fast dazugehörig – das Logo einer bekannten Hardrock-Band. Das begeisterte mich sofort und zauberte mir ein Lächeln ins Gesicht. Witzig, frech, modern und traditionell zugleich – so geht Bayern heute! Jetzt musste uns das Team vom Parzefall nur noch anderweitig überzeugen. Neugierig kehrte ich ein paar Tage später zum ersten Mal in dem Gasthaus ein, das ursprünglich mal ein Oberpfälzer Dreikanthof war. Die sonnengelbe Fassade und die Türrahmung aus Sandstein waren einladend. Das Wetter war schön und wir peilten zielstrebig den Biergarten an. Wir trauten unseren Augen kaum: Idyllisch, wie eine Art bayerisches Refugium, tat sich der romantische Biergarten vor uns auf. Unter üppigem Baumbestand merkte man sofort, dass hier jemand mit viel Liebe fürs Detail einen Ort geschaffen hat, der sofort die Sehnsucht nach Rückkehr entfacht. Geschäftsführerin Lenka Deistler hat mit ihrem Gasthaus etwas ganz Besonderes geschaffen. So zum Beispiel auch einen kuscheligen Wintergarten, der einladend an den kleinen Spielplatz grenzt, der auch für die Kleinsten viel zu entdecken verspricht. Doch die Chefin des Hauses, die zuvor selbst Servicekraft im Gasthof Parzefall war, weiß natürlich, wie man seine Gäste noch verwöhnen kann – nämlich mit einer Speisekarte, auf der man neben bayerischen Klassikern auch kreative Gerichte aus dem Elsass oder aus Österreich anbietet. Wir waren jedenfalls mehr als gespannt, als wir unsere Essen auswählten. Eine Hand voll Glück versprach die Überschrift über dem Gericht „Zwoa g'füllte Erdäpfel mit Spinat-Gorgonzola-Nussfüllung und Tomaten-Champignon-Parmesanfüllung auf Salatbouquet mit Kräuterdip". Schweizer Wurstsalat und ein Sommer-Salat mit gegrillten Pfirsichhälften im Speck-Salbei-Mantel und Gorgonzola-Würfelchen wurde von meinen Eltern bestellt. Und was soll ich sagen? Unsere Teller waren nicht nur kunstvoll angerichtet, sondern darauf fand man auch eine wahre Geschmacksexplosion vor, die einen nachhaltig beeindruckte. Schnell wurde von uns noch die Tatsache genutzt, dass wir an einem Donnerstag, dem Haxentag, eingekehrt waren und wir bestellten für die Daheimgebliebenen Schweinshaxen mit Kartoffelknödeln, Dunkelbiersoße und Salat zum Mitnehmen. Manch andere Wochentage haben es auch in sich. So gibt es zum Beispiel dienstags Schnitzel-, freitags Räucher-, samstags Leber- und sonntags einen Bratentag. Egal ob in der gemütlichen Gaststube, im Nebenzimmer, im Stüberl, im Bier- oder Wintergarten – das Team vom Gasthof Parzefall begeistert sicher auch Sie. Und das wissen wir vor allem jetzt, nachdem wir im Bekanntenkreis von unserem Geheimtipp erzählen wollten, der längst keiner mehr war. Denn jeder, wirklich jeder,

Pächter:
Gasthof Parzefall GmbH

Adresse:
Obertraublinger Straße 54
93055 Regensburg
(Burgweinting)

Telefon:
0941/71459

E-Mail:
kontakt@gasthof-parzefall.de

Öffnungszeiten:
Täglich 11.00 – 23.00 Uhr

Ruhetag:
Keiner

Räumlichkeiten:
Gaststube (50 Plätze)
Nebenzimmer (80 Plätze)
Stüberl (25 Plätze)

Besonderheiten:
Jeden Dienstag 13 verschiedene Schnitzel nach Wahl für 9,90 €.
Jeden Donnerstag Haxentag, halbe oder ganze Haxe für 13,90 € bzw. 16,90 €.
Jeden Freitag Räuchertag, frisch geräucherte Forelle 16,90 €.
Jeden Samstag Lebertag, Spanferkelleber in verschiedenen Zubereitungen für 14,90 €.
Sonn- und Feiertage Bratentag mit verschiedensten Braten.
Viergängiges Valentinstags-Menü, im Dezember dreitägiger Weihnachtsmarkt im Biergarten.

Biergarten:
Schöner, schattiger Biergarten mit 60 Plätzen.
Toller Wintergarten mit großen Fenstern und Blick auf den Biergarten, mit 30 Plätzen.

Bier:
Sämtliche Biere der Familienbrauerei Jacob, Bodenwöhr

Preise:
Suppen: 6,90 €
Brotzeiten: 9,90 – 13,90 €
Hauptgerichte: 10,90 – 24,90 €
Nachspeisen: 5,90 – 10,90 €

Warme Küche:
Durchgehend bis 21.00 Uhr

Übernachten:
6 Doppel-, 5 Einzel- und 1 Familienzimmer zwischen 64 und 114 €
(Frühstück 10 € pro Person, Kinder 5 €)

kannte das Gasthaus aus dem 15. Jahrhundert, und wir jetzt endlich auch. Halleluja!

Fazit

Der Gasthof Parzefall im südöstlich gelegenen Regensburger Stadtteil Burgweinting war ursprünglich ein Oberpfälzer Dreikanthof aus dem 15. Jahrhundert, später in kirchlichem und darauf in staatlichem Besitz, bis es von Michael Parzefall 1911 erworben wurde und dem schönen Wirtshaus heute noch seinen Namen gibt. Sowohl das Ambiente als auch die Speisekarte sind markant und phantasievoll zusammengestellt. Das Essen ist traditionell bayerisch und auch mediterrane Speisen werden angeboten. Aktionen wie Dienstag Haxentag, Donnerstag Schnitzeltag, Freitag Räuchertag, Samstag Lebertag, oder Weißwurstfrühstück bewirken, dass man immer wieder den Parzefall beehrt und vielleicht auch die eine oder andere Feier – unter fachmännischer Beratung – dort ausrichtet. Wir kommen immer gerne wieder!

www.gasthof-parzefall.de

Tradition

Biergarten

Foto: Tobias Sorgenfrei

Zum Sorgenfrei

Beschreibung

Wer kennt es nicht, das urig-bayerische Wirtshaus „Zum Sorgenfrei" am Oberen Wöhrd, das von seinen Freisitzen am Donauufer einen direkten Postkartenblick auf die historische Altstadt und den imposanten Dom von Regensburg bietet. Echt, urig, bayerisch: ein Wirtshaus für jedermann! So beschreibt der gelernte Koch und Hotelfachmann Tobias Sorgenfrei gerne selbst sein schönes Wirtshaus. Und damit hat er, wie wir meinen, vollkom-

SCHWEINEBRATEN INDEX	
Leberknödelsuppe:	5,90 €
Schweinebraten mit Knödel & Krautsalat:	14,90 €
Halbe Bier:	4,50 €

Juli 2023

1 Das Schnitzel Melanie – eine Spezialität des Hauses – muss man probiert haben. [Foto: Tobias Sorgenfrei]

2 Die Freisitze auf der Donauterrasse, scheinbar am Fuße des Regenbogens. [Foto: Tobias Sorgenfrei]

3 Die urige Gaststube mit dunkler Holzvertäfelung. [Foto: Tobias Sorgenfrei]

4 Der Eingangsbereich: einladender geht's nicht! [Foto: Tobias Sorgenfrei]

5 Der romantische Innenhof. [Foto: Tobias Sorgenfrei]

Regensburg | Zum Sorgenfrei

Inhaber:
Tobias Sorgenfrei

Adresse:
Badstraße 54
93059 Regensburg

Telefon:
0941/28009390

E-Mail:
info@zum-sorgenfrei.de

Öffnungszeiten:
Restaurant/Biergarten
Mo., Di. und Fr. ab 16.00 Uhr
Sa. und So. ab 11.00 Uhr
durchgehend geöffnet,
genauso an Feiertagen

Ruhetag:
Mittwoch und Donnerstag

Räumlichkeiten:
Donaustube mit König-Ludwig-Winkel, Stammtisch und Theke (50 Plätze)
„Sorgenfreis Stüberl" mit Zugang zum romantischen Hofgarten (38 Plätze)

Besonderheiten:
Schöner schattiger Biergarten im Innenhof.
Einzigartiger Blick von der sonnigen Donauterrasse auf die Regensburger Altstadt.

Biergarten:
Donauterrasse (28 Plätze)
Romantischer Hofgarten (64 Plätze)

Bier:
Weltenburger und Bischofshof

Preise:
Suppen: 5,90 – 6,90 €
Brotzeiten: 6,90 – 12,90 €
Hauptgerichte: 14,90 – 24,90 €
Nachspeisen: 2,20 – 7,90 €

Warme Küche:
Durchgehend zu den Öffnungszeiten,
an Sonn- und Feiertagen
16.00 – 17.00 Uhr
Küchenpause

men recht. Denn Sorgenfrei ist nicht nur der Nachname des Wirtes, sondern auch der Zustand beim Verlassen des Lokals. Hier fühlt man sich wohl, hier wird man satt, hier trifft man Fremde, die zu Freunden werden. Spätestens beim Eintreten in die Gaststube oder beim Hindurchlaufen durch diese, wenn man in den romantischen Innenhof gelangt, möchte man einfach nur bleiben. Wir jedenfalls verweilen dort immer wieder gerne. Meist tun wir das bei einem saisonalen Gericht oder bei dem immer bewährten Schnitzel Melanie – der Spezialität des Hauses. Warum Melanie? Weil dieses Schnitzelgericht nach Melanie Obendorfer, Mutter des Sternekochs Hubert Obendorfer vom Landhotel Birkenhof in Hofenstetten und eben Seniorchefin des Ausbildungsbetriebs von Tobias Sorgenfrei, benannt wurde. Gefüllt ist dieser Wirtshausklassiker übrigens mit Meerrettich und Salami und wird mit Bratkartoffeln und Beilagensalat serviert.

Eine absolute Besonderheit des musikantenfreundlichen Wirtshauses sind vor allem die regelmäßig stattfindenden Karaoke-Abende, bei denen sich der Wirt selbst auch gern stimmgewaltig mit einbringt. Doch auch Liebhaber bayerischer Livemusik kommen im Wirtshaus „Zum Sorgenfrei" auf ihre Kosten: denn ein wichtiger Bestandteil des Unterhaltungsprogramms sind Themenabende und -wochen mit Live-Auftritten von talentierten Musikern, die nicht nur

bayerische Volksmusik und Schlager spielen, sondern sie auch leben – eben ganz so wie der traditionsbewusste Wirt selbst. Und wo wir gerade bei Festen und Feiern sind: Das beliebte Lokal bietet selbstverständlich für jede Familien- oder Firmenfeier das ideale Ambiente. Egal zu welchem Anlass, ob Taufe, Kommunion, Firmung, Konfirmation, Hochzeit, Geburtstag, Weihnachts- oder Firmenfeier, das Team rund um Tobias Sorgenfrei plant gerne Ihre Feierlichkeiten. Verschiedene Bereiche wie die Gaststube, das Stüberl im hinteren Bereich des Lokals, die sonnige Donauterrasse oder der idyllische Hofgarten laden dazu ein. Die einzigartige bayerische Küche mit vielen ehrlichen, innovativen Gerichten und regionale Biere machen jede Ihrer Feierlichkeiten zu einem besonderen Event. Wen wundert's also, dass sich hier auch immer wieder gerne prominente Persönlichkeiten unter den Gästen befinden. Hier fühlt man sich wohl, hier will man sein! Wie schon anfangs erwähnt: ein Wirtshaus für jedermann. Worauf warten Sie also? Mischen auch Sie sich unter das Volk: Essen Sie ein Schnitzel Melanie, trinken Sie ein kühles Helles und genießen Sie die bayerische Lebensfreude.

Fazit

Wirtshaus im original Oberpfälzer Stil, ein Aushängeschild gelebter bayerischer Wirtshauskultur und Gastlichkeit. Wer den Blick von der sonnendurchfluteten Terrasse auf das Weltkulturerbe der Regensburger Altstadt genießen will, ist bei Tobias Sorgenfrei richtig. Mit Liebe zubereitete Speisen, edles Bier und ein gepflegtes Ambiente sorgen dafür, dass man den Weg immer wieder gerne in diese besondere Wirtschaft findet.

www.zum-sorgenfrei.de

Regensburg | Spitalgarten

Tradition

Brauerei

Biergarten

Gästezimmer

Foto: Spitalgarten

Spitalgarten

Beschreibung

Wer kennt ihn nicht, den ältesten Biergarten, der zur Brauereigaststätte Spitalgarten gehört und direkt an der Steinernen Brücke liegt? Hier sind wir bereits als Kinder mit unseren Großeltern mit Blick auf die Donau gesessen und haben den Großvätern zugesehen, wie sie sich die Bierspezialitäten der Spitalbrauerei schmecken ließen. In diesem alten Familienbetrieb trafen und treffen sich eben Familien. So wie auch heute, wenn man bei den

SCHWEINEBRATEN INDEX

Kaspressknödelsuppe:	5,90 €
Schweinebraten mit Knödel & Sauerkraut:	14,20 €
Halbe Bier:	4,50 €

Juli 2023

1 So geht Brotzeit!
[Foto: Spitalgarten]

2 Kaiserschmarrn – perfekt in Szene gesetzt.
[Foto: Spitalgarten]

3 Der Gang zur Gemütlichkeit.
[Foto: Spitalgarten]

4 Die Wirtsleute Conny und Anton Sperger.
[Foto: Spitalgarten]

5 Krustiges Bratengericht.
[Foto: Spitalgarten]

6 Weihnachtlich dekoriertes Gastzimmer. [Foto: Spitalgarten]

Wirtsleuten Conny und Anton Sperger einkehrt, um traditionelle Gastlichkeit zu erleben. Wie sollte man besser seine Lebenszeit verbringen als bei bayerischen Schmankerln und kühlem Bier? Und von Bierqualität versteht man was in der Spitalbrauerei. Seit dem Mittelalter braut das Spital bereits den köstlichen Gerstensaft und seitdem werden auch Gastfreundlichkeit und guter Service großgeschrieben. Sie glauben nicht, dass dies bereits im Mittelalter beherzigt wurde? Na, dann frage ich Sie: Wie hätte sich sonst die Erfolgsgeschichte bis heute weitergeschrieben? Erfolg, der währt halt. Und dass dies auch für gute Küche gilt, ist dem Küchenteam von der Brauereigaststätte Spitalgarten ein Bedürfnis. Wer schon einmal hier gegessen hat, weiß, dass man ein großes kulinarisches Angebot an traditionellen Gerichten mit modernen Akzenten erwarten kann. Folgen Sie doch mal den Empfehlungen der Küche und probieren Sie Gerichte wie Gesottenes Schulterscherzl vom österreichischen Jungtier mit Meerrettichsoße und Kartoffel-Biergmias oder ein veganes Graupenrisotto mit lauwarmer Ratatouille-Vinaigrette mit frischem Rucola. Oder wie wäre es mit einer deftigen Brotzeit wie dem Raditeller vom Gemüsehof Völkl, der mit Schnittlauchbrot serviert wird? Lassen Sie sich auf höchsten Genuss ein und entdecken Sie einen Wohlfühlort, der seit 1230 traditionelle Gastlichkeit pflegt. Und wenn Sie nicht aus der unmittelbaren Umgebung stammen, dann ziehen Sie sich doch auf eines der ruhigen Hotelzimmer zurück, blicken Sie

Pächter:
Anton Sperger

Adresse:
St. Katharinenplatz 1
93059 Regensburg

Telefon:
0941/84774

E-Mail:
info@spitalgarten.de

Öffnungszeiten:
Mo. – Do. 11.30 – 22.00 Uhr
Fr. 11.30 – 23.00 Uhr
Sa. 11.00 – 23.00 Uhr
So. 11.00 – 22.00 Uhr

Ruhetag:
Keiner

Räumlichkeiten:
Gaststube (90 Plätze)
Nebenzimmer (40 Plätze)
Sängerzimmer (65 Plätze)
Katharinensaal (200 Plätze)

Besonderheiten:
Jeden 1. Samstag im Monat Weißwurst-Frühschoppen mit traditioneller Blasmusik und kesselfrischen Weißwürschten. Gutscheine sowie Pins, Bierdeckel und Biertaler als Andenken zu kaufen. Täglich ein Mittagsgericht zum Sonderpreis. Kinderkarte. Auch gut für Feiern aller Art geeignet. Maibockfest am 1. Mai. Kehrausfeier am Faschingsdienstag. Hauskirwa am 2. Sonntag im Oktober.

Biergarten:
Direkt an der Donau mit 850 Plätzen

Bier:
Alle Biere von der Spitalbrauerei Regensburg

Preise:
Suppen: 5,90 – 6,40 €
Brotzeiten: 8,30 – 9,80 €
Hauptgerichte: 12,30 – 27,90 €
Nachspeisen: 2,60 – 8,50 €

Warme Küche:
Durchgehend
11.00 – 22.00 Uhr

Übernachten:
9 Doppelzimmer ab 119 €,
ab 79 € als Einzelbelegung

auf die Donau und die Türme des Doms St. Peter und lassen Sie den Abend ausklingen. Wir haben uns fest vorgenommen zur diesjährigen Adventszeit das Übernachtungsangebot zu nutzen, denn in der Vorweihnachtszeit wird aus dem gemütlichen Spital-Biergarten jedes Jahr ein romantisch vergnüglicher Adventsmarkt. Dann kann man beim Duft von frisch Gebackenem und Glühwein durch die weihnachtliche Budenstadt des Weihnachtsmarkts schlendern oder ein Spital-Glühbier genießen, was himmlischen Genuss verspricht. Spätestens dann versteht man, warum die Brauereigaststätte für immer bestehen wird!

Fazit

In der Brauereigaststätte Spitalgarten mit seinem wunderschönen, großen Biergarten und dem herrlichen Blick auf den Dom und die Steinerne Brücke trifft Tradition auf moderne Akzente, wie es die Speisekarte auch bestätigt. Die Räumlichkeiten sind der ideale Ort für Familien-, Geburtstags- oder andere Festlichkeiten.
Das selbstgebraute, süffige Spitalbier setzt einem Besuch in diesem tollen Gasthaus die Krone auf. Sehr zu empfehlen ist auch der romantische Adventsmarkt in der Vorweihnachtszeit.

www.spitalgarten.de

Tradition

Biergarten

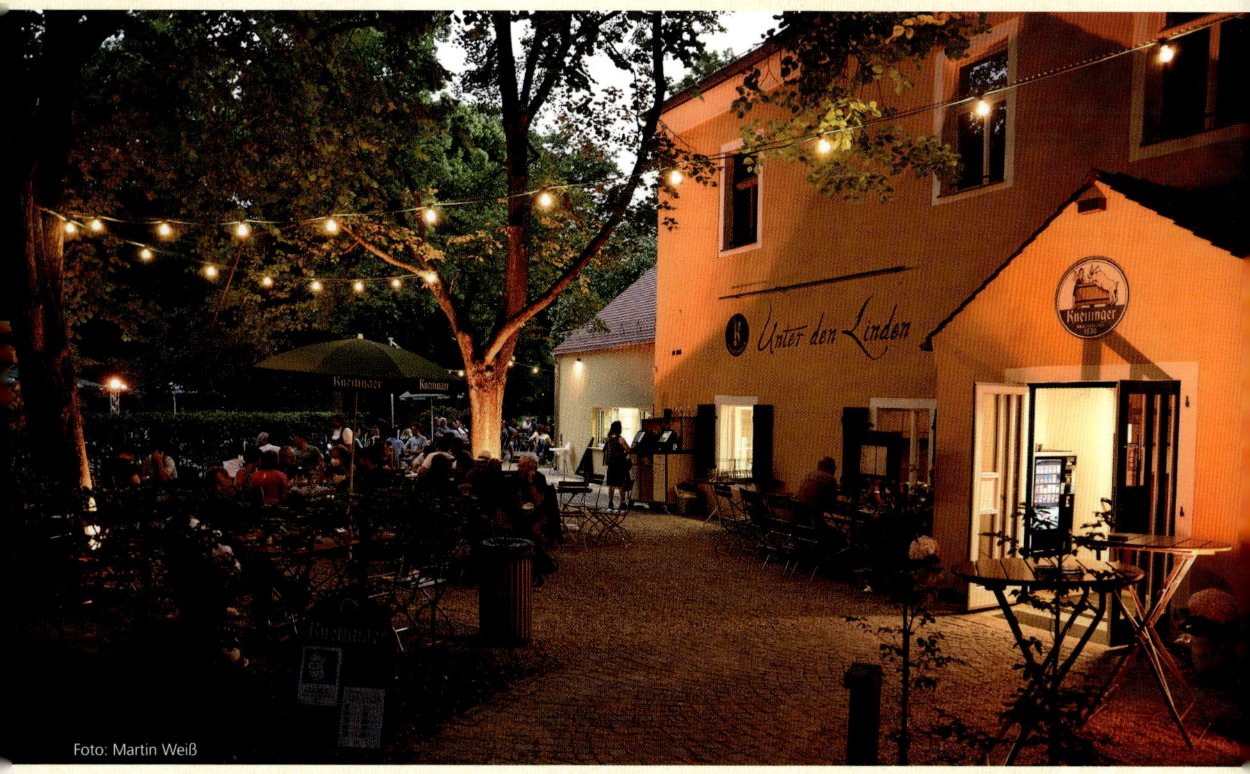

Foto: Martin Weiß

Unter den Linden

Beschreibung

Das Traditionshaus „Kneitinger unter den Linden" findet man im Regensburger Stadtpark, in direkter Nähe vom Kunstforum Ostdeutsche Galerie. Der denkmalgeschützte Gebäude-Komplex wurde erst vor Kurzem saniert und der traditionelle Charme konnte zum Glück erhalten werden. Um das ehemalige „Café unter den Linden" neu zu beleben, initiierte die Stadt Regensburg eine Ausschreibung, mit dem Ziel, ein neues Konzept für die im Grünen

Kaspressknödelsuppe:	4,90 €
Schweinebraten mit Knödel & Salat:	16,70 €
Halbe Bier:	4,40 €

Juli 2023

1 Erfolgsduo: Max und Mathias Reichinger.
[Foto: Hans-Christian Wagner]

2 Aufg'spuit werd!
[Foto: Hans-Christian Wagner]

3 Der freundliche Gastraum.
[Foto: Hans-Christian Wagner]

4 Stylische Wandmalereien.
[Foto: Hans-Christian Wagner]

5 Knuspriger geht's nicht!
[Foto: Martin Weiss]

6 Frisch angezapftes Knei!
[Foto: Martin Weiss]

liegende Gaststätte zu finden. Mit der Brauerei Kneitinger und den vom Kneitinger am Arnulfsplatz bekannten Pächtern Maximilian und Mathias Reichinger fanden sie würdige Pächter, die jahrzehntelange Erfahrung und viel Fingerspitzengefühl für historische Gebäude sowie Oberpfälzer Wirtshauskultur mit sich brachten. So erschien das „Kneitinger unter den Linden" rasch in neuem Glanz. Von der Inneneinrichtung bis hin zur Schankanlage wurde alles runderneuert und selbst das imposante Wandbild im Eingangsbereich erstrahlt nun wieder in neuen Farben. Im Gastraum wurde ein großflächiges Wandbild vom Regensburger Street-Art-Künstler Andrej Maier mit dem Titel „Der Zoo Bavaria am Kneitinger Stammtisch" gestaltet. So lässt es sich heute, in schönem Ambiente, vorzüglich bayerisch speisen und ein süffiges „Knei" genießen. Bei gutem Wetter zieht man zwar sicherlich den weitläufigen und urgemütlichen Biergarten der Gaststube vor, jedoch ist letztere seit der Sanierung ebenso beliebt. Egal ob draußen oder drinnen, egal ob butterweiche geschmorte Ochsenbackerl in Dunkelbiersoße, Blaukraut und Kartoffelknödel oder Gemüse-Süßkartoffel-Curry und Basmatireis, man versteht nach dem Verzehr, warum der „Kneitinger unter den Linden" ein Anziehungspunkt im Regensburger Westen ist und warum es seit über 200 Jahren hier,

Pächter:
Max und Mathias Reichinger

Adresse:
Dr.-Johann-Maier-Straße 1
93049 Regensburg
(Innerer Westen)

Telefon:
0941/2049900

E-Mail:
info@reichinger.info

Öffnungszeiten:
Mo. – So. 11.00 – 23.00 Uhr
Schankschluss 22.00 Uhr

Ruhetag:
Keiner

Räumlichkeiten:
Gaststubn (100 Plätze)

Besonderheiten:
Täglich wechselnde Tagesgerichte. Im Stadtpark von Regensburg gelegen. Vor kurzem erst renoviert, jetzt mit modernem, gemütlichem Ambiente. Musikveranstaltungen und Faschingsbälle.

6

Biergarten:
Schöner, schattiger Biergarten mit 400 Plätzen

Bier:
Alle Biere von der Brauerei Kneitinger

Preise:
Suppen: 6,90 €
Brotzeiten: 9,90 – 13,20 €
Hauptgerichte: 10,90 – 27,20 €
Nachspeisen: 6,40 €

Warme Küche:
Durchgehend bis 22.00 Uhr

mitten im grünen Herzen der Stadt, ein Wirtshaus gibt. Erholen auch Sie sich im „Kneitinger unter den Linden", entfliehen Sie der Hektik der Stadt und trinken Sie im Idealfall ein Kneitinger Sommerbier 1861. Worauf warten Sie? Kehren Sie ein und bilden Sie sich Ihr eigenes Urteil.

Fazit

Nachdem der langjährige Wirt Reinhold Wellisch nach 20 Jahren seinen Pachtvertrag „Unter den Linden" nicht verlängert hat und nach umfangreichem Umbau und umfassender Renovierung läuft das frühere „Café unter den Linden" nun unter „Kneitinger unter den Linden" weiter. An der guten Qualität des gebotenen bayerischen Traditionsessens hat sich nichts geändert und da jetzt das süffige Kneitinger Bier ausgeschenkt wird, besuchen wir diesen idyllischen Ort im Stadtpark immer wieder gerne.

www.reichinger.info/unter-den-linden

Foto: Martin Weiss

Die schönsten Wirtshäuser in der Umgebung von Regensburg

 Tradition
 Brauerei
 Biergarten
 Gästezimmer

Foto: Gabi Kiesl

Prösslbräu Adlersberg

Beschreibung

Wenn man von Regensburg kommend entlang der Donau bis zur Abzweigung Kneiting fährt, lässt man zwar den imposanten Dom samt seiner wunderschönen Stadt hinter sich, doch dafür lernt man ein weiteres Schätzchen kennen – nämlich den wunderschönen Adlersberg. Hoch oben an der Spitze des Berges befindet sich eines der beliebtesten Wirtshäuser rund um Regensburg: der Prösslbräu. Bereits im Jahre 1256 hat dort Herzog Ludwig der Strenge

SCHWEINEBRATEN INDEX	
Leberknödelsuppe:	3,50 €
Schweinebraten mit Knödel & Salat:	10,90 €
Halbe Bier:	3,70 €

Juni 2023

1 Das süffige dunkle Radler. [Foto: Gabi Kiesl]

2 Stockwurst mit Kraut und Bratkartoffeln. [Foto: Gabi Kiesl]

3 Blick in die Zechstube. [Foto: Josef Roidl]

4 Die gemütliche Jägerstube. [Foto: Josef Roidl]

5 Stammtisch der Oberpfälzer Moto-Guzzi-Freunde. [Foto: Gabi Kiesl]

6 Ehemalige Einhemmstelle für Kutschen. [Foto: Gabi Kiesl]

7 Vorderer Bereich des Biergartens mit zahlreichen Parkmöglichkeiten. [Foto: Gabi Kiesl]

8 Abendliche Stimmung am Adlersberg. [Foto: Gabi Kiesl]

das Dominikanerinnenschloss gestiftet und somit auch den Grundstein für den heutigen historischen Gebäudekomplex gelegt. Seit vielen Generationen werden die Wirtschaft und die Brauerei auf dem Adlersberg nun schon liebevoll von der Familie Prössl betrieben, und das ausgezeichnete Bier gebraut. Doch es handelt sich dabei nicht einfach nur um gewöhnliches Bier, sondern eben um das Bier, das weit über die Grenzen des Landes hinaus bekannt und beliebt ist. Die wohl spezielleste Bierspezialität ist der Palmator. Denn der Palmator ist nicht nur ein herkömmliches Bockbier, sondern ein wahres Heilmittel – so der Volksmund! Legendär sind daher auch die Wallfahrten am Palmsonntag. Zigtausende Menschen wandern und reisen dann auf den Adlersberg, um beim Starkbieranstich durch den dunklen Gerstensaft Erleuchtung zu erfahren und – je nachdem wie viel man davon trinkt – erhält man sie auch. Seinen Ursprung hat diese jährliche Wallfahrt durch eine Äbtissin erhalten, die im 16. Jahrhundert darüber verfügte, dass am Palmsonntag jeder erwachsene Gast zu seinem bestellten Palmator und jedes Kind eine Breze erhalten sollten. Und sind wir mal ehrlich – eine Breze lockt in Bayern einfach jeden an. Mittlerweile kann man den süffigen Palmator aber längst nicht nur am Palmsonntag genießen, es gibt ihn mittlerweile das ganze Jahr über beim Prösslbräu auf dem schönen Adlersberg. Doch glauben Sie jetzt ja nicht, dass es sich nur wegen der Bierspezialitäten und der spektakulären Aussicht auf Regensburg und sein Umland lohnt, den Berg hinauf zu fahren. Denn auch die Küche hat so einiges zu bieten. Neben deftiger bayerischer Hausmannskost, Wild- und Fischspezialitäten kommt man durchaus auch als Vegetarier auf seine Kosten. Egal ob man ein resches Schweinsbrüstl mit Kartoffel-

Inhaber:
Fam. Prössl

Adresse:
Dominikanerinnenstraße 2 – 3
93186 Adlersberg/Pettendorf

Telefon:
09404/1822

Telefax:
09404/5233

E-Mail:
proesslbraeu@t-online.de

Öffnungszeiten:
Täglich 8.00 – 24.00 Uhr

Ruhetag:
Montag

Räumlichkeiten:
Jägerstüberl (25 – 40 Plätze)
Zechstube (80 Plätze)
Klosterstube (100 Plätze)
Saal (200 Plätze)

Besonderheiten:
Starkbieranstich mit Musik am Palmsonntag, Ente trifft Bulli im Juli, Allerweltskirwa mit Gansessen, Kirchenkonzerte u.a. mit Singer Pur am ersten Augustwochenende, Handwerker- und Töpfermarkt am letzten Augustwochenende, Wildgerichte aus eigener Jagd.

Biergarten:
Einer der schönsten Biergärten Bayerns mit 600 Plätzen

Bier:
Alle Biere und Saisonbiere der Brauerei Prössl

Preise:
Suppen: 3,50 €
Brotzeiten: 6,80 – 9,80 €
Hauptgerichte: 8,90 – 19,50 €
Nachspeisen: 3,60 – 5,90 €

Warme Küche:
11.30 – 14.00 Uhr und
17.00 – 21.00 Uhr

Übernachten:
12 Ein-, Zwei- und Dreibettzimmer ab 50 €, 70 € oder 90 €

salat, eine Forelle „Müllerin Art" mit Salzkartoffeln oder einen vegetarischen Gemüsestrudel auf Sahnesoße und Salat bestellt – beim Prösslbräu geht niemand hungrig nach Hause. Wir haben uns heute für einen niederbayerischen Krustenbraten mit Semmelknödel, Kraut und Dunkelbiersoße sowie für – die meines Erachtens fast vergessene – Stockwurst auf Kraut mit Bratkartoffeln entschieden. Und auch wenn man auf die Stockwurst – wie der Bayer sagt – „a bisserl länger" warten muss, so lohnt es sich auf jeden Fall immer wieder, beim Prösslbräu mit einem ordentlichen Appetit einzukehren. Kein Wunder, dass sich hier oben – dem Himmel so nah – auch viele Biker, Radfahrer und Oldtimerliebhaber aufhalten. Es gibt halt nichts Schöneres, als nach einer Spritztour in geselliger Runde im weitläufigen Biergarten unter schattenspendenden alten Bäumen zu sitzen und sich des Lebens zu freuen. Und wer weiß, vielleicht haben ja auch Sie demnächst nach dem einen oder anderen Palmator eine Erleuchtung. Prost!

Fazit

Der Prösslbräu am Adlersberg ist ein traditionelles Gasthaus, nicht weit von Regensburg, und wegen seinem tollen Ausblick von seinem riesigen Biergarten auf die Hauptstadt der Oberpfalz sowie durch den Starkbieranstich um Ostern auch überregional bekannt. Dort kann man nach einem ausgedehnten Ausflug in die attraktive Umgebung die gutbürgerliche Küche, gepaart mit den markanten – in der hauseigenen Brauerei gebrauten – Bieren genießen.

www.adlersberg.com

Tradition

Biergarten

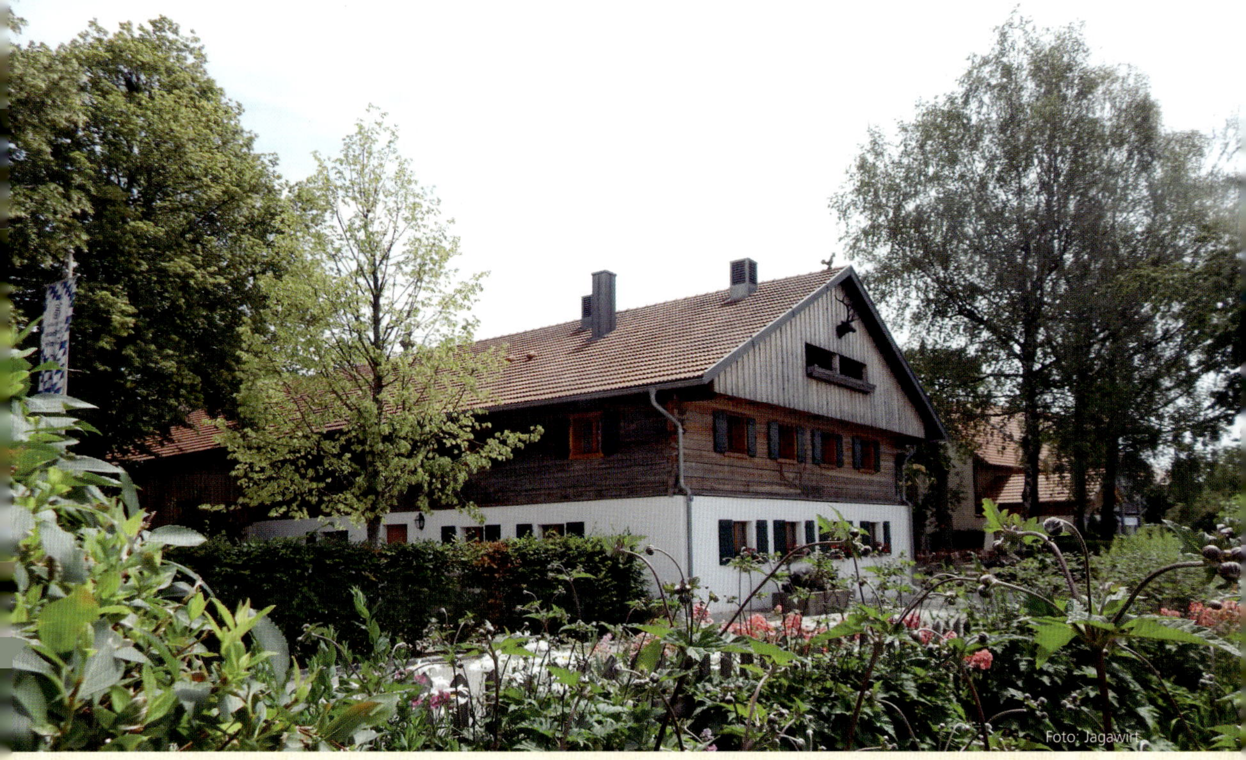

Jagawirt zu Aumbach

Beschreibung

Wer auf der Suche nach dem Besonderen, nach dem Außergewöhnlichen ist, der wird beim Jagawirt zu Aumbach eindeutig fündig: Das behagliche Gasthaus, das nicht zuletzt auch durch den witzigen Schriftzug, samt Hirschgeweih und integrierter Kochmütze, deutlich alpinen Charakter ausstrahlt, ist längst kein Geheimtipp mehr. Inmitten des kleinen, preisgekrönten Dorfes Aumbach, einem Ortsteil von Rettenbach, werden die Gaumen aller

Leberknödelsuppe:	6,90 €
Krustenbraten mit Knödel & Salat:	16,90 €
Halbe Bier:	3,90 €

Juli 2023

1 Wirtsleut´ Benedikt und Bianca Hierl. [Foto: Jagawirt]

2 Der beeindruckende Saal im Obergeschoss. [Foto: Christian Greller]

3 Kulinarisches Jagawirt-Highlight. [Foto: Jagawirt]

4 Imposanter Geweih-Leuchter. [Foto: Gabi Kiesl]

5 Idyllischer Biergarten. [Foto: Jagawirt]

6 Die urige Gaststube. [Foto: Christian Greller]

Genussmenschen gleichermaßen verwöhnt. Und dass das in der Gastronomie nicht immer einfach ist, ist wohl jedem bekannt, nur beim Jagawirt da gelingt es halt. Mit viel Charme und ehrlicher Gastfreundschaft wird man gleich beim Eintritt in die urige Gaststube begrüßt und findet sich inmitten bayerischer Jagdatmosphäre wieder, die einen unweigerlich an alte Heimatfilme und längst vergangene Zeiten erinnert. Wenn man sich hier an einen der massiven Holztische setzt, ist die Welt wieder in Ordnung. Und wenn man dann auch noch das Angebot der aktuellen Speisekarte durchliest, möchte man gar nicht mehr, dass dieses Wohlgefühl jemals ein Ende nimmt. Und das tut es natürlich auch nicht so schnell, denn der Jagawirt gehört zu den Wirtshäusern, in denen man gerne verweilen und die vielen Akzente der Stube betrachten möchte. Doch spätestens dann, wenn der stilvoll angerichtete Teller mit der zuvor ausgesuchten Speise vor einem auf dem Tisch steht, ruht der Blick nur noch auf dem Gericht seiner Wahl. Verständlicherweise, denn Chefkoch und Pächter Benedikt Hierl und sein Küchenteam verstehen ihr Handwerk. Schnell bemerkt man als Gast, dass die leckeren Speisen ein harmonisches Zusammenspiel aus Tradition und Moderne garantieren. Hier wird innovativ gearbeitet. Bayerische und regionale Frischeküche wird in Benedikt Hierls Genusswerkstatt ebenso neu interpretiert und mediterran beeinflusst wie gehobene Wildspezialitäten oder auch der hippe Wildburger sowie vegetarische und vegane Gerichte. Es versteht sich von selbst, dass bei der Zubereitung der Speisen größter Wert auf den Einsatz regionaler Produkte gelegt wird. Heimische Bauern, Jäger, Bäcker, Metzger und Fischhändler sorgen so nicht nur für die Nachhaltigkeit der Küche, sondern auch dafür, dass das Küchenteam stets flexibel auf Gästewünsche eingehen und einzelne Gerichte bei Nahrungsmittelunverträglichkeiten oder Allergien entsprechend anpassen kann. Und wo wir gerade bei den Themen Nachhaltigkeit und Gesundheit sind, warum planen Sie nicht einfach Ihren nächsten Wanderausflug in das Naturschutzgebiet Höllbachtal und verbinden diesen im Anschluss mit einer Einkehr im Jagawirt? Eines jedenfalls können wir Ihnen schon vorher verraten: Die nahegelegene „Hölle" mit ihren einzigartigen Felsformationen und der kulinarische Himmel von Benedikt Hierls Jagawirt sind nur eine Wanderung voneinander entfernt ...

Der Jagawirt befindet sich inmitten des ruhigen Dorfes Aumbach und somit in unmittelbarer Nähe des Naturschutzgebietes Hölle sowie des Goldsteig-Wanderweges. Wer einen Tages- beziehungsweise Wanderausflug mit einem kulinarischen Highlight verbinden möchte, dem empfiehlt sich definitiv, eine Einkehr in das alte Wirtshaus einzuplanen, dessen Innenräume sich unverkennbar mit den Themen Jagd und

Inhaber:
Familie Hierl

Adresse:
Aumbach 117
93191 Aumbach

Telefon:
09484/8969888

E-Mail:
info@jagawirt-aumbach.de

Öffnungszeiten:
Do. – Sa. 17.00 – 23.00 Uhr
(Warme Küche bis 20.30 Uhr!)
Sonn- und Feiertage
11.00 – 14.00 Uhr
17.00 – 22.00 Uhr
(Warme Küche bis 19.30 Uhr!)

Ruhetag:
Montag bis Mittwoch

Räumlichkeiten:
Gaststube Rupertistubn
(60 Plätze)
Hubertussaal (100 Plätze)

Besonderheiten:
Menüs zu besonderen Anlässen, z. B. 4-Gänge-Überraschungsmenü am Valentinstag.

Biergarten:
Der Biergarten im Innenhof des Jagawirts mit 130 Plätzen ist ab dem zeitigen Frühjahr für Wanderer, Radlfahrer, Spaziergänger und Ausflügler ein beliebtes Ziel. Er wird generell um 22.00 Uhr geschlossen.

Bier:
Tegernseer und Rhaner

Preise:
Suppen: 5,90 – 7,90 €
Brotzeiten: 7,90 – 12,90 €
Hauptgerichte: 12,90 – 31,90 €
Nachspeisen: 2,50 – 10,90 €

Natur auseinandersetzen. Beeindruckend wie die Felsformationen des nahegelegenen Höllbachtals ist auch die raffinierte Küche von Küchenmeister und Wirt Benedikt Hierl. Mein Tipp: Nichts wie hin zum Jagawirt und überzeugen Sie sich selbst von den Künsten seiner Genusswerkstatt!

Fazit

In der Genusswerkstatt des Jagawirtes wird der Gaumen der Gäste mit bayerisch-alpinen und regionalen Schmankerln verwöhnt. Der regionalen Tradition verpflichtet kommen auch traditionelle Wildgerichte, die gängigen Sonntagsbraten und in der Biergartenzeit auch deftige bayerische Brotzeiten auf den Tisch.

www.jagawirt-aumbach.de

Tradition

Biergarten

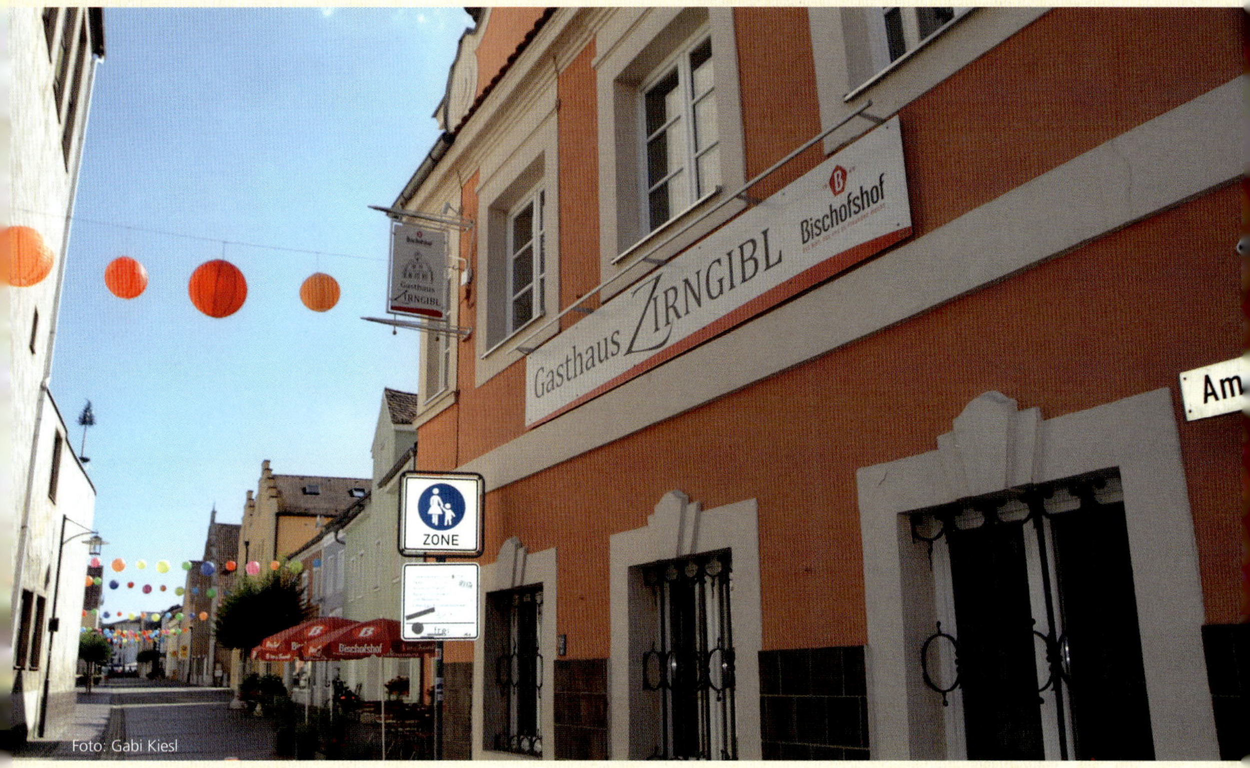

Foto: Gabi Kiesl

Gasthaus Zirngibl

Beschreibung

Wenn man, wie wir, des Öftern im Gasthaus Zirngibl einkehrt, dann eventuell auch aus einem ganz bestimmten Grund. Nämlich wegen der umfangreichen Auswahl an Wildgerichten. Denn Chef und Küchenmeister Michael Hofer ist selbst passionierter Jäger und sorgt mit tatkräftiger Unterstützung seines Jagdhundes Leo für Biofleisch und Nachhaltigkeit. Ganz nach dem Motto: Das Wildbret wird von Jägern aus der Umgebung bezogen oder der

Kaspressknödelsuppe:	6,10 €
Schweinebraten mit Knödel & Sauerkraut:	12,90 €
Halbe Bier:	3,80 €

Juli 2023

1 Gemütlichkeit kennt keine Grenzen. [Foto: Gabi Kiesl]

2 Mit großen Schritten ins Gasthaus. [Foto: Gabi Kiesl]

3 Romantisch eingedeckter Biergartentisch. [Foto: Gabi Kiesl]

4 Auch am hinteren Eingang zum Biergarten wird man herzlich empfangen. [Foto: Gabi Kiesl]

5 Scheiden tut weh! [Foto: Gabi Kiesl]

Chef schießt selbst! Wer es also regional, saisonal und wild mag, ist dort vollkommen richtig. Im Jahr 2019 wurde von Michael Hofer sogar dafür eigens eine Wildkammer als Container angeschafft. Seitdem darf nun auch frisches Wildfleisch an die Gäste verkauft werden. Diese nutzen nur zu gern das reichhaltige Angebot an Würsten, Hirsch- und Wildschweinschinken, Pfefferbeißer, Ragout in der Dose, Wildbolognese, Hirsch-, Wildschwein- und Wildsalami, Wildleberkäse und vieles mehr. Und wer sich lieber verwöhnen lassen will, der kann das Kochen ruhig dem Küchenmeister überlassen und zum Beispiel in der altertümlichen König-Ludwig- oder der modern gestalteten Zirngibl-Stuben einkehren. Meine Lieblingsstube ist das Marktstüberl – das eigentliche Herz des Hauses. Hier trifft man sich auf einen Ratsch, hier rutscht man zusammen – eine typisch-bayerische Wirtshausstube halt. Doch eins haben alle Stuben gemeinsam: Man kann dort mit Leidenschaft kreative, bayerische Küche genießen. Und dass dabei ausschließlich ausgewählte, frische und regionale Produkte verwendet werden, versteht sich von selbst. Wir haben heute für unser Zuckergoscherl eine Limoncello-Cheesecake-Schnitte, Zitronensorbet, Buttermilch-Limetten-Mousse mit kandierten Zesten ausgewählt. Wir selbst haben uns „Von Wald und Wies'n" eine Wildbolognese mit Linguine und Parmesan sowie von „Wos Greans vo Draus'd" einen veganen bunten Salat mit Wildkräutern, Green Goddess Salat, Obst und Falafel bestellt.

Und unsere gemeinsame Freundin freute sich besonders über eine Seitenüberschrift in der Speisekarte: „Fia de wo d'Viecha liab ham", denn sie entschied sich für das vegane Vorspeisengericht SellerieCarpaccio mit Apfelchips, Waldorfsalat, kandierten Walnüssen an Apfelmayo und wählte als Hauptgang Trüffeltaglierini. Doch sollten Sie emals in den Genuss eines Zirngibl-4-Gänge-Überraschungsmenüs kommen, dann lassen Sie besser Ihren Gürtel zuhause. Denn dann wartet ein kulinarischer Abend der Extraklasse mit kreativer Kochkunst vom Küchenmeister persönlich auf Sie. Übrigens, als Hochzeitslocation ist das Gasthaus Zirngibl auch bestens geeignet. Vom Empfang im wunderschönen

Pächter:
TOMI-Gastro GmbH

Adresse:
Am Markt 29
93077 Bad Abbach

Telefon:
09405/954611

E-Mail:
gasthaus.zirngibl@web.de

Öffnungszeiten:
Mi. – Sa. 10.00 – 23.00 Uhr
So. und Feiertag
11.00 – 22.00 Uhr

Ruhetag:
Montag und Dienstag

Räumlichkeiten:
Schwemm (55 Plätze)
König Ludwig Stuben (45 Plätze)
Zirngibl Stuben (32 Plätze)
Marktstüberl (55 Plätze)
Zirngibl Saal (200 Plätze)

Besonderheiten:
Umfangreiche Auswahl an Wildgerichten. 4-Gänge-Überraschungsmenü auf Vorbestellung. Möglichkeit für Feiern aller Art, Messen und Tagungen. „Brautstehlen" in der alten Brauerei möglich. Catering-Service, der Ihr Event von vorne bis hinten plant, entweder in ausgewählten Locations (wie dem Gasthaus Zirngibl) oder bei sich Zuhause.

Bier:
Alle Biere von der Brauerei Bischofshof, Regensburg

Biergarten:
Schöner, schattiger Biergarten unter Kastanien mit 200 Plätzen neben dem Haus

Preise:
Vorspeisen: 6,10 – 12,90 €
Brotzeiten: 9,90 – 15,90 €
Hauptgerichte: 12,90 – 25,90 €
Nachspeisen: 4,90 – 9,90 €

Warme Küche:
Mittwoch – Samstag bis 21.00 Uhr, Brotzeitkarte und Dessert bis 21.30 Uhr
Sonntag und Feiertag 11.00 – 21.00 Uhr, Brotzeitkarte und Dessert bis 21.00 Uhr

Biergarten mit altem Kastanienbestand, zum Brautstehlen im alten Gewölbe, im Festzelt oder in der alten Brauerei, bis hin zum großen Festsaal – ausreichend Platz für all Ihre Gäste ist bestimmt vorhanden. Unser Tipp: Wer von Ihnen bereits verheiratet ist, sollte sein Eheversprechen am besten im Gasthaus Zirngibl nochmal wiederholen. Es gibt keinen schöneren Ort, um ins Eheleben zu starten. Also, kehren Sie ein und verweilen Sie, am besten heute noch, in einem traditionsbewussten Haus mit jahrhundertelanger Geschichte!

Fazit

Das Gasthaus Zirngibl, direkt vor der Bad Abbacher Fußgängerzone gelegen, hat das Motto: „Lust auf Genuss und mit Leidenschaft genießen."
Der Küchenmeister Michael Hofer, seine Frau Alexandra Hofer-Richard und das gesamte Team machen es den Gästen leicht, dieses Gefühl zu haben. Man wird verwöhnt von kreativer, bayrischer Küche mit ausgewählten frischen und regionalen Produkten, in einem traditionsreichen Haus mit jahrhundertelanger Geschichte. Man wird beim Zirngibl freundlich bedient und freut sich aufs Wiederkommen. Es sind hier auch größere Feiern aller Art möglich, inklusive einer zugehörigen professionellen Beratung, auch ein umfangreicher Catering-Service wird angeboten. Genießen Sie die Atmosphäre und Herzlichkeit dieses angenehmen Hauses und seiner Menschen.

www.gasthaus-zirngibl.de

Tradition

Biergarten

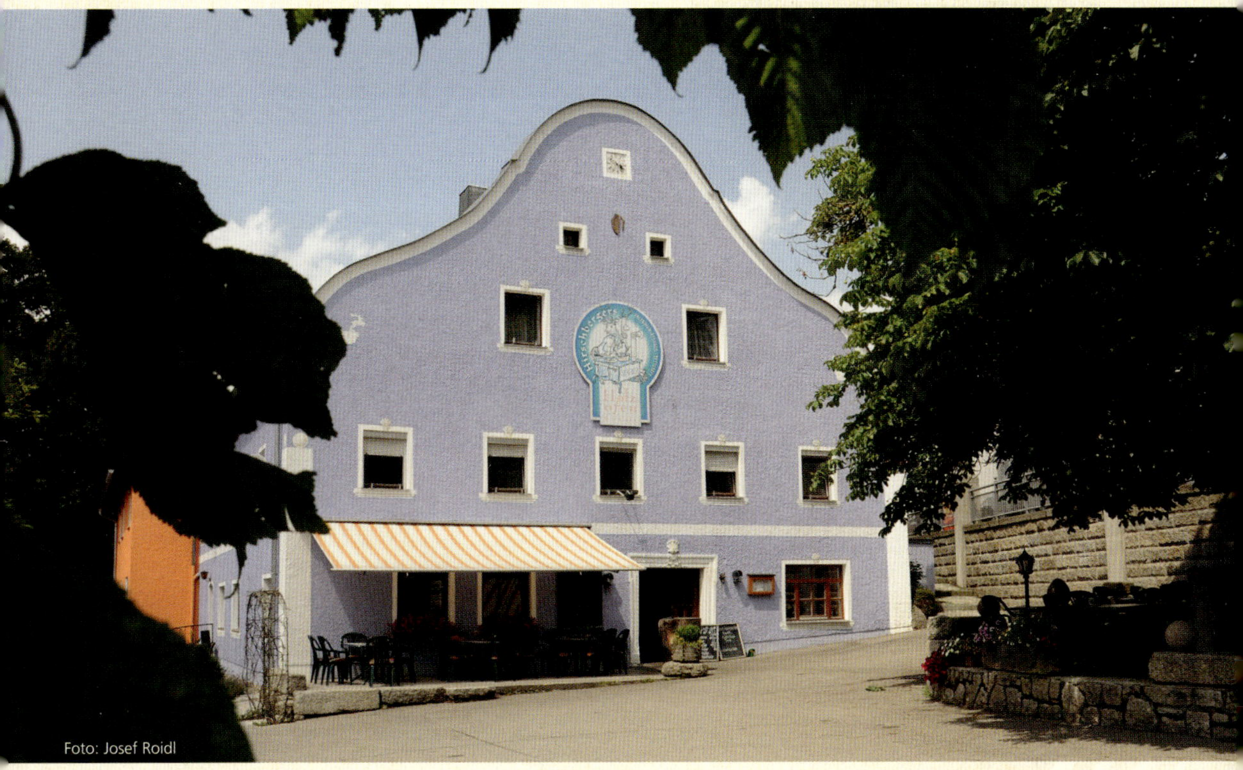

Foto: Josef Roidl

Hirschbergers Holzofenkuchl

Beschreibung

Wenn sich bei uns zuhause kurzfristig Freunde aus Oberbayern an einem Samstag ankündigen, dann sind wir immer froh, wenn dies vormittags oder bis spätestens 14.00 Uhr geschieht. Denn dann haben wir zumindest noch einen Hauch von einer Chance, einen Tisch in der familienfreundlichen Hirschberger Holzofenkuchl zum Holzofen-Sattessen zu ergattern. Wir kennen nämlich kein anderes Wirtshaus, bei dem es Spanferkel, Krustenbraten, Schweins-

Leberknödelsuppe:	4,50 €
Schweinebraten mit Knödel:	10,90 €
Halbe Bier:	3,90 €

Mai 2023

1 Das süffige Hubertusbier von Erl Bräu. [Foto: Josef Roidl]

2 Wirtshausschild am Eingang. [Foto: Josef Roidl]

3 Gemütliche Gaststube. [Foto: Josef Roidl]

4 So geht bayerisches Küchenszenario! [Foto: Josef Roidl]

5 Das stilvolle Gartenzimmer. [Foto: Josef Roidl]

haxn, Brüstl, Fingernudeln, Brezensemmelknödl und Soße zu einem derart günstigen Preis gibt. Doch selbstverständlich bekommt man bei Hirschbergers Holzofenkuchl noch viele andere Spezialitäten, so zum Beispiel die zahlreichen Wildgerichte und die Flammkuchen aus dem Steinofen. Letztere genannte knusprige Fladen werden mit diversen Belägen auf dem Holzbrett serviert und kommen bei Jung und Alt gleichermaßen an. Freitags gibt es Spareribs so viel man essen kann und jeden Samstag Holzofen-Sattessen mit allen leckeren Köstlichkeiten aus dem Holzofen. Doch Achtung: Man sollte auf jeden Fall reservieren, denn die Plätze sind begehrt. Nicht nur wegen des deftigen Essens, sondern sicher auch wegen des überaus freundlichen Personals und dem urigen Ambiente. Das auffallend schöne Wirtshaus in Brennberg ist längst über die Grenzen hinaus bekannt und wird nicht umsonst als Erlebniswirtshaus betitelt. Wenn dann auch noch die Küche auf handwerklich derart hohem Niveau ist und die Qualität der preisgünstigen Speisen überzeugt, kann man nicht anders als immer wieder bei Hirschbergers einzukehren. Und wo wir gerade beim Thema Einkehren sind – was glauben Sie, wie gemütlich es erst nach dem Auf- und anschlie-

Pächter:
Iris Hirschberger und Anton Meier

Adresse:
Reimarstraße 5
93179 Brennberg

Telefon:
09484/287

Mobil (WhatsApp):
0176/45842088

E-Mail:
willkommen@holzofenkuchl.com

Öffnungszeiten:
Do. 17.00 – 23.00 Uhr
Fr., Sa. und So.
11.00 – 23.00 Uhr
(Küche bis 21.00 Uhr, Sonn- und Feiertage bis 20.00 Uhr).
Bei Feiertagen unter der Woche gesonderte Öffnungszeiten

Ruhetag:
Montag, Dienstag und Mittwoch (außer Feiertage)

Räumlichkeiten:
Alte Gaststube (55 Plätze)
Burgherrnzimmer (70 Plätze)
Gartenzimmer (23 Plätze)

Besonderheiten:
Nicht weit entfernt vom Naturschutzgebiet Hölle im Höllbachtal und von der Burg Brennberg.
Zusätzliche Gerichte am Sonntag zur Standardkarte (Ente, Gans, Schäuferl). Freitags „Spareribs satt" und samstags Holzofen-Sattessen zum extrem günstigen Preis. Partyservice.
Eigene Metzgerei.

Biergarten:
Schöner Biergarten vor dem Gasthaus unter schattenspendenden Bäumen mit ca. 70 Plätzen

Bier:
Hirschbergers Hubertusbier (exklusiv, auch zum Mitnehmen)
Biere der Schlossbrauerei Naabeck

Preise:
Suppen: 3,90 – 4,90 €
Brotzeiten: 8,20 – 10,20 €
Hauptgerichte: 10,90 – 20,90 €
Nachspeisen: 6,90 – 7,50 €

Warme Küche:
Durchgehend zu den Öffnungszeiten

5

www.holzofenkuchl.com

ßenden Abstieg von der Burgruine Brennberg in der Holzofenkuchl ist? Da schmeckt das Hubertusbier noch süffiger oder ein Bauchwärmer wie die deftige Brezensuppe mit gebratenen Brezenstücken und Röstzwiebeln noch leckerer. Sie wollen das gute Essen lieber zuhause in der heimischen Stube genießen? Auch kein Problem – denn Hirschbergers Hokzkuchl bietet viele Speisen der Karte für bis zu zweihundert Personen auch im Rahmen eines Partyservices an. Feiern Sie und Ihre Gäste einfach zuhause weiter und lassen Sie sich in Ihren eigenen Wänden ein zünftiges Mahl servieren. Wir allerdings kehren lieber in die Räumlichkeiten des originellen Erlebniswirtshauses zurück und lassen uns von dem freundlichen Servicepersonal bedienen. Doch was sagen wir? Überzeugen Sie sich einfach selbst und reservieren Sie für sich oder Ihre ganze Familie schnellstmöglich einen Tisch in dem bayerisch-urigen Traditionswirtshaus, das seit 1888 in Familienbesitz ist und es hoffentlich noch lange bleiben wird. So, doch nun genug der Worte: Lasst uns essen!

Fazit

Das Erlebniswirtshaus Hirschbergers Holzofenkuchl in Brennberg bereitet seine traditionellen wie auch mediterranen Speisen – wie der Name schon sagt – im Holzofen zu. Dass das Gasthaus von einem Gastro-Designer entworfen worden ist, sieht man an der außergewöhnlichen Einrichtung genauso wie auf der interessant gestalteten Speisekarte. Von hier aus ist es nicht weit zum nahegelegenen Naturschutzgebiet Hölle, und zu erwähnen wäre schließlich noch das exklusiv vom Erl Bräu in Geiselhöring gebraute Hirschberger Hubertusbier, das besonders zu den deftigen Gerichten in diesem interessanten Wirtshaus mundet.

Burglengenfeld | Gasthof zu den 3 Kronen

Tradition

Biergarten

Gästezimmer

Foto: Gabi Kiesl

Gasthof zu den 3 Kronen

Beschreibung

Wenn uns Urlauber oder Durchreisende fragen, welches Wirtshaus man auf jeden Fall in Burglengenfeld aufsuchen sollte, dann antworten wir meist synchron: den Gasthof zu den 3 Kronen. Und wenn sie uns im Anschluss nach dem Weg fragen, antworten wir ebenso kurz und schnell: direkt im Herzen der Altstadt, neben dem historischen Rathaus und zu Füßen der imposanten Burg Lengenfeld. Sie fragen sich, warum wir gerade nur Urlauber und

Leberknödelsuppe:	4,80 €
Schweinebraten mit Knödel & Salat:	13,80 €
Halbe Bier:	3,90 €

Mai 2023

1 Familie Augustin vor ihrem schönen Eingang. [Foto: Gasthof zu den 3 Kronen]

2 Leckere Nachspeisen-Variation, gereicht von Junior-Chef Josef Augustin. [Foto: Gasthof zu den 3 Kronen]

3 Blick in die Gaststube. [Foto: Josef Roidl]

4 Das lichtdurchflutete Nebenzimmer. [Foto: Gasthof zu den 3 Kronen]

5 Marinierter Abensberger Spargel mit Serrano-Schinken. [Foto: Gabi Kiesl]

6 Kro-Wurstsalat – ein Wurstsalat nach Art des Hauses. [Foto: Gabi Kiesl]

Burglengenfeld | Gasthof zu den 3 Kronen

5   6

Durchreisende erwähnt haben? Das ist einfach, denn Einheimische wissen die Kochkunst von Josef Augustin längst zu schätzen. Wir beide schätzen zudem auch die gemütliche Terrasse vor dem Gasthof, vor allem die Freisitze hinter dem kleinen gemauerten Balkon gefallen uns sehr. Hier kann man den Trubel am Marktplatz ungestört beobachten und selbst nicht gesehen werden. Hier ist es in den Sommermonaten schön schattig und hier wird's nicht nur abends gesellig.

Haben Sie gewusst, dass das ehrwürdige Gasthaus bereits seit 1753 als Wirtshaus genutzt und seit 1880 im Besitz der Familie Augustin ist? Nein? Dann nichts wie hin – lassen Sie sich von dem Know-how des Familienbetriebs überzeugen. Angefangen bei dem überaus freundlichen Servicepersonal, über die hervorragende Küche und bis hin zur tagtäglichen Gastfreundlichkeit, die im Hause zu den 3 Kronen gelebt wird. Doch bleiben wir vorerst bei der Küche. Josef Augustin hat sein Handwerk in Bad Wiessee erlernt und sich umfangreich bei hochkarätigen Spitzenköchen fortgebildet. Als Hotelbetriebswirt weiß er genau, was sich seine Gäste wünschen. Egal ob deftige Oberpfälzer Spezialitäten, internationale gehobene Küche oder gutbürgerliche Gerichte – Josef Augustin kocht mit viel Raffinesse und Liebe und das schmeckt man. Auf unserem heutigen Speiseplan steht als Vorspeise marinierter Abensberger Spargel mit Serrano-Schinken und Weißbrot. Als Hauptgang haben wir uns dieses Mal für eine vegetarische Variante entschieden, und zwar für panierte Auberginenscheiben mit Tomatensauce, Mozzarella und Kartoffeln. Und als Dessert gibt es ein köstliches Zweierlei von der Mango mit Kokos – ein Traum von einer Nachspeise. Eigentlich fällt unsere Hauptgangwahl, gerade zur Biergartenzeit, meist auf den Kro-Wurstsalat – einen Wurstsalat nach Art des Hauses, der seinesgleichen sucht, doch manchmal versuchen auch wir auf Wurst und Fleisch zu verzichten. Denn

Inhaber:
Josef Augustin

Adresse:
Hauptstraße 1
93133 Burglengenfeld

Telefon:
09471/80581

Telefax:
09471/808592

E-Mail:
gasthof@gasthofdreikronen.de

Öffnungszeiten:
Täglich ab 10.00 Uhr geöffnet.
Do. ab 17.00 Uhr geöffnet.
Urlaub und sonstige Schließtage werden kurzfristig bekanntgegeben.

Ruhetag:
Mittwoch

Räumlichkeiten:
Gaststube (50 Plätze)

Nebenzimmer, in zwei Räume abteilbar (100 Plätze)

Besonderheiten:
Bayerische Schmankerln (Braten, Fleischpflanzln, Ragout), saisonale Spezialitäten (Spargel, Juradistl-Lamm), hausgemachte Nudeln, ganzjährig Wild aus der Region.

Biergarten:
Wunderbar gegenüber dem Rathaus gelegene, schattige Terrasse mit 50 Plätzen

Bier:
Alle Biere der Brauerei Bischofshof

Preise:
Suppen: 5,90 €
Brotzeiten: 8,90 – 14,90 €
Hauptgerichte: 13,80 – 22,80 €
Nachspeisen: 5,40 €

Warme Küche:
11.00 – 14.00 Uhr und
17.00 – 21.00 Uhr
Sonntags warme Küche bis
20.30 Uhr und nach
Vereinbarung

Übernachten:
Hotel-Café 3 Kronen mit
13 sehr gut ausgestatteten
Zimmern, mit großer
Frühstückskarte und
hausgemachten Kuchen und
Torten am Nachmittag.

abwechslungsreiche und fleischlose Kost ist im Gasthof zu den 3 Kronen in großer Auswahl auf der Speisekarte zu finden. Wer leichte Fischgerichte vorzieht, sollte mal die Seeteufel-Medaillons mit grünem und weißem Spargel probieren. Dazu noch ein exzellenter Weißwein – was will man mehr? Ein derartiges handwerkliches Können, gepaart mit vielen saisonalen Schmankerln, macht es einem schwer, das Gasthaus überhaupt jemals wieder zu verlassen. Doch das ist eigentlich gar nicht unbedingt nötig, denn das gleichnamige Hotel-Café befindet sich in unmittelbarer Nähe und lädt zu längerem Verweilen ein. Denn Ausflugsmöglichkeiten bietet die nähere Umgebung allemal. Angefangen bei der Burg Lengenfeld, über das malerische Örtchen Kallmünz, die Holzkugel an den Steinberger Seen – die Urlauber, Ausflügler und Einheimische gleichermaßen anzieht – oder der Naturpark Altmühltal: Alles, was das Herz begehrt, finden Sie nur wenige Kilometer entfernt rund um Burglengenfeld. Und wenn Sie sich lieber sportlich betätigen wollen, dann sind Sie hier ebenfalls richtig. Die Oberpfalz bietet sämtliche Möglichkeiten. Zum Beispiel Radfahren, Nordic Walking, Wandern, Kanufahren oder Angeln – die Umgebung um den Gasthof lässt Sportlerherzen eindeutig höher schlagen. Und wenn Sie sich dann nicht nur in den ältesten Gasthof Burglengenfelds verliebt haben sollten, dann bietet Ihnen der Gasthof zu den 3 Kronen stilvolle und funktionelle Räumlichkeiten und somit die ideale Voraussetzung für eine gelungene Hochzeitsfeier. Doch wer weiß, vielleicht bleiben Sie dann nicht nur länger, sondern für sogar immer!

Fazit

Sie finden den Gasthof zu den 3 Kronen, das älteste Gasthaus Burglengenfelds, im Herzen der Stadt. Er ist aus allen Richtungen leicht zu erreichen. Im Hof stehen hauseigene Parkplätze zur Verfügung. Hier kann man hochwertige, gut bürgerliche und auch internationale Küche genießen, bayerische Schmankerln genauso wie saisonale Spezialitäten, besonders hervorzuheben sind die köstlichen Fischspezialitäten und die Wildgerichte aus der Region.

www.gasthofdreikronen.de

Tradition

Biergarten

Gästezimmer

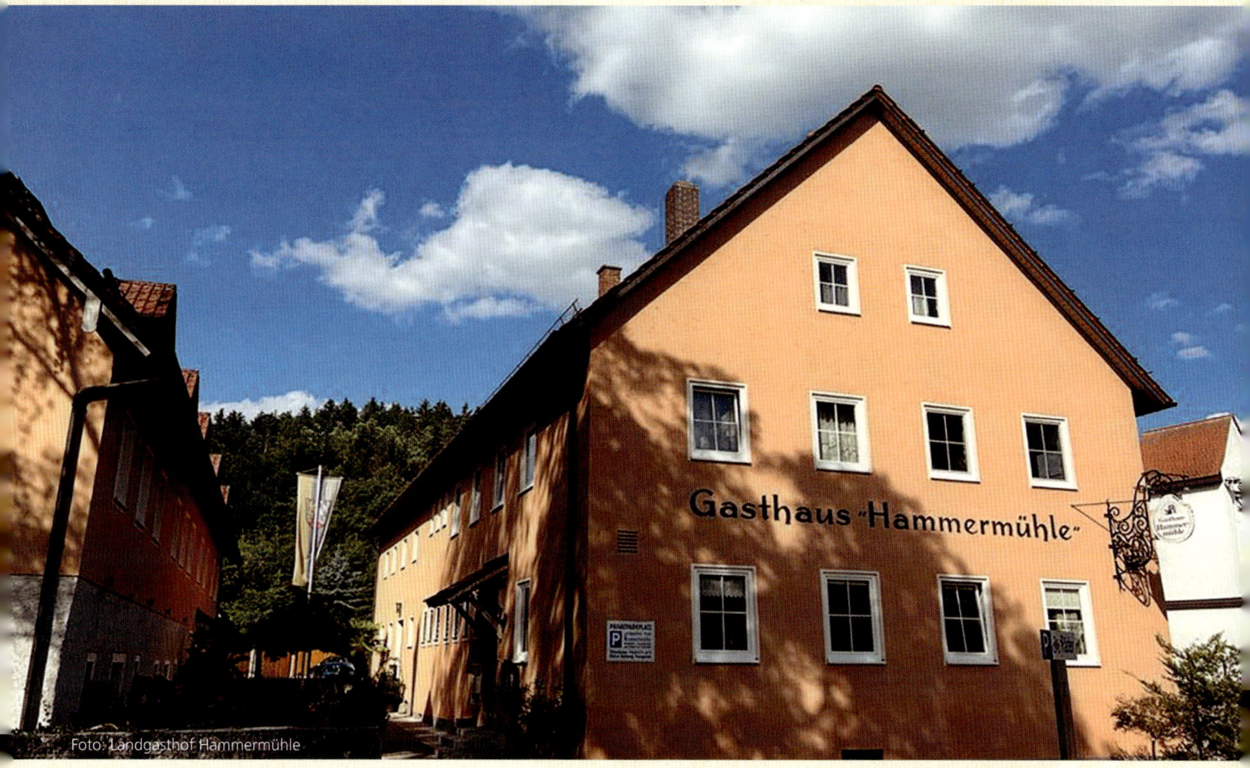

Landgasthof Hammermühle

Beschreibung

Nur wenige Kilometer östlich von der Welterbestadt Regensburg findet man den Gasthof Hammermühle in einem historischen Gebäudekomplex mit Sägewerk vor. Wer ein originales, traditionelles und authentisches Wirtshaus sucht, wird hier nicht enttäuscht. Der natürlich gewachsene und romantische Wirtsgarten, der bis zu 400 Gästen Platz bietet, liegt direkt am rauschenden Wasserfall des Otterbachs. Nah am Europäischen Fernwanderweg und nur ein

Leberknödelsuppe:	5,00 €
Schweinebraten mit Knödel:	10,80 €
Halbe Bier:	4,30 €

Juli 2023

1 Der lauschige Biergarten aus der Vogelperspektive.
[Foto: Landgasthof Hammermühle]

2 Im Biergarten sitzt man unter schattenspendenden Bäumen.
[Foto: Landgasthof Hammermühle]

3 Das Hotel liegt idyllisch an einer Schleife des Otterbaches.
[Foto: Barbara Zierer]

4 Die Gaststubn.
[Foto: Landgasthof Hammermühle]

5 Ein kleiner Wasserfall direkt am Biergarten. [Foto: Barbara Zierer]

Inhaber:
Thomas Schmid

Adresse:
Thiergartenstraße 1
93093 Donaustauf

Telefon:
09403/96840

E-Mail:
info@hammermuehle-donaustauf.de

Öffnungszeiten:
15.3. – 31.10.
Fr. – Di. 11.30 – 22.00 Uhr
Do. 16.30 – 22.00 Uhr
1.11. – 14.3.
Fr. – Mo. 11.30 – 21.00 Uhr
alle Feiertage geöffnet

Ruhetag:
15.3. – 31.10. Mittwoch,
1.11. – 14.3.
Dienstag – Donnerstag

Räumlichkeiten:
Gaststube (40 Plätze)
Nebenraum (25 Plätze)
Saal (150 Plätze)

Besonderheiten:
12 km östlich von Regensburg in ruhiger Lage, umgeben von Wald und Wiesen. 300 m zum Golfplatz des Golf- und Landclubs Regensburg, 1,5 km zum Donau-Radweg, 2 km zur Walhalla, direkt am Europäischen Fernwanderweg. Familienfeste und Betriebsfeiern.

Biergarten:
Der natürlich gewachsene Wirtsgarten neben dem Wasserfall des Otterbachs bietet Platz für ca. 400 Personen.

Bier:
Altöttinger Hell Bräu und Jacob aus Bodenwöhr

Preise:
Brotzeiten: 5,50 – 13,50 €
Hauptgerichte: 9,80 – 24,00 €
Nachspeisen: 5,50 – 7,80 €

Warme Küche:
11.30 – 13.45 Uhr und
17.30 – 20.45 Uhr
Brotzeiten
11.30 Uhr – 21.00 Uhr

Übernachten:
Ein- bis Vierbettzimmer
zwischen 75 € und 145 €

paar Kilometer von der weltbekannten Ruhmeshalle Walhalla entfernt, lädt einer der schönsten Oberpfälzer Biergärten zum Verweilen ein. Seit dem 11. Jahrhundert ist die Hammermühle bezeugt und seit 1938 von der Familie Schmid geführt. Mittlerweile wird sie von Küchenmeister und Geschäftsführer Thomas Schmid und seiner Frau Susanne erfolgreich bewirtschaftet. Und dass dem so ist, kann man hautnah erleben. Bayerische und regionale Wild- und andere Spezialitäten, Oberpfälzer Schmankerln und oberbayerische Küche findet man auf der umfangreichen Speisekarte. Hier scheint die Zeit stehengeblieben zu sein, hier möchte man bleiben. Manche für einen Abend, andere für länger. Dafür steht das angrenzende Hotel mit geräumigen und komfortablen Gästezimmern zur Verfügung. Touristen, Radfahrer, Wanderer, Ausflügler, Spaziergänger und vor allem Familien mit Kindern sind hier gleichermaßen herzlich willkommen. Letztere freuen sich über den angrenzenden Spielplatz und weitläufige Wiesen, in denen man toben und spielen kann. Und wenn das Wetter mal weniger freundlich zu einem ist, dann stehen zum Glück auch noch die schöne Gaststube oder das Nebenzimmer zur Wahl. Die rustikalen Räume sind gemütlich und modern eingerichtet und lassen den Gästen keine Wünsche offen. Zumindest dann nicht, wenn man, wie wir, zwei kühle Halbe und Ochsenbraten in kräftiger Rotweinsoße mit Semmelknödel vor sich auf dem Tisch stehen hat. Bei Sommerwetter bestellen wir uns im schattigen Biergarten der Hammermühle meist den Privat-Wurstsalat „so wia an da Chef gern mog", der aus original Regensburgern, Rindfleisch, Emmentaler und Kren besteht. Sie würden gern wissen, wie er schmeckt? Dann haben wir einen Tipp für Sie: Schnappen Sie sich Wanderschuhe, Fahrradhelm oder Autoschlüssel, kehren Sie ein in den Gasthof Hammermühle und begeben Sie sich in eine scheinbar andere Zeit, in der die Welt noch in Ordnung ist.

Fazit

Der Landgasthof Hammermühle liegt nicht weit von Regensburg entfernt, unweit des Golfplatzes des Golfclubs Regensburg, des Donauradweges, des Europäischen Fernwanderweges und der Walhalla. Küchenchef Thomas Schmid bietet traditionelle bayerische und oberbayerische Küche an, vor allem sind die regionalen Wildspezialitäten und Schmankerln zu erwähnen. Ein Aufenthalt im Hotel ist neben den vielen Freizeitmöglichkeiten auch vor allem Eltern mit Kindern zu empfehlen, die Zimmer sind modern und komfortabel und es gibt neben den weitläufigen Wiesen sogar einen Spielplatz. Was will man mehr?

 www.hammermühle-donaustauf.de

 Tradition
 Brauerei
 Biergarten
 Gästezimmer

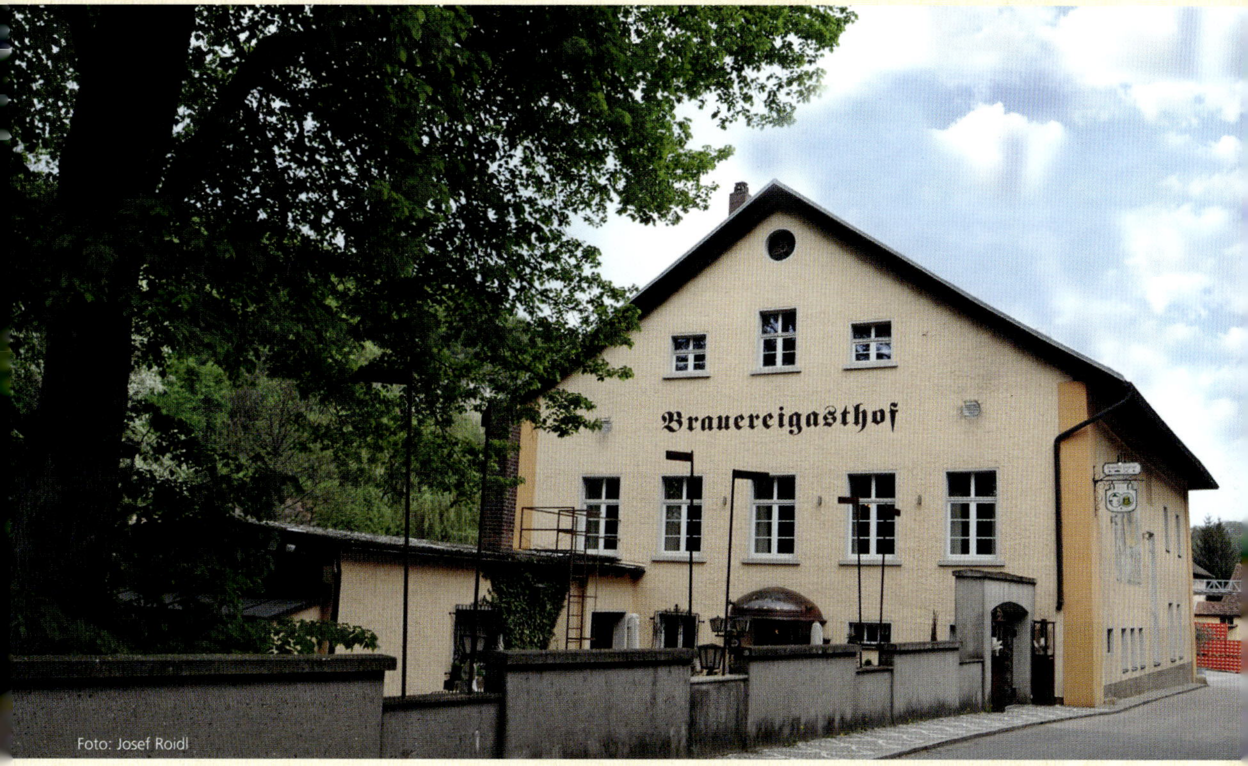

Foto: Josef Roidl

Brauereigasthof Eichhofen

Beschreibung

Der Brauereigasthof Eichhofen ist inmitten des schönen Labertals zu finden, das durch die außergewöhnlich schöne Natur besticht und schon immer Wanderer, Reisende und Einheimische gleichermaßen begeistert hat. Das Tal, das Ruhe und Erholung verspricht, hält sein Versprechen. Viele wandern gern in diesem Gebiet, schöpfen neue Lebenskraft und kehren danach oder bei einer Pause in dem besonderen Gasthof ein, um ein Wanderbier zu trinken

Fenchelsuppe:	7,00 €
Schweinebraten vom Bio-Schwein mit Knödel & Salat:	15,00 €
Halbe Bier:	4,00 €

Juli 2023

1 Ein Eichhofener Hell vom Fass ist ein Genuss.
[Foto: Brauereigasthof Eichhofen]

2 Die Wirtsleute Daniela und Michel-Andreas Schönharting.
[Foto: Brauereigasthof Eichhofen]

3 Emmer-Risotto mit Wildkräuter-Salat, dazu ein Hopfengarten-Bier.
[Foto: Brauereigasthof Eichhofen]

4 Das Gastzimmer, in dem auch regelmäßig Ausstellungen gezeigt werden.
[Foto: Brauereigasthof Eichhofen]

5 Schloss Eichhofen.
[Foto: Benedikt Gessl]

Eichhofen | Brauereigasthof Eichhofen

Pächter:
Daniela und Michel-Andreas Schönharting

Adresse:
Von-Rosenbusch-Straße 3
93152 Eichhofen

Telefon:
09404/1662

E-Mail:
brauereigasthof@eichhofen.de

Öffnungszeiten:
Von Mai bis August
Do. – So. 11.30 – 23.00 Uhr
Do. und Fr. 12.00 – 17.00 Uhr
Brotzeitkarte
von September bis April
Do. und Fr. 17.00 – 23.00 Uhr
Sa. 11.30 – 23.00 Uhr
Sonn- und Feiertage
11.00 – 21.00 Uhr

Ruhetag:
Montag, Dienstag und Mittwoch

Räumlichkeiten:
Restaurant (80 Plätze)
Schützenzimmer (40 Plätze)
Stüberl (20 Plätze)
Festsaal (80 Plätze)

Besonderheiten:
Mitglied bei „Slow Food",
Feiern aller Art, freie Trauung in der Alten Mühle möglich.
Menüvorschläge für die Feiern.
Kräuterwerkstatt.
Regelmäßige Veranstaltungen
Kunst … Kultur … Kulinarik.
Kinder-Speisekarte.
Brauereiführungen.

Biergarten:
Schöner Biergarten mit
80 Plätzen, angrenzend an das Labertal, direkt an der Laber

Bier:
Alle Biere von der Schlossbrauerei Eichhofen,
Weißbier von der Brauerei Schneider, Kelheim

Preise:
Suppen: 7,00 €
Vorspeisen: 5,00 – 15,00 €
Brotzeiten: 6,00 – 11,00 €
Hauptgerichte: 11,00 – 29,00 €
Nachspeisen: 5,00 – 9,00 €

Warme Küche:
Do. und Fr. 17.00 – 21.00 Uhr
Sa. 11.30 – 14.00 Uhr und
17.00 – 21.00 Uhr
Sonn- und Feiertage
11.30 – 15.00 Uhr und
17.00 – 19.00 Uhr

und hervorragendes Essen zu genießen. Und der Brauereigasthof Eichhofen ist weiß Gott längst kein Geheimtipp mehr. Die ausgezeichnete Küche serviert Ihnen auf sehr hohem Niveau abwechslungsreiche, saisonale und regionale Speisen mit Kreativität und bayerischem Hintergrund. Bei den Zutaten und der Zubereitung wird von Küchenchef Felix Wagner auf hervorragende Qualität Wert gelegt. Fleisch in Bio-Qualität, bezogen aus umliegenden Bauernhöfen, Käse von der Bio-Käserei Wohlfahrt, Salat aus Winzer, Juradistel-Lamm, regionales Wild und Kräuter aus dem eigenen Heilkräutergarten. Viele Gerichte werden sogar mit selbstgebrautem Gerstensaft der Brauerei Eichhofen verfeinert. Daniela und Michel-Andreas Schönharting betreiben die Gaststätte und die Brauerei bereits in dritter Generation und das mit großem Erfolg. Während Michel-Andreas Schönharting die moderne Schlossbrauerei leitet, führt seine Frau Daniela mit viel Fingerspitzengefühl und Engagement die Gaststätte. Die Räumlichkeiten sind wahre Wohlfühlorte, sehr einladend und mit wunderbaren Holzvertäfelungen versehen. Hier findet man einen gelungenen Mix aus Reichtum an Geschichte und Kultur vor. Interessante Veranstaltungen bietet auch das Kulturprogramm des Hauses, dort findet bestimmt jeder eine passende Veranstaltung für sich und seine Lieben. Und falls man sich von der schönen Gegend und dem exzellenten Brauereigasthof gar nicht mehr losreißen kann, sollte man eine Übernachtung in einem der hellen und geräumigen Gästezimmer anstreben. Doch bevor es so weit ist, möchten wir Ihnen noch die köstlichen Spezialitäten der Speisekarte näherbringen. Gerichte mit einem modernen Touch kreiert, gutbürgerlich gehoben, sind das Erfolgsgeheimnis des Küchenteams. Selbstverständlich findet man auch vegetarische oder vegane Gerichte täglich in großer Auswahl vor. Auch dabei wird der Anspruch an Geschmack und Kreativität nicht vernachlässigt, ganz im Gegenteil. Selten haben wir so

Übernachten:
Einzelzimmer 75 €, mit Frühstück 90 €
Doppelzimmer 110 €, mit Frühstück 140 €
Frühstück auf dem Zimmer

schmackhafte Fleisch- bzw. fleischlose Gerichte genossen. Kein Wunder, dass in dem Brauereigasthof Eichhofen sogar rein vegetarische Hochzeiten angeboten und ausgerichtet werden. Als wir letztes Mal mit der Familie nach einer Wanderung dort einkehrten, haben sich unsere Kleinen sehr über die Kinder-Speisekarte gefreut. Rasch entschieden sie sich für den kleinen Bio-Schweinebraten mit Knödel und Sauerkraut. Begeistert stellten wir fest, wie wichtig es ihnen bereits ist, die Bezeichnung BIO auf ihrer Karte vorzufinden. Wir Erwachsene hingegen waren uns nur bei der Suppe und dem Dessert einig. Wir entschieden uns alle für Fenchelsuppe mit Kokos, Linsen und Kresse und bei der Nachspeise für ein Holunderblüten-Süppchen mit Heidelbeeren, Lavendel, Kombucha und Pfirsich. Zum Hauptgang befand sich das vegetarische und vegane Gerichte Zweierlei Blumenkohl mit Hummus, Ofen-Blumenkohl und Aubergine, das Fischgericht Confierter Bachsaibling, Zweierlei Fenchel mit weißem Tomatenschaum und Kokos und das Duett vom Reh mit Sellerie, Salbei, Cranberries und Pfifferlingen vor uns auf den Tellern. Und was sollen wir sagen? Es schmeckte einfach vorzüglich! Man merkt einfach, dass der Brauereigasthof Eichhofen Mitglied bei Slow Food ist, einer weltweiten Vereinigung von bewussten Genießern und Konsumenten, die es sich zur Aufgabe gemacht haben, den Erhalt regionaler Esskultur sowie traditioneller Lebensmittel mit dem Tierwohl und biokulturelle Vielfalt zu vereinen. Wir jedenfalls kehren bald wieder in der exzellent organisierten Traditionsgaststätte ein und verbringen mit Sicherheit eine entspannte Zeit in dem wunderschönen und von mächtigen Bäumen umgebenen Biergarten.

Fazit

Der Brauereigasthof Eichhofen ist längst kein Geheimtipp mehr. Die Küche serviert abwechslungsreiche, saisonale und regionale Speisen mit bayerischer Note und einer Prise Experimentierfreude. So sind beispielsweise viele der Gerichte mit Selbstgebrautem verfeinert. Küchenchef Felix Wagner und Sous-Chef Stefan Peschel streben ein hohes Niveau an, was die Zutaten und die Zubereitung betrifft. Die Verwendung von regionalen Produkten ist eine der wichtigsten Voraussetzungen für gleichbleibenden Genuss und hervorragende Qualität. Das zahlt sich aus: Im Oktober 2020 wurde Felix Wagner von der Confrérie De La Chaîne Des Rôtisseurs Bailliage Bavière Orientale zum Chef Rôtisseur ernannt. Hier lohnt es sich, nach einer Wanderung durch das Labertal einzukehren und vielleicht sogar in einem der schönen Zimmer zu nächtigen. Auch Feiern aller Art mit kulinarischer Beratung sind hier möglich.

www.eichhofen.de

Eilsbrunn | Gaststätte Röhrl

Tradition

Biergarten

Foto: Josef Roidl

Gaststätte Röhrl

Beschreibung

Wo fängt man an und womit hört man auf, wenn man von der Gaststätte Röhrl, dem ältesten Wirtshaus der Welt, berichten darf? Vielleicht damit, dass diese seit 1658 in Familienbesitz ist, einen traumhaften Biergarten mit altem und üppigem Baumbestand hat und die dazugehörige Gaststube zu einer der schönsten ihrer Art zählt? Oder damit, dass das Wirtshaus bereits in elfter Generation von Mitgliedern der Familie Röhrl betrieben wird und

SCHWEINEBRATEN INDEX	
Leberknödelsuppe (2 Knödel):	7,00 €
Schweinebraten mit Knödel & Sauerkraut:	15,00 €
Halbe Bier:	4,40 €

Juli 2023

1 Der schattige Biergarten mit altem Baumbestand.
[Foto: Gabi Kiesl]

2 Das Seitenstüberl.
[Foto: Petra Homeier]

3 Der Saal eignet sich für größere Veranstaltungen.
[Foto: Josef Roidl]

4 Das Schlafzimmer aus der Jahrhundertwende ist Teil der Dauerausstellung.
[Foto: Petra Homeier]

auf eine ereignisreiche Geschichte zurückblicken kann? Wie man auch mit seiner Beschreibung beginnen mag – eins ist sicher: Der jetzige Wirt Muk Röhrl und seine Frau Karin betreiben das Wirtshaus mit ebenso viel Herzblut wie ihre Vorfahren. Sie lieben ihr Haus und tun alles, um das ehrwürdige Stück Zeitgeschichte zu erhalten. Und zum Erhalten gibt es wahrlich viel, denn nicht umsonst wird die Gaststätte seit 2010 als ältestes Wirtshaus der Welt geführt. Der Guinness-Buch-Rekord bezieht sich auf die durchgehende Öffnung seit 1658. Seit über 350 Jahren! Da ist es nur verständlich, dass die Gaststätte laut „Genuss mit Geschichte" zu den 50 schönsten denkmalgeschützten Wirtshäusern in ganz Bayern gehört. Begeben wir uns doch mal gedanklich in die historischen Gebäude. Im Haupthaus von 1902 befindet sich im Erdgeschoss der holzvertäfelte Festsaal, der Platz für 250 Gäste bietet. Die urgemütliche Gaststube mit Rundumbank und naturbelassenen Ahorntischen aus den 30er Jahren sucht ebenfalls ihresgleichen. Mit einer majestätischen Raumhöhe von über fünf Metern ist er der ideale Raum für besondere Feierlichkeiten, an die man sich begeistert erinnern wird. Im sogenannten Verschlag, dem VIP-Tisch der Vorfahren des Hauses, wurde einst aus einem begonnenen Früh- ein Dämmerschoppen. Daher wohl auch die Bezeichnung „Affenkasten", weil die Herren manchmal einen „Affenrausch" mit nach Hause genommen haben. Unser Lieblingsraum ist das Seitenstüberl. Hier sitzt man mit direktem Blick auf den Biergarten an Stühlen und Tischen, die aus unterschiedlichen Epochen der Wirtshausgeschichte stammen und in mühevoller Handarbeit restauriert wurden. Nicht selten haben wir in diesem Raum schon gut gespeist und rustikales Biergulasch mit gebratenen Serviettenknödeln und veganes Gerstenrisotto mit geröstetem Urdinkel und Pesto genossen. Das Dessert, ein handgezogener Apfelstrudel mit Vanilleeis und Sahne, rundete den Abend ab. Nur im Biergarten, da bleiben wir dem „Deftigen Dreierlei" treu, den sogenannten Brotzeiten im Glasl. Wahlweise kann man dabei aus sechs Gerichten drei auswählen und diese werden dann am Holzbrett mit Schwarzbrot serviert. Zur Wahl stehen meist Regensburger oder Schweizer Wurstsalat, Obatzda, Kartoffelkas, Hummus oder Griebenschmalz. Wir haben schon alle Variationen ausprobiert und müssen leider sagen: Die Wahl wird einem nicht leicht gemacht. Dazu noch ein bayerisches, süffiges Bier – auch da hat man die Wahl, denn als brauereifreie Gaststätte bietet der Röhrl fast alle Biersorten, die das Herz begehrt. Unser Tipp: Nutzen Sie an den Feiertagen doch mal den Gansheimflugservice, die Festtagsgeflügel-Bestellmöglichkeit. Gänse und Enten werden portioniert und fertiggebraten, danach gut verpackt und heiß und auslaufsicher für Sie in einer Thermobox zur Abholung bereitgestellt. Wir jedenfalls haben uns dieses Jahr

Pächter:
Bräubazi GmbH

Adresse:
Regensburger Straße 3
93161 Eilsbrunn

Telefon:
09404/2112

E-Mail:
info@gaststaette-roehrl.de

Öffnungszeiten:
1. Mai – 30. September
Mo., Do. – Fr. ab 17.00 Uhr
Sa., So. und Feiertag
ab 11.00 Uhr
1. Oktober. – 30. April
Mo. und Fr. ab 17.00 Uhr
Sa., So. und Feiertag
ab 11.00 Uhr

Ruhetag:
1. Mai. – 30. September
Dienstag und Mittwoch
1.10. – 30.4. Dienstag,
Mittwoch und Donnerstag

Räumlichkeiten:
Gaststube (60 Plätze)
Nebenzimmer (25 Plätze)
Seitenstüberl (40 Plätze)
Saal (250 Plätze)
Schützenvereinszimmer
(60 Plätze)

Besonderheiten:
Jeden Montag ab 17.00 Uhr hausgebeizte Ripperl „so vui wia'st zwingst". Perfekte Kulisse für Feierlichkeiten aller Art. Bayerisch festlicher Saal oder historisches Gewölbe im Hotel nebenan für Hochzeiten. Tagungen und Seminare mit moderner Technik bei bester Verpflegung. „Euröhrls", die extra kreierten Gutscheine. Eigener Cateringservice sowie „Gansheimflugservice" (Abholservice für gebratene oder vorgebratene Gänse oder Enten, vorbestellbar bis 8. Dezember). Ausstellung. Eigener Twitch-Kanal mit Events.

Biergarten:
Schöner Biergarten vor dem Haus mit 420 Plätzen

Bier:
Pils, Helles und Weißbier vom Röhrl-Bräu, Straubing, Dunkles von Brauerei Weltenburg, Weißbier von Brauerei Schneider, Kelheim, Eichhofener Pils

Preise:
Suppen: 4,00 – 7,00 €
Brotzeiten: 10,00 – 14,00 €
Hauptgerichte: 14,00 – 23,00 €
Nachspeisen: 3,00 – 8,00 €

Warme Küche:
Durchgehend

Übernachten:
26 Doppelzimmer in der ehemaligen Brauerei, buchbar unter www.hotel-roehrl.com

4

bereits im schattigen Biergarten dank des Gansheimflugservices dazu entschlossen, den Feiertagen mal ganz entspannt zu begegnen. Man kann ja nie zu früh mit der Planung für die staade Zeit anfangen.

Fazit

Die Gaststätte Röhrl in Eilsbrunn ist das älteste bewirtschaftete Wirtshaus in Bayern und laut Guinness-Buch der Rekorde sogar das älteste Wirtshaus der Welt. Karin und Muk Röhrl sind mittlerweile in der 11. Generation Gastronomen und arbeiten beständig an sich und dem hervorragenden Personal, um zu den besten Adressen in Regensburg und Umgebung zu gehören. Dieses Ziel haben sie bereits unter anderem durch überregionale Aufmerksamkeit erreicht, was eine große Anzahl von Zertifikaten und Fernsehauftritten beweisen. Neben zahlreichen bayerischen Schmankerln wird eine frische, vielfältige Küche mit regionalen Produkten, auch aus der eigenen Jagd, angeboten. Man kann hier auch große Feiern oder Tagungen abhalten, das angebotene, vielfältige Catering nutzen oder sich die hauseigene Ausstellung mit Erinnerungen, Gerätschaften und Utensilien vergangener Zeiten ansehen.

www.gaststaette-roehrl.de

 Tradition
 Brauerei
 Biergarten

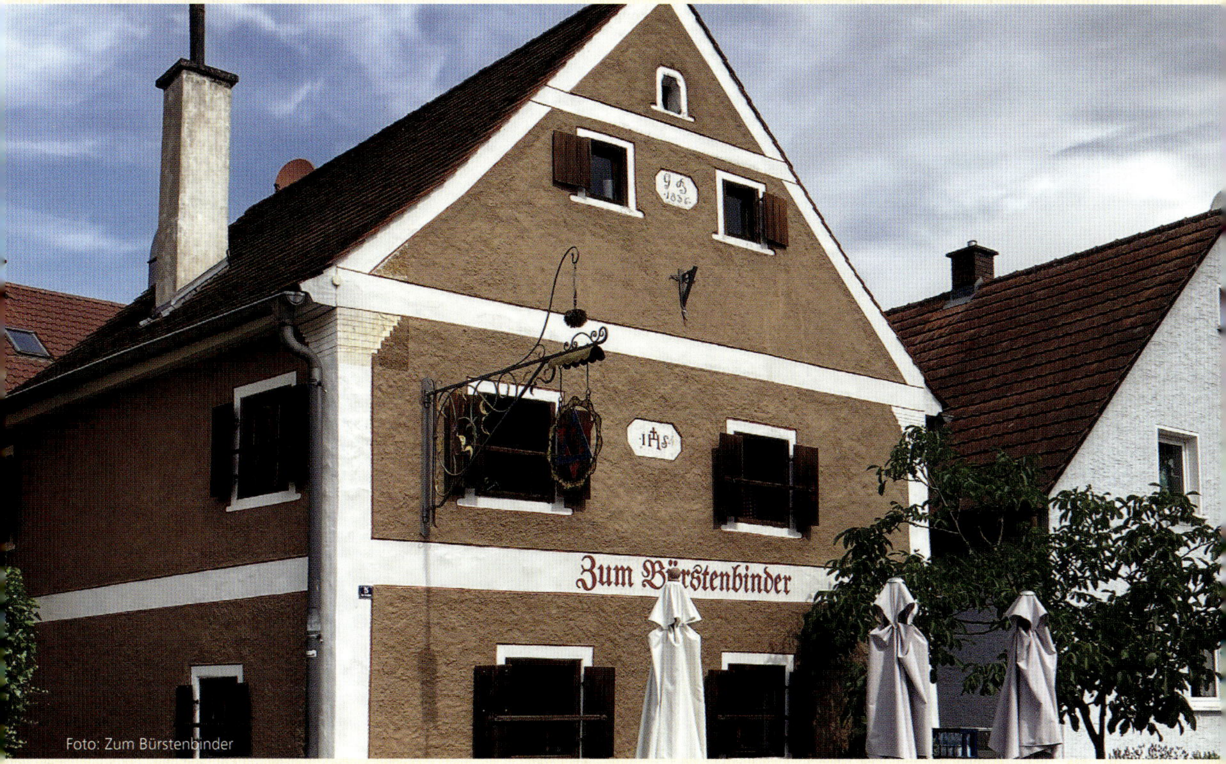

Zum Bürstenbinder

Beschreibung

Das kleinste Wirtshaus der Oberpfalz, vielleicht sogar das kleinste in ganz Bayern, ist der Bürstenbinder in Kallmünz. Den urigen Gasthof findet man auf einem kleinen Platz, direkt am Maibaum. Das kleine Häuschen, das eine einladende rotbraune Fassade hat und um die Jahrhundertwende erbaut wurde, bewohnte einst eine Bürstenbinderfamilie – daher stammt auch der Name des Wirtshauses. Wo man einst eine Stallung und die Werkstatt des

Oberpfälzer Kartoffelsuppe:	4,80 €
Bauchstecherla:	8,50 €
Halbe Bier:	3,90 €

Juli 2023

damaligen Handwerkers vorfand, findet man heute die Küche und eine urige Gaststube vor. Bereits beim Eintreten merkt man schnell, dass man gerade eines der kleinsten Häuser von Kallmünz betritt. Denn man sollte besser in gebückter Haltung die Stube betreten. Niedrige Türstöcke, alte Tische, dunkles Holz, karierte Sitzkissen und ein Kanonenofen lassen schnell die Geschichte des Lokals, die bis ins Mittelalter reicht, erahnen. An den wenigen Tischen, ganze drei an der Zahl, kommt man zusammen, sitzt man bei- und nebeneinander. Hier isst man die bekannten Bauchstecherla, meist klassisch mit Speck, und prostet sich mit einer Gänsbügl-Halbe zu. Für die Biere, die das Team von OANS selbst braut, werden ausschließlich Zutaten aus biologischem Anbau verwendet. Ebenso bei allen Gerichten, die auf der übersichtlichen Speisekarte vorzufinden sind. Neben Bauchstecherla in verschiedenen Variationen sind vor allem auch die Fleisch- und Gemüsestrudel sehr beliebt und die vegane Kartoffelsuppe wärmt bestens an kalten Tagen. Sie fragen sich, was Bauchstecherla sind, beziehungsweise warum sie so heißen? Das sind in der Pfanne gebratene Oberpfälzer Mehlteigröllchen. Man erhält sie wahlweise mit Kraut, Speck, Ei, Schinken und Zwiebeln mit Lauch und Knoblauch oder mit Bauernseufzern und Kraut, und sie schmecken hervorragend zu dem selbstgebrauten Bier. Doch auch mit Zimt und Zucker und einer Tasse Kaffee sind sie ein Gaumenschmaus. Übrigens, neben dem Bier werden auch für alle angebotenen Speisen ausschließlich Zutaten aus biologischem Anbau verwendet. Kehren Sie doch einfach bei Ihrem nächsten Kallmünz-Besuch beim Bürstenbinder ein oder nutzen Sie in den Sommermonaten die Freisitze vor dem Haus und überzeugen Sie sich selbst von den legendären Bauchstecherla. Trinken Sie ein schwarzes, rotes oder weißes Gänsbügl oder gar ein Haus-Bockbier, den sogenannten Malmator. Eins ist sicher: Sie werden es nicht bereuen!

Inhaber:
Jürgen Böhm

Adresse:
Am Graben 5
93183 Kallmünz

Telefon:
09473/8552

E-Mail:
kontakt@zum-buerstenbinder.com

Öffnungszeiten:
Fr. – Di. 11.00 – 23.00 Uhr
So 11.00 – 17.00 Uhr

Ruhetag:
Mittwoch und Donnerstag

Räumlichkeiten:
Wirtsstubn (25 Plätze)

Besonderheiten:
Kleinstes Wirtshaus der Oberpfalz (vielleicht sogar von Bayern). Eigene Brauerei, eigene Destillerie mit edlem Whisky, Gin und Likören.

Biergarten:
Gemütlicher Freisitz vor dem Haus (20 Plätze)

Bier:
Schwarzes, weißes und rotes „Gänsbügl"-Bier aus der eigenen Brauerei, Alkoholfreies von der Schloßbrauerei Naabeck, leichtes Jura-Weißbier

Preise:
Suppen: 4,80 €
Hauptgerichte: 9,80 – 12,80 €

Warme Küche:
Durchgehend
11.00 – 21.00 Uhr

1 Die urige und kuschelige Gaststube.
[Foto: Zum Bürstenbinder]

2 Destillate des „täglichen Gebrauchs und Verbrauchs".
[Foto: Zum Bürstenbinder]

Foto: Josef Roidl

2

Fazit

Das Wirtshaus Zum Bürstenbinder im schönen Künstlerort Kallmünz, unweit vom Ufer der Naab, ist wohl das kleinste Wirtshaus der Oberpfalz und das heißt: zusammenrücken. Seit 1989 fließt das selbstgebraute Bier und besticht das Bauchstecherl – der Klassiker der wohlgeordneten Speisekarte.
Der Bürstenbinder steht für eine Wirtshauskultur, wie sie kaum noch zu finden ist. Kult! Zusammen mit dem zugehörigen Gasthof zum Goldenen Löwen, der eigenen Brauerei, der eigenen Destillerie CALLM und dem angeschlossenen Boutique-Hotel im „Schloss Raitenbuch" firmiert der Bürstenbinder unter dem Namen OANS in und um Kallmünz und bringt Ess- und Trinkkultur sowie Kultur selbst unter einen sehr empfehlenswerten Hut.

www.zum-buerstenbinder.com

 Tradition
 Brauerei
 Biergarten
 Gästezimmer

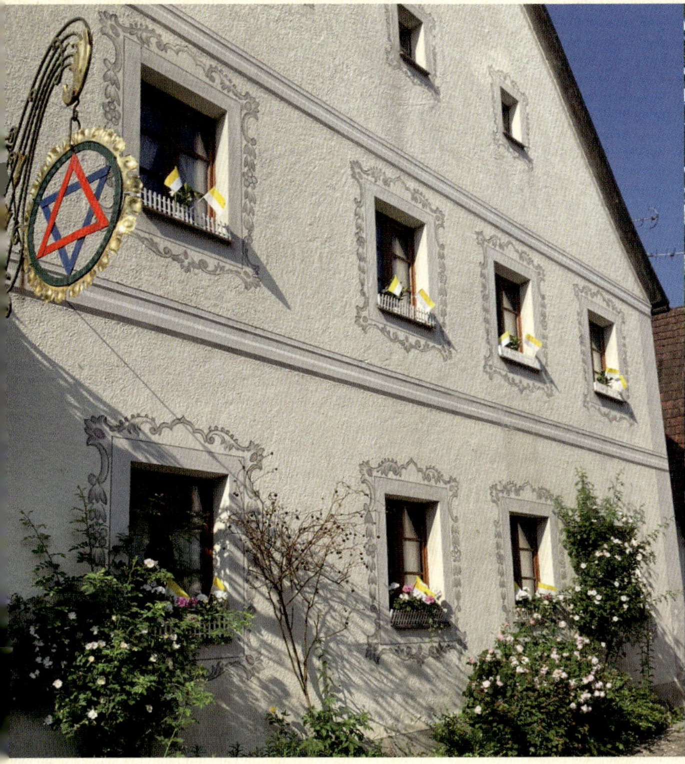

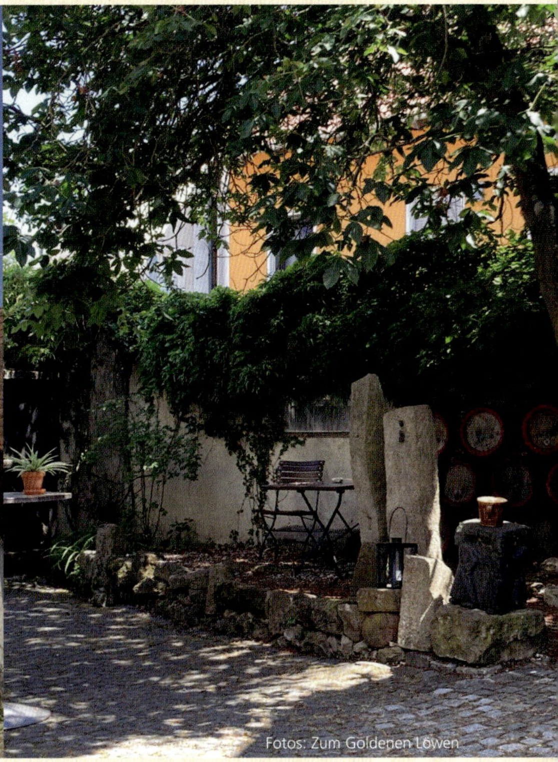

Fotos: Zum Goldenen Löwen

Gasthof und Brauerei Zum Goldenen Löwen

Beschreibung

Oberpfälzer Gastlichkeit und bayerische Lebensart versteht das Team des „Goldenen Löwen" (OANS) rund um Franziska Luber-Böhm und Jürgen Böhm von jeher. Gasthof und Brauerei „Zum Goldenen Löwen" stehen für schmackhafte Gerichte, ausgezeichnetes Bier aus der eigenen Brauerei und exzellente Auswahl an ausschließlich deutschen Weinen.

Leberconsommé, Lebernockerl, Julienne:	8,00 €
Kalb fachiert mit Kartoffeln und Radieserl:	24,00 €
Halbe Bier:	4,00 €

Juli 2023

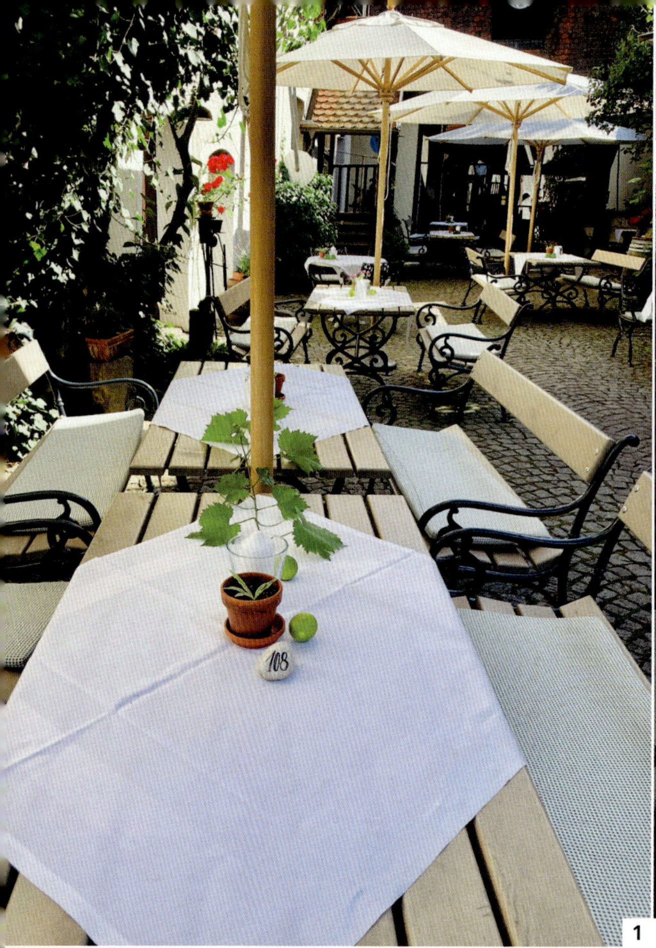

1 2

3

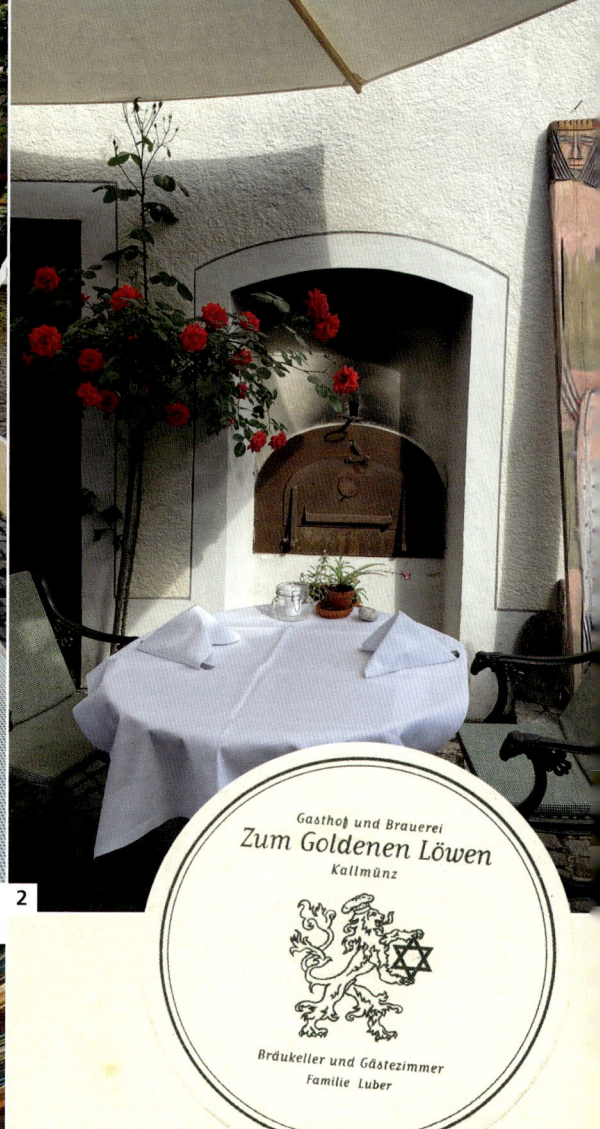

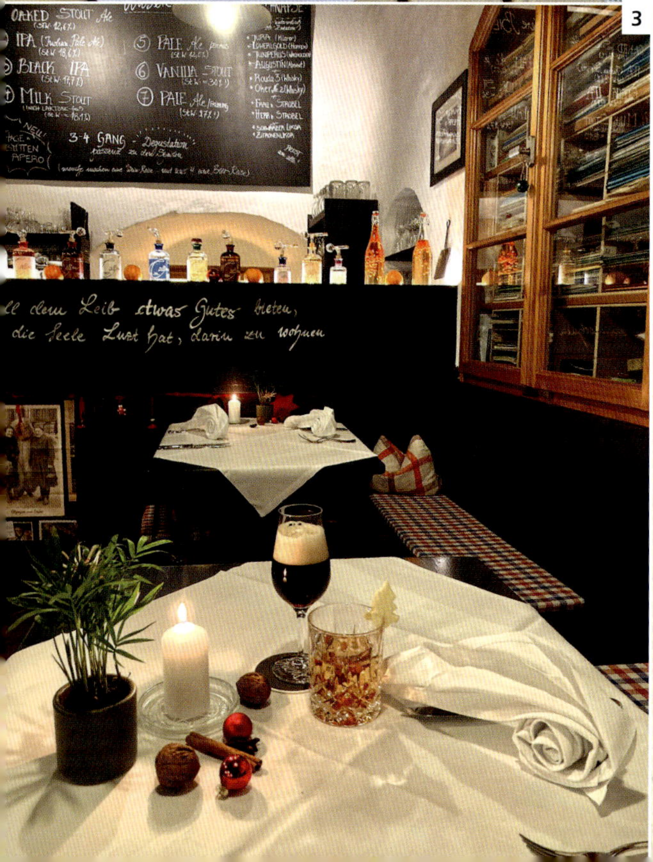

Gasthof und Brauerei
Zum Goldenen Löwen
Kallmünz

Bräukeller und Gästezimmer
Familie Luber

1 + 2 Schön gedeckte Tische im romantischen Innenhof.
[Foto: Zum Goldenen Löwen]

3 Ein Platz zum Verweilen.
[Foto: Zum Goldenen Löwen]

4 Das Inhaber-Ehepaar: Franziska Luber-Böhm & Jürgen Böhm.
[Foto: Zum Goldenen Löwen]

5 + 6 + 7 Impressionen aus OANS.
[Foto: Zum Goldenen Löwen]

Ein Abend in dem schönen Gasthof verspricht immer viel und hält es auch. Besonders der wunderschöne und romantische Innenhof gibt einem ein mediterranes Urlaubsgefühl. Man kann es nicht besser betiteln als mit „Perle der Oberpfälzer Wirtshauskultur". Liebevoll wurde diese Kultur über die Jahre erhalten und bis zum heutigen Tag weitergeführt. Aus voller Überzeugung und mit allem Bestreben werden sowohl für die Küche als auch für die Brauerei alle Produkte aus der Region und aus biologischer Erzeugung bezogen. Und selbst im Übernachtungsbereich wird Wert auf Nachhaltigkeit gelegt. Ganze acht Doppelzimmer im „Goldenen Löwen" und acht im Schloss Raitenbuch stehen für Übernachtungsgäste bereit. Doch kommen wir nun etwas expliziter auf die Küche des Hauses zu sprechen. Wer in der Vergangenheit schon mal das große Glück hatte, im Gasthof „Zum Goldenen Löwen" speisen zu dürfen, der wird bestimmt unserer Behauptung beipflichten, dass man schmecken kann, dass hier mit sehr viel Herzblut gekocht wird. Denn Oberpfälzer Spezialitäten und deftige Schmankerln werden hier gleichermaßen mit hoher Kochkunst auf die Teller gezaubert. Wie wäre es zum Beispiel mal mit Schlutzkrapfen mit Zitronenfrischkäse, Trüffeln und Salat? Oder mit Meerrettichgraupen-Risotto, Rote-Bete-Chips und pochiertem Ei? Oder als Nachspeise eine süße Kartoffeltarte mit weißer Schokolade, Pistazien und hausgemachtem Sauerrahmeis? Und zur Verdauung gibt es dann bestenfalls ein feines Destillat aus der hauseigenen Destillerie CALLM. Entstanden aus dem Wunsch heraus, das hauseigene Bier noch stärker zu veredeln, war der Weg vom Bier zu mehr eine logische Erweiterung. Das

Inhaber:
Franziska Luber-Böhm & Jürgen Böhm GdbR

Adresse:
Alte Regensburger Straße 18
93183 Kallmünz

Telefon:
09473/380

E-Mail:
info@zum-goldenenloewen.de

Öffnungszeiten:
Do. – Sa. 18.00 – 21:00 Uhr
So. 11.00 – 14.00 Uhr

Ruhetag:
Montag, Dienstag und Mittwoch
Gästezimmer/Übernachtung durchgehend

Räumlichkeiten:
Alte Stubn (40 Plätze)
Gewölbe (18 Plätze)
Saal (70 Plätze)

Besonderheiten:
Traditionelles Gasthaus in schönem Ambiente, eigene Brauerei, eigene Destillerie mit edlem Whisky, Gin und Likören.

Biergarten:
Angenehmer ruhiger Biergarten im Innenhof

Bier:
Schwarzes, weißes und rotes „Gänsbügl"-Bier aus der eigenen Brauerei, Alkoholfreies von der Schloßbrauerei Naabeck, leichtes Jura-Weißbier

Preise:
Suppen: 8,00 €
Hauptgerichte: 17,00 – 34,00 €
Nachspeisen: 4,50 – 9,50 €

Warme Küche:
Durchgehend bis 21.00 Uhr

Übernachten:
16 Doppel- oder Dreibettzimmer
(95 € – 195 €), teilweise im Schloss Raitenbuch

aus biozertifizierten Betrieben verwendete Grundprodukt Malz wird dabei zum Bier ohne Hopfen gebraut und in der Brennanlage zu einem Destillat gebrannt. Anschließend lagert der frische Bierbrand in Fässern aus dem Spessart und Bio-Rotwein-Eichenfässern aus Franken und Österreich. Und das immer auf Basis des hauseigenen Bieres, das in der Hausbrauerei „Zum Goldenen Löwen" in einem alten Eisen-Sudkessel entsteht und somit das Grundprodukt für alle Destillate des Hauses ist. Und wer sich am Ende eines gelungenen Abends noch etwas aus der hauseigenen Manufaktur im Brauereigasthof „Zum Goldenen Löwen" mitnehmen möchte, kann dies gerne tun. Eigene Gänsbügl-Biere, selbstgebrannter Gin und Whisky kann käuflich im WORK-SHOP der Manufaktur OANS erworben werden. Direkt hier, mitten in malerischen Künstlerort Kallmünz, in der Manufaktur des idyllisch gelegenen Brauereigasthofs „Zum Goldenen Löwen".

Fazit

Der Brauereigasthof „Zum Goldenen Löwen" bietet hausgebrautes Bier, zu dem regionale, traditionelle, saisonale und auch durchaus ausgefallene Gerichte gereicht werden. Man kann sich diese köstlichen Speisen auch im idyllischen Biergarten des Hauses munden lassen, sich anschließend vielleicht einen erlesenen Whisky aus der hauseigenen Destillerie zu Gaumen führen und sich dann ein schönes Zimmer im Haus oder im zugehörigen, nahegelegenen Hotel im Schloss Raitenbuch nehmen. Zusammen mit dem nicht weit entfernten Gasthof zum Bürstenbinder, der eigenen Brauerei, der eigenen Destillerie CALLM und dem angeschlossenen Hotel im Schloss Raitenbuch firmiert der „Goldene Löwe" unter dem Namen OANS in und um Kallmünz und bringt Ess- und Trinkkultur sowie Kultur selbst unter einen sehr empfehlenswerten Hut.

www.zum-goldenenloewen.de

Karlstein | Gaststätte Lautenschlager

 Tradition
 Biergarten
 Gästezimmer

Foto: Josef Roidl

Gaststätte Lautenschlager

Beschreibung

Unweit von Ramspau entfernt liegt das kleine Örtchen Karlstein und dort ist auch die Gaststätte Lautenschlager beheimatet. Direkt unterhalb des Schlosses steht das imposante Wirtshausgebäude, das nun seit mehr als hundert Jahren im Besitz der Familie Lautenschlager ist. Eingebettet in die wunderschöne Regentallandschaft lädt das Haus unweigerlich zur Einkehr ein. Gegenüber dem Gasthaus, direkt an dem neu angelegten Dorfweiher, sieht

Schweinebraten mit Knödel & Salat:	14,90 €
Halbe Bier:	4,70 €

Juli 2023

1 Die Terrasse.
[Foto: Gaststätte Lautenschlager]

2 Käsespätzle.
[Foto: Gaststätte Lautenschlager]

3 Blick vom oberen Teil der Biergartenwiese auf den Gasthof.
[Foto: Gaststätte Lautenschlager]

4 Festlich eingedeckte Tische auf der Wiese oberhalb des Dorfweihers.
[Foto: Gaststätte Lautenschlager]

5 Gästezimmer.
[Foto: Gaststätte Lautenschlager]

Karlstein | Gaststätte Lautenschlager

man schon von Weitem die großflächige Biergartenwiese, auf der man in den Sommermonaten unter schattigen Kastanienbäumen barfuß am Tisch sitzen kann. Während die einen erstmal bei einem kühlen Bier ihre Blicke über den kleinen See schweifen lassen, können die anderen ihr deftiges Schmankerl kaum mehr erwarten. Rasch eilen sie zur Essensausgabe und genießen in dem komplett bestuhlten Selbstbedienungsbiergarten die schönste Zeit des Jahres. Doch auch in den Wintermonaten lässt es sich hier gut aushalten. Die herrliche Wiese bietet nämlich eine stimmige Kulisse zur Einstimmung auf die staade Zeit. Am wärmenden Lagerfeuer mit Glühwein oder Feuerzangenbowle lässt sich bei wohligem Holzknistern unter freiem Sternenhimmel kaum besser die Vorweihnachtszeit genießen. Die gemütliche Wirtsstube und das Nebenzimmer hingegen sind selbstverständlich ganzjährig geöffnet. Geschmackvoll und sehr geräumig eingerichtet füllt sie sich schnell mit Gästen aus nah und fern. Daher ist man immer gut beraten, wenn man – vor allem an Sonn- und Feiertagen – vorher einen Tisch beziehungsweise einen Platz reserviert. Für Hochzeiten und ähnlich große Feierlichkeiten fällt die Wahl schnell auf den schönen Saal im ersten Stock, in dem man gut hundert Personen miteinander feiern lassen kann. Für besondere Anlässe kann sogar ein Partyzelt oder eine Blockhütte mit offenem Kamin genutzt werden. Egal zu welchem Anlass man sich auch zur Gaststätte Lautenschlager aufmacht, auf typische bayerische Küche, gepaart mit großem handwerklichen Geschick, kann man sich verlassen. Wie wäre es zum Beispiel mal mit einem frisch vom Feld gepflückten und bunt gemischten Blattsalat an Aceto-Balsamico-Vinaigrette mit gebratenen Pilzen oder hausge-

Inhaber:
Wolfgang Lautenschlager

Adresse:
Schloßparkstraße 3
93128 Regenstauf

Telefon:
09402/5393

E-Mail:
info@landgasthof-lautenschlager.de

Öffnungszeiten:
Mi. und Fr. 11.00 – 14.00 Uhr und 17.00 – 22.00 Uhr
Sa. 11.00 – 22.00 Uhr
So. 11.00 – 19.00 Uhr

Ruhetag:
Montag, Dienstag und Donnerstag

Räumlichkeiten:
Gaststube (45 Plätze)
Nebenzimmer (50 Plätze)
Saal (90 Plätze)

Besonderheiten:
Dorfladen mit Schmankerln aus der Hausmetzgerei und Backstube, kleinen Dingen des Alltags sowie kleine Geschenkideen. Feiern aller Art möglich, drinnen und draußen. Cateringservice inkl. Tische, Bänke, Teller, Besteck, Dekoration usw.

Biergarten:
Sonnenterrasse (60 Plätze)
Große Biergartenwiese gegenüber mit Selbstbedienung

Bier:
Thurn und Taxis Helles, Pils und Weizen; Erdinger Weizen und Pikantus Weizenbock; Paulaner Helles, Weizen, Dunkel
St. Wolfgang, Salvator, Roggen

Preise:
Brotzeiten: 9,90 – 14,50 €
Hauptgerichte: 9,80 – 25,90 €
Nachspeisen: 7,50 – 13,50 €

Warme Küche:
11.30 – 14.00 Uhr und
17.00 – 20.30 Uhr

Übernachten:
14 gemütliche, ruhige Zimmer
(1 – 3 Personen),
Preise zwischen
38 € und 110 €

räuchertem Wildschweinschinken? Oder Sie wählen aus der Vielzahl an Pfannen- und Bratengerichten? Vielleicht doch lieber etwas Vegetarisches wie gebackenes Seelachsfilet mit Kartoffelsalat? Eins können wir Ihnen jedenfalls versprechen: Koch und Metzgermeister Wolfgang Lautenschlager und seine Frau Stefanie werden auf jeden Fall ihrem Motto gerecht: „Einkehren, wohlfühlen und genießen …!"
Denn das tun wir nicht nur persönlich immer wieder gern, sondern auch unzählige Gäste des Hauses.

Fazit

Im Landgasthof Lautenschlager in Karlstein kann man traditionelle, gutbürgerliche Küche sowie besondere saisonale Menüs in typisch bayerischer Gemütlichkeit genießen. Nicht weit von Regensburg entfernt, im schönen Regental gelegen, lohnt es auch, sich eines der schönen Zimmer zu buchen und die zahlreichen Rad- und Wanderwege zu erkunden. Interessant ist diese Gegend auch für Angler, Kulturinteressierte, Boot- oder SUP-Fahrer sowie auch für Motorradfahrer.

www.landgasthof-lautenschlager.de

Tradition   **Biergarten**   **Gästezimmer**

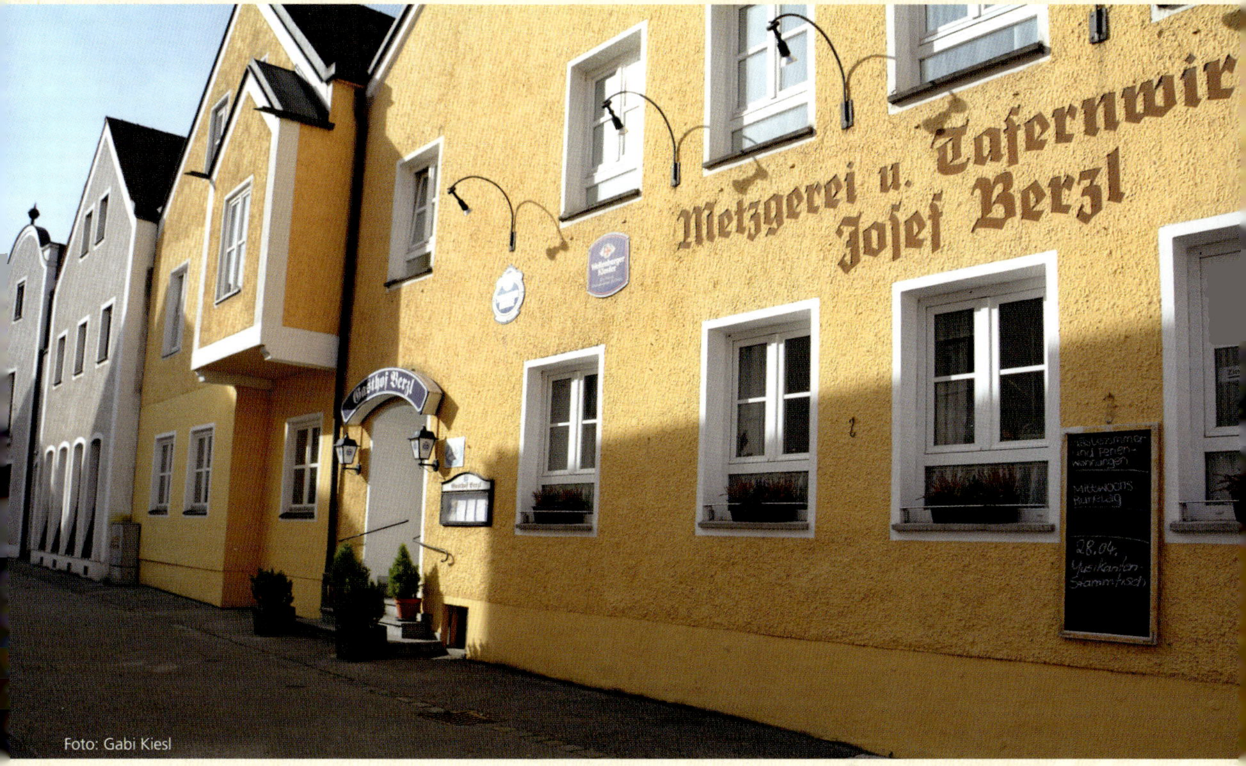

Foto: Gabi Kiesl

Gasthaus Berzl

Beschreibung

Wenn man inmitten der schönen Herzogstadt Kelheim steht und seinen Blick Richtung Altmühl auf das Altmühltor richtet, fällt einem unweigerlich die freundliche gelbe Fassade das Gasthofes Berzl auf, die sich unmittelbar an das mittelalterliche Stadttor fügt. Mitten im Herzen der malerischen Altstadt und direkt am blauen Altmühlufer gelegen, erfreut sich das altbayerische Wirtshaus nicht nur bei Einheimischen, sondern vor allem auch bei Touristen

Leberknödelsuppe:	3,90 €
Schweinebraten mit Knödel & Salat:	11,40 €
Halbe Bier:	3,70 €

Juli 2023

1 Schnitzel nach Wiener Art. [Foto: Gabi Kiesl]

2 Hausplatte mit Fleischpflanzerl, Speck, Schweinsbratwürstl und Holzfällersteak mit Sauerkraut. [Foto: Gabi Kiesl]

3 Gasthof Berzl in unmittelbarer Nähe des mittelalterlichen Stadttores. [Foto: Gabi Kiesl]

4 Tages-Schmankerl, die liebevoll auf Schiefertafeln an der Wand der Gaststube bekanntgegeben werden. [Foto: Gabi Kiesl]

5 Urgestein – Servicekraft Andrea. [Foto: Gabi Kiesl]

und Ausflüglern großer Beliebtheit. Und sind wir doch mal ehrlich – was gibt es Schöneres als in dem sonnigen Biergarten zu sitzen und auf den Fluss zu blicken? Und was gibt es Unvorstellbareres als die Tragödie, dass einst im Jahre 1890 das Wirtshaus bis auf die Grundmauern abbrannte? Wesentlich erfreulicher ist, dass die heutige Gastwirtschaft bereits in der sechsten Generation gastfreundlich von der Familie Berzl geführt wird. Bekannt ist das Wirtshaus längst nicht nur für gutbürgerliche, preiswerte Küche, sondern auch für die schönen Wirtshausräume im rustikalen Stil und die modernen und lichtdurchfluteten Fremdenzimmer, die Urlauber und durchaus auch größere Reisegruppen herzlich empfangen können. Im Wirtshaus selbst ist man stolz darauf, Fleisch- und Wurstwaren aus eigener Herstellung in der Küche verarbeiten zu können. Spezialitäten des Hauses sind nicht nur reich garnierte Schlachtteller oder das über die Landesgrenzen hinaus bekannte niederbayerische Bauerngeräucherte, sondern durchaus auch die einen oder anderen Tages-Schmankerln, die liebevoll auf Schiefertafeln an der Wand der Gaststube bekanntgegeben werden.

Wir haben uns letztens für Berzls sogenannte Hausplatte mit Fleischpflanzerl, Speck,

Inhaber:
Franziska Berzl

Adresse:
Hafnergasse 2
93309 Kelheim

Telefon:
09441/1425

Telefax:
09441/28991

E-Mail:
josefberzl@web.de

Öffnungszeiten:
Täglich außer Mittwoch
11.00 – 22.00 Uhr,
durchgehend warme Küche
11.00 – 20.30 Uhr

Ruhetag:
Mittwoch

Räumlichkeiten:
Gastraum (60 Plätze)
2 Nebenräume (à 50 Plätze)

Besonderheiten:
Im Herzen der malerischen Kelheimer Altstadt gelegen.
Musikantenfreundliches Wirtshaus.
Hausgemachte Liköre und Marmeladen zum Verkauf.

Biergarten:
Der lauschige Biergarten bietet einen herrlichen Ausblick auf die Ausläufer des Altmühltals und ist direkt am Flussufer des Rhein-Main-Donau-Kanals gelegen. Er bietet ca. 100 Besuchern Platz.

Bier:
Biere von der Weltenburger Klosterbrauerei, Privatbrauerei G. Schneider & Sohn, Kelheim, Riedenburger Brauhaus

Preise:
Suppen: 3,50 – 3,90 €
Brotzeiten: 6,40 – 11,90 €
Hauptgerichte: 9,90 – 17,50 €
Nachspeisen: 3,50 – 5,50 €

Warme Küche:
Durchgehend zu den Öffnungszeiten

Übernachten:
Es gibt Gästezimmer im Gasthof Berzl, man kann jedoch auch Ferienwohnungen im zugehörigen Gästehaus in der Kelheimer Innenstadt, direkt an der Uferpromenade des Rhein-Main-Donau-Kanals, mieten.

Schweinsbratwürstl und Holzfällersteak mit Sauerkraut und für ein knuspriges Käseschnitzel mit Salat entschieden. Beides war – wie zu erwarten – ein Genuss und wurde jeweils mit Röstkartoffeln serviert. Für alle Suppenliebhaber, die gute Hausmannsküche bevorzugen, ist besonders die fast vergessene Eierflockensuppe ein Gaumenschmaus, der Kindheitserinnerungen weckt. Und wenn einem dann diese bayerischen Schmankerln auch noch von einem wahren Urgestein wie Servicekraft Andrea serviert werden, dann schmeckt das, was man vor sich auf dem Teller vorfindet, gleich nochmal so gut. Inhaberin Franziska Berzl weiß, wie man ein Traditionswirtshaus führt. Bei gutem Essen und einem Weltenburger Barock Dunkel vom Fass verweilt man gerne etwas länger als geplant. Und für alle Liebhaber volkstümlicher Musik hat das „Musikantenfreundliche Wirtshaus" im November auch einiges zu bieten. Denn dann laden die Oberpfälzer Volksmusikfreunde jeden Donnerstag, Freitag und Samstag wieder zu den Kelheimer Volksmusiktagen ein. Zuhören und mitsingen sind ausdrücklich erwünscht! Doch vergessen Sie nicht, rechtzeitig bei Berzls zu reservieren! Und für diejenigen, die sich gar nicht von dem schönen Wirtshaus trennen können, haben wir noch einen besonderen Tipp: Man kann sich nämlich auch gerne eine hochprozentige Erinnerung mit nach Hause nehmen. Denn hausgemachte Liköre in den Sorten Bier, Mokka, Holunderblüte, Quitte, Quitte-Orange-Zimt oder Bratapfel können einem durchaus das Wiedersehen im schönen Gasthaus Berzl verkürzen.

Fazit

Der in sechster Generation betriebene Gasthof Berzl inmitten der schönen Kelheimer Altstadt lockt mit traditionell bayerischer Küche. Ein Highlight im November sind die Volksmusiktage, bei denen den ganzen November über Donnerstag bis Samstag bayerische Volksmusik vom Feinsten in dem schönen, rustikal eingerichteten Gasthof dargeboten werden.

www.gasthof-berzl-kelheim.de

 Tradition
 Biergarten
 Gästezimmer

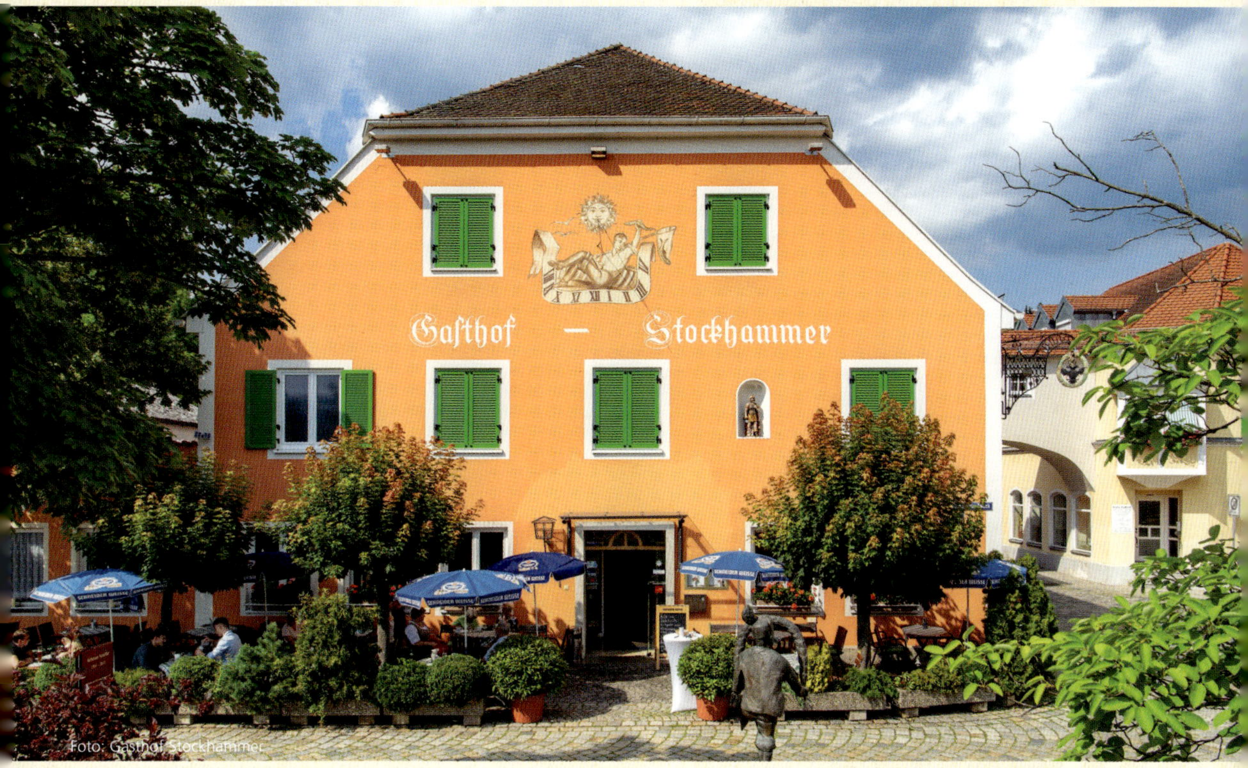

Gasthof Stockhammer

Beschreibung

Das Gebäude des Gasthofes Stockhammer ist bereits über fünfhundert Jahre alt und diente einst als Unterstellmöglichkeit für Pferde und Kutschen der Besucher der Stadt. Seit nunmehr über siebzig Jahren ist die Familie Greinwald Besitzer des Traditionswirtshauses. Direkt im Herzen der schönen Stadt Kelheim, unmittelbar an der Fußgängerbrücke und somit auch am Altmühl-Radweg gelegen, bietet der über die Grenzen hinaus bekannte

SCHWEINEBRATEN INDEX	
Leberspätzlesuppe:	5,80 €
Schweinebraten mit Knödel & Salat:	13,50 €
Halbe Bier:	3,90 €

1 + 2 + 3 Da kommt man direkt in Versuchung, gleich alle drei Gerichte zu bestellen. [Foto: Gasthof Stockhammer]

4 Der Chef an seinem liebsten Ort ... der Küche. [Foto: Gasthof Stockhammer]

5 Der historische Ratskeller mit seinem alten Steingewölbe. [Foto: Gasthof Stockhammer]

6 Markantes Ambiente für besondere Anlässe. [Foto: Gasthof Stockhammer]

7 Drei Generationen – ein Team: die Familie Greinwald. [Foto: Gasthof Stockhammer]

8 Mit Liebe eingerichtete Gästezimmer, auf dem neuesten Stand. [Foto: Gasthof Stockhammer]

9 Selbst das Zimmer lädt zum Verweilen ein. [Foto: Gasthof Stockhammer]

Kelheim | Gasthof Stockhammer

Inhaber:
Fritz Greinwald jun.

Adresse:
Am oberen Zweck 2
93309 Kelheim

Telefon:
09441/70040

E-Mail:
info@gasthof-stockhammer.de

Öffnungszeiten:
Di., Mi., Do., Sa.
9.00 – 23.00 Uhr
Freitag 17.00 – 23.00 Uhr
Sonntag 9.00 – 15.00 Uhr

Ruhetag:
Montag

Räumlichkeiten:
Ratskeller (60 Plätze)
Gaststube (60 Plätze)
Kelheimer Stüberl (20 Plätze)
Festsaal (130 Plätze)

Besonderheiten:
Räume für Feierlichkeiten aller Art, Seminare, Tagungen und Workshops, inkl. kulinarischer Beratung durch den Küchenchef, Catering und Party-Service für Kelheim und Umgebung. Nähe zu den Sehenswürdigkeiten in der Umgebung, wie Befreiungshalle, Weltenburger Enge und Kloster Weltenburg, Naturpark Altmühltal und Tropfsteinhöhle Schulerloch.

Biergarten:
Schön gelegener Biergarten vor dem Haus mit Blick auf die Befreiungshalle (40 Plätze)

Bier:
Helles von der Schlossbrauerei Eichhofen, Weißbier von der Brauerei Schneider in Kelheim, Dunkles und Pils von der Klosterbrauerei Weltenburg

Preise:
Suppen: 5,80 €
Brotzeiten: 9,60 – 10,50 €
Vorspeisen: 5,20 – 11,80 €
Hauptgerichte: 13,50 – 30,50 €
Nachspeisen: 4,30 – 9,80 €

Warme Küche:
11.00 – 14.00 Uhr und
17.30 – 21.30 Uhr

Übernachten:
Mit Liebe eingerichtete, moderne Einzel-, Doppel- und Familienzimmer zwischen 66 € und 106 € pro Person.

Familienbetrieb hochwertige heimische Kost und urgemütliche Gästezimmer. Fritz Greinwald junior ist Inhaber und Küchenchef des Hauses und betont überzeugt, dass es für ihn die schönste und wichtigste Aufgabe ist, dafür zu sorgen, dass sich seine Gäste in seinem Hause wohlfühlen. Fritz Greinwald brennt für sein Handwerk und liebt sein „Stocki", wie Einheimische und Stammgäste liebevoll das Gasthaus Stockhammer nennen. Er ist mit Leidenschaft Koch und zaubert nunmehr seit 2014 in dritter Generation moderne Interpretationen bayerischer Klassiker sowie das eine oder andere kulinarische Highlight auf die Teller seiner Gäste. Er legt großen Wert auf hochwertige und saisonale Produkte aus der Region. Ebenso auf Nachhaltigkeit und Frische. Er kennt seine Partner noch persönlich und das ist ihm auch besonders wichtig. Dass dem so ist, merkt man bereits beim ersten Blick in die ansprechende Speisekarte. Dort findet man eine große Auswahl an abwechslungsreichen Gerichten. Von bayerischen Klassikern bis hin zu aktuellen Trendgerichten wie Burgern oder Bowls ist alles vorzufinden. Moderne bayerische Küche gepaart mit ehrlichem Handwerk und Leidenschaft, das zeichnet die Küche von Fritz Greinwald und seinem Team aus. Uns begeistert der Küchenchef jedenfalls immer wieder aufs Neue. Auf unserem letzten gedeckten Tisch befanden sich drei Gerichte: leicht scharfes veganes Gemüse-Curry mit gebratenen Pilzen und Reis, deftige Krautwickerl mit Speck und Kartoffelpüree sowie etwas ganz Besonderes, das ich allen Lesern nur wärmstens empfehlen kann, nämlich der Kelheimer Fischteller. Das Beste aus Donau und Altmühl – Donauwaller, Saiblingsfilet, Lachsforellenfilet mit Kartoffelstange auf Kohl-

und Wurzelgemüse. Mir läuft jetzt noch das Wasser im Munde zusammen. Auch bei den Fischgerichten kann man bereits auf der Speisekarte erkennen, welche regionalen Partner die Frische garantieren. Bei meinem Gericht waren Donaufisch Ziegler und Fischzucht Ullermann dafür verantwortlich. Nächstes Mal, so haben wir uns geschworen, reisen wir mit unseren E-Bikes an, genießen die Sonne und das bayerische Lebensgefühl mit Blick auf die Befreiungshalle im herrlichen Garten vom „Stocki". Absperr- und Lademöglichkeiten für unsere Räder sind auch vorhanden – was will man mehr? Wer weiß, vielleicht gönnen wir uns danach auch mal ein Gästezimmer. Denn auch auf dem Fahrrad gilt: Don't drink and drive! Auf Bayerisch könnte man auch geselligerweise sagen: „Do steh i nimmer auf ...".

Fazit

Ein Besuch beim Gasthof Stockhammer kann mehrere Gründe haben: Bei bayerischem Flair in traditioneller Umgebung oder gar in einem Steingewölbe – bayerische Klassiker oder moderne Interpretationen – schlemmen wollen, eine Feier abhalten – vielleicht sogar eine Hochzeit? Falls man in dieser attraktiven Umgebung – direkt an der Fußgängerbrücke und am Altmühlradweg – ein Seminar, eine Schulung oder ein Event abhalten möchte, ist man natürlich auch richtig. Hier wird man, was die Planung betrifft, noch persönlich vom Küchenchef kulinarisch beraten. Und wenn man einen längeren Aufenthalt plant, kann man dort auch nächtigen. Was will man mehr?

www.gasthof-stockhammer.de

Kelheim | Waldgaststätte Frauenhäusl

Tradition

Biergarten

Waldgaststätte Frauenhäusl

Beschreibung

Nur gut eine Stunde Fußweg oder nach sieben Minuten serpentinenartiger Anfahrt mit dem Auto erreichbar, findet man ein Juwel niederbayerischer Wirtshauskultur vor. Umgeben vom gemeindefreien Gebiet Frauenforst, versteckt sich scheinbar die Einöde am Waldesrand. Doch wer erstmal daran vorbeigekommen ist, hat mit Sicherheit den idyllischen Biergarten des Frauenhäusls entdeckt. An dem denkmalgeschützten Wirtshaus mit Walmdachbau

SCHWEINEBRATEN INDEX	
Leberspätzlesuppe:	4,50 €
Schweinebraten mit Knödel & Salat:	13,90 €
Halbe Bier:	3,90 €

Juli 2023

1 Schöner als jede Speisekarte. [Foto: Gabi Kiesl]

2 Es gibt nicht Scheenas wia wos Scheens! [Foto: Gabi Kiesl]

3 Ein anständiges Wirtshaus braucht auch Holz vor der Hütte. [Foto: Gabi Kiesl]

4 Natur soweit das Auge reicht. [Foto: Gabi Kiesl]

1 Heller Gewölbegastraum mit Deckenmalereien und Sicht auf den Biergarten. [Foto: Gabi Kiesl]

2 Der Eyecatcher des Gastraumes – ein wunderschöner alter Kachelofen. [Foto: Gabi Kiesl]

3 Nur eines der vielen alten Wandgemälde. [Foto: Gabi Kiesl]

4 Die sehr gepflegte und einladende Fassade des Hauses. [Foto: Gabi Kiesl]

5 Der zünftige Biergarten im Innenhof. [Foto: Gabi Kiesl]

6 Hier geht´s lang! [Foto: Gabi Kiesl]

 Tradition    Brauerei    Biergarten

Fotos: Gabi Kiesl

Weißes Bräuhaus

Beschreibung

Das imposante Gebäude der Brauerei direkt gegenüber der Kelheimer Stadtpfarrkirche lässt bereits Großes erahnen und man sollte dabei auch recht behalten, denn hier wurde und wird im wahrsten Sinne des Wortes Biergeschichte geschrieben. Die aus der Landeshauptstadt München stammende Familie Schneider, die als erste bürgerliche Familie das Weißbierregal von keinem Geringeren als König Ludwig dem Zweiten erhielt, braut nunmehr seit

Leberknödelsuppe:	4,90 €
Schweinebraten mit Knödel & Salat:	13,90 €
Halbe Bier:	3,90 €

Juni 2023

Biergarten:
Schöner schattiger Biergarten mit toller Aussicht (200 Plätze)

Bier:
Biere von der Schlossbrauerei Eichhofen und von der Brauerei Schneider, Kelheim

Preise:
Suppen: 4,50 €
Brotzeiten: 5,90 – 11,90 €
Hauptgerichte: 10,90 – 19,90 €
Nachspeisen: 3,90 €

Warme Küche:
Mittagessen (sprich Braten) von 11.30 – 14.00 Uhr oder nach Vereinbarung, alle anderen Speisen durchgehend.

tisch trifft und zünftig für die Gäste aufspielt. Als „Musikantenfreundliches Wirtshaus" gibt man aber nicht nur der Volksmusik einen hohen Stellenwert, auch die Schafkopftradition wird im Frauenhäusl gepflegt. Immerhin haben sich die Wirtsleute Angelika und Anton Hamberger beim Schafkopf kennen- und lieben gelernt, also ist man dem Kartenspiel schon fast verpflichtet. Dem guten Essen, so merkt man, fühlt man sich hier ebenso verpflichtet, denn Wirtin Angelika Hamberger kocht im Frauenhäusl nicht nur traditionell, sondern auch mit viel Liebe. Mittags findet man zahlreiche Braten- oder Wildgerichte, für dessen erlegtes Wild – wie sich bereits vermuten lässt – selbstverständlich örtliche Jäger zuständig sind. Zudem findet man unzählige handbeschriftete Schiefertafeln an der Hauswand vor, die als weitere Speisekarten dienen. Brotzeiten aller Art, selbstgebackene Kuchen und sensationelle Torten werden dort angepriesen. Letztere süße Leckereien serviert man im Frauenhäusl ausschließlich mit Kaffeesorten aus einer regionalen Rösterei, und das schmeckt man auch. Und wenn der Abend in der Waldgaststätte Einkehr hält, dann zieht man sich in die Kaminstube zurück, genießt ein kühles Bier oder einen fruchtigen Wein und lässt den Herrgott einen guten Mann sein. Mein Sommer-Tipp: Probieren Sie doch mal den Birnenspritz, mit Birnensaft, Prosecco, Williams Birne und Soda auf Eis. Ein erfrischender Genuss, der Laune macht – allerdings sollten Sie sich danach nicht mehr hinters Steuer setzen. Und wenn Sie Beifahrer sind – umso besser, dann bleiben Sie einfach noch etwas länger. Zuviel Zeit in der Waldgaststätte verbringen kann man sowieso nicht, denn das Frauenhäusl ist viel mehr als nur ein schönes Wirtshaus aus dem Jahre 1795 inmitten eines riesigen Waldgebietes, es ist ein niederbayerisches Paradies.

Fazit

Die Waldgaststätte Frauenhäusl, unweit von Kelheim, ist ein Ausflugspunkt für alle, Wanderer (der Jurasteig und der Europäische Fernwanderweg E8 führen in der Nähe vorbei), genauso wie Radfahrer und Motorradfahrer. Die traditionellen, bayerischen Gerichte, die sehr köstlichen selbstgebackenen Kuchen sowie die einzigartige Lage lassen einen immer wieder in dieses bereits seit 1795 bestehende markante Gebäude zurückkehren, und wenn man Glück hat, spielt gerade der Musikantenstammtisch zünftig auf.

www.frauenhaeusl.de

Kelheim | Waldgaststätte Frauenhäusl

und barocken Putzgliederungen kann man nicht einfach vorbeifahren. Wie ein Magnet zieht einen das Wirtshaus an, das im Jahre 1795 neu erbaut und die ersten Jahrzehnte als Sommerkurort vom Stift Niedermünster betrieben wurde; um 1850 ging es an den Staat über und wurde fortan als Forsthaus genutzt. Später in den 1950er Jahren wurde es privatisiert. Heute kann man dort Sommer wie Winter jeden antreffen: Ruhesuchende, Musikbegeisterte, Einheimische, Tagestouristen, Wanderer, Radfahrer, Familien mit Kindern und Motorradfahrer. Letztere dürften bereits vor der Einkehr von der Schlängelung der Kreisstraße begeistert sein. Magisch auf einer Lichtung und ideal für eine Rast am Jurasteig – dem ostbayerischen Jakobsweg – gelegen, wartet das traditionelle Wirtshaus mit urigem Charme auf die Einkehr seiner Gäste. Und die kommen natürlich, manchmal auch zuhauf – besonders an sonnigen Tagen. Zu verlockend ist es, im schattigen Biergarten zu sitzen, den Blick in die Ferne schweifen zu lassen und bei volkstümlicher Musik zur Ruhe zu kommen. Mit Sicherheit auch ein Grund, warum wir selbst immer wieder gern in die Welt des Frauenhäusls eintauchen. Ja, es ist eine kleine eigene Welt, dort draußen am Waldesrand. Hier gefällt es einem, hier kommt man gerne wieder – ein Ort zum Seele auftanken. Besonders schön ist, dass sich im Frauenhäusl regelmäßig der Musikantenstamm-

Pächter:
Angelika Hamberger

Adresse:
Frauenhäusl 1
93309 Kelheim

Telefon:
09441/6831228

E-Mail:
info@frauenhaeusl.de

Öffnungszeiten:
Di. – Sa. ab 11.00 Uhr
So. 10.00 Uhr

Ruhetag:
Montag

Räumlichkeiten:
Hauptraum (60 Plätze)

Besonderheiten:
Idyllische, ruhige Lage auf einer Lichtung inmitten des Frauenforstes an der Bezirksgrenze zwischen Niederbayern und der Oberpfalz. Schöne Gegend für Motorradfahrer, Radfahrer und Wanderer. Musikantenfreundliches Wirtshaus, regelmäßiger Musikantenstammtisch und Schafkopfturniere.

1872 das überregional berühmte Weißbier – die Schneider Weisse. Die Geschichte der Familie Schneider und deren erfolgreicher Brauerei führte über die Jahre hinweg zur Übernahme vieler anderer Brauereien und Wirtshäuser. So zum Glück auch das „Weiße Bräuhaus" in Kelheim, denn der Zweite Weltkrieg brachte die Zerstörung der Produktionsstätten in München und durch das „Weiße Bräuhaus" eben konnte sie die 400-jährige Brautradition fortführen. Kaum auszudenken, was Weißbierkenner und -liebhaber ohne ihre Schneider Weisse täten, denn für sie ist dieses Bier längst eine Manifestation höchster Braukunst.

Doch widmen wir uns nun der Brauereigaststätte. Bereits beim Betreten des geräumigen Wirtshauses findet man geschmackvoll eingerichtete Räumlichkeiten vor. Während das Jägerzimmer eher urig und mit dunkler Wandvertäfelung für kleinere Gruppen geeignet ist, bietet der Sommersaal mit altem Säulengewölbe und beeindruckenden Deckenmalereien für größere Gruppen Platz. Und wer gar eine Hochzeit oder eine vergleichbar größere Festivität im „Weißen Bräuhaus" plant, wird wohl eher den Festsaal bevorzugen, in dem bis zu 500 Personen bewirtet werden können. Und wo wir gerade bei dem Thema Bewirten

Pächter:
Thomas Wieser

Adresse:
Emil-Ott-Straße 3
93309 Kelheim

Telefon:
09441/3480

Telefax:
09441/3449

E-Mail:
info@weisses-brauhaus-kelheim.de

Öffnungszeiten:
Di. – So. 10.00 – 22.00 Uhr

Ruhetag:
Montag

Räumlichkeiten:
Bräustüberl (70 Plätze)
Sommersaal (90 Plätze)
Jägerzimmer (35 Plätze)
Festsaal (500 Plätze)

Besonderheiten:
Idyllischer, schattiger, ruhiger Biergarten, urige Bedienungen servieren das weltweit bekannte Schneider (Weiß-)Bier zu köstlichen, traditionell bayerischen Gerichten. Man kommt sicher bald wieder und macht vorher eine interessante Brauereiführung.

Biergarten:
Im Hof mit ca. 400 schattigen Plätzen

Bier:
Alle Biere der Schneider Brauerei, Kelheim

Preise:
Suppen: 4,90 – 5,90 €
Brotzeiten: 7,50 – 11,90 €
Hauptgerichte: 9,30 – 20,90 €
Nachspeisen: 3,90 – 9,80 €

Warme Küche:
Durchgehend
11.00 – 22.00 Uhr

5 6

www.weisses-brauhaus-kelheim.de

sind: Die Küche des „Weißen Bräuhaus" steht der Schneider Weissen übrigens in nichts nach. Vorwiegend regional und bodenständig kochend achtet das Küchenteam vor allem auf gute Qualität und bezieht viele Zutaten aus regionaler Bioproduktion. Die Speisekarte ist umfang- und abwechslungsreich und lässt keinen Gast hungrig zurück. Wir empfehlen unseren Freunden immer wieder gerne das Bräuhaus-Schnitzel vom Strohschwein mit Speck-Kartoffelsalat und Zitrone. Doch auch unsere vegan essenden Freunde kommen im „Weißen Bräuhaus" voll auf ihre Kosten. Vor allem die veganen Chicken Nuggets mit Pommes frites oder die drei Spinatknödel mit Nussbutter und Parmesanspänen haben es ihnen angetan. Unser Tipp: Besonders idyllisch und fernab vom städtischen Trubel gelegen ist der schöne Biergarten im Innenhof des Hauses. Neben einem kleinen Bach bestellen wir uns oft einen Brezenbaum, das sind sechs ofenfrische Laugenbrezen mit Landbutter, und ein LoveBeer dazu. Das LoveBeer ist eine musikalisch-spritzige Komposition der bayerischen Band LaBrassBanda und eben Bayerns ältester Weißbierbrauerei Schneider Weisse. Was braucht's mehr bei sommerlichen Temperaturen?

Fazit

Die älteste Weißbierbrauerei Bayerns (seit 1607) zieht alle in den Bann, die bayerische Traditionsgerichte bevorzugen und auf das weit über unsere Grenzen hinaus bekannte Schneider Weißbier stehen. TAP7 ist mittlerweile ein Begriff auch in Übersee und wir sprechen hier aus Erfahrung … haben wir es doch bereits an der kalifornischen Pazifikküste in Santa Cruz am Strand genossen. Der ruhige, schattige Biergarten ist gigantisch!

Tradition

Biergarten

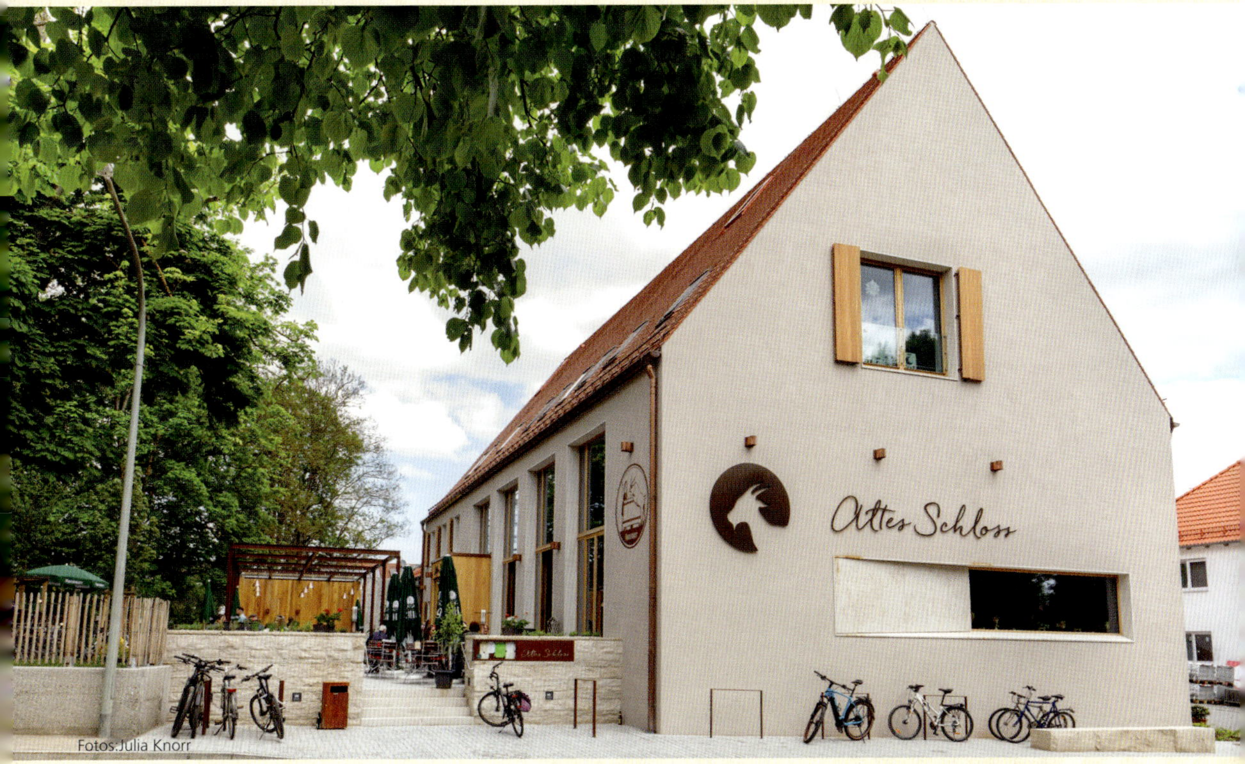

Fotos: Julia Knorr

Altes Schloss

Beschreibung

Das Wirtshaus Altes Schloss in Niedertraubling ist seit jeher ein beliebtes Ausflugsziel. Ich erinnere mich noch gut an die Zeit zurück, in der wir nach einer ausgiebigen Fahrradtour oder einer Wanderung in den großen Biergarten einkehrten, um ein kühles „Knei" in unsere durstigen Kehlen rinnen zu lassen. Heute fahren wir meist mit dem Auto und wenn die Temperaturen mal weniger sommerlich ausfallen, dann suchen wir uns ein gemütliches

Leberknödelsuppe:	5,10 €
Schweinebraten mit Knödel & Salat:	12,70 €
Halbe Bier:	4,00 €

Juli 2023

1 Der Eingangsbereich mit Blick zur Genusswerkstatt. [Foto: Julia Knorr]

2 Wirt und Küchenchef Stefan Seifert in seinem Element. [Foto: Hans-Christian Wagner]

3 Weil das Auge mitisst ... [Foto: Julia Knorr]

4 Gastraum zum Genießen und Durchatmen. [Foto: Julia Knorr]

5 Sommer, Sonne, Biergarten – hier einer der schönsten. [Foto: Julia Knorr]

Plätzchen in dem lichtdurchfluteten Gastraum des neu entstanden Alten Schlosses. Das ehemalige und sehr niedrige Wirtshausgebäude mit den kleinen Fenstern ist längst Geschichte. Heute trifft man auf offene, klare Linien, die sich überraschend gut in die Region einfügen und dem das einstige Gasthaus mit traditioneller Gastfreundschaft in nichts nachsteht. Denn es wird auf ehrliche bayrische und alpenländische Küche mit frischen und hausgemachten Gerichten Wert gelegt. Den Gästen werden nach wie vor wechselnde Mittagsangebote und Grillabende oder der geeignete Platz für Familien- und Firmenveranstaltungen angeboten. Stammtische und Kartenspieler sind ebenfalls willkommen, denn Familie Seifert lebt und liebt bayerische Tradition. Wenn wir im neuen Alten Schloss einkehren, dann sitzen wir meist auf der Galerie. Dort hat man beste Sichtverhältnisse, um das emsige Treiben in Gastraum und im Biergarten zu beobachten. Wenn der Wettergott es gut mit uns meint, dann sitzen wir natürlich im schönen schattigen Biergarten und erfreuen uns an dem alten Baumbestand. Meist verabreden wir uns dabei mit Freunden und Bekannten, trinken Bier oder Wein und lassen gemeinsam die Seele baumeln. Heute sind wir zwar nur zu zweit eingekehrt, doch gutgehen lassen wir es uns natürlich trotzdem. Dieses Mal mit folgenden Gerichten: Rahm-

Inhaber:
Familie Seifert

Adresse:
Schloßstraße 21
93083 Niedertraubling

Telefon:
09401/9135635

E-Mail:
wirtshaus@altesschloss-niedertraubling.com

Öffnungszeiten:
So., Mo., Mi. und Do.
11.00 – 22.00 Uhr
Fr. und Sa. 11.00 – 24.00 Uhr

Ruhetag:
Dienstag

Räumlichkeiten:
Gastraum (100 Plätze) (abteilbar)
Galerie (50 Plätze)

Besonderheiten:
Mit der im Stil „Wirtshaus 4.0" gestalteten Gaststätte wird eine neue Wirtshausgeneration eingeläutet: helle, freundliche, lichtdurchflutete Räume, offen mit großzügigen Glasfronten und mit wertigem Naturholz ausgestattet. Ansprechende

Böden (Eiche geräuchert) und Vertäfelungen. Großzügige Galerie mit Blick über den Ort, gut geeignet für Feiern und Feste. Wechselnde günstige Mittagsangebote. Grillabende. Der Gastraum ist durch eine Trennwand teilbar, es gibt dann z. B. einen separaten Raum für Veranstaltungen bis 50 Personen.

Biergarten:
Schöner schattiger Biergarten unter alten Kastanien mit 250 Plätzen

Bier:
Alle Biere der Brauerei Kneitinger, Regensburg, Weißbier der Brauerei Schneider, Kelheim

Preise:
Suppen: 5,10 – 6,10 €
Brotzeiten: 8,90 – 12,50 €
Hauptgerichte: 9,70 – 14,70 €
Nachspeisen: 5,80 – 6,70 €

Warme Küche:
Brotzeit, Salat und Suppen:
11.30 –21.00 Uhr
Alle anderen Speisen:
11.30 – 14.00 Uhr
17.30 – 21.00 Uhr

5

schwammerl mit Semmelknödel und frischen Kräutern, dazu ein kleiner Schlossgeist-Salat, der sich aus marinierten Rohkostsalaten, Blattsalaten, Hausdressing, Croutons und Brot zusammensetzt, sowie drei Kaspressknödel mit Krautsalat und brauner Butter. Sensationell schmeckt auch das geschmorte Wurzelgemüse mit Dip, das ganz ohne tierische Produkte auskommt. Sie sehen schon, wir geraten ins Schwärmen. Da bleibt nur noch eins zu sagen: „Schön, dass Niedertraubling endlich wieder ein Wirtshaus hat!"

Fazit

Das neuerbaute und erst im Herbst 2022 wieder eröffnete Traditionsgasthaus Altes Schloss in Niedertraubling ist eine der ersten Adressen, wenn man frisch zubereitete bayerisch-alpenländische Küche in modernem, freundlichem und hellem Ambiente genießen möchte.
Reserviert man sich einen Platz auf der Galerie, hat man auch noch einen schönen Ausblick über den Ort. Sehr zu empfehlen sind die Grillabende in den lauen Sommernächten im von alten Kastanienbäumen umsäumten Biergarten.

www.altesschloss-niedertraubling.com

Nittenau | Brauereigasthof Jakob

 Tradition
 Brauerei
 Biergarten
 Gästezimmer

Foto: Marco Linke

Brauereigasthof Jakob

Beschreibung

Wer kennt ihn nicht, den traditionsreichen Brauereigasthof Jakob, der inmitten der idyllischen Stadt Nittenau am Regen liegt und sich so passend in den Ortskern fügt. Zwar gibt es den Gasthof noch nicht ganz so lange wie die Stadt selbst, die auf eine 1000-jährige Geschichte zurückblicken kann, aber als Franz und Therese Jakob das Anwesen – auf dem sich bereits damals eine Brauerei befand – im Jahr 1875 kauften, hätten sie gewiss im Traum nicht daran

Leberknödelsuppe:	4,90 €
Schweinebraten mit Knödel & Salat:	12,90 €
Halbe Bier:	3,00 €

Januar 2023

1 Brüstlbraten mit Kraut und Knödel. [Foto: Marco Linke]

2 Die gemütliche Gaststube. [Foto: Marco Linke]

3 Fingernudeln auf Wirsinggemüse mit Spiegelei und Bergkäse. [Foto: Gabi Kiesl]

4 Das süffige und alkoholfreie Bier „Le Chauffeur". [Foto: Gabi Kiesl]

5 Terrasse mit Blick auf den Regen. [Foto: Marco Linke]

6 Gästezimmer in ruhiger Lage. [Foto: Marco Linke]

gedacht, dass ihre Nachkommen Josef und Irmgard Jakob den historischen Brauereigasthof auch noch im Jahr 2023 in vierter Generation sehr erfolgreich führen würden. Selbst die Söhne des jetzigen Wirte- und Ehepaares, Christoph und Sebastian Jakob, arbeiten längst im Familienbetrieb mit und komplettieren als Küchenchef und Bierbrauer das Team. Doch jetzt müssen wir aufpassen, denn wenn wir von dem Brauereigasthof erzählen und bei dem Wort Bier angelangt sind, geraten wir unaufhaltsam ins Schwärmen. Da wir beruflich viel mit dem Auto unterwegs sind und dabei meistens auch am Steuer dessen sitzen, fällt es einem nicht immer leicht, in ein bayerisches Wirtshaus einzutreten – zumindest nicht, wenn man ein Fan der bayerischen Braukunst ist und sich den Gerstensaft nur zu gern servieren lassen möchte. Nicht immer ist die Auswahl an alkoholfreien Bieren kreativ, meist gibt es höchstens ein alkoholfreies Helles oder ein Weizen. Anders jedoch im Brauereigasthof Jakob zu Nittenau. Probieren Sie doch einmal das „Le Chauffeur", ein Bier mit einmaligen fruchtigen Noten. Kein Wunder, dass dieses süffige Alkoholfreie das Gewinnerbier des European Beer Star 2019 in der Kategorie Non-Alcoholic Ale wurde und mit der Goldmedaille prämiert wurde. Oder wie wäre es mit einem WIT mit Orangenschalen und Koriander? Und falls der Abend mal länger dauern sollte, dann raten wir zu einem Lola Coffee Porter – der Slogan des Bieres klingt jedenfalls sehr vielversprechend: Schwarz wie die Nacht, macht hell für den Tag! Doch selbstverständlich werden bei Familie Jakob auch traditionelle Biere angeboten, die längst nicht nur Nittenauer begeistern. Zu schätzen wissen die zahlreichen Gäste auch die ausgezeichnete Küche. Und wenn wir von zahlreich sprechen, dann meinen wir das auch so. Einen Tisch reservieren zu lassen macht Sinn – auch an einem Wochentag. Und das, obwohl das gemütliche Gastzimmer mit angrenzendem Nebenzimmer Platz für cirka 100 Personen bietet. In der Gaststube ist immer was los, hier trifft man sich, hier kehrt man ein, hier lebt man bayerische Speisen und Gemütlichkeit. Und dass bayerische Speisen längst nicht mehr nur etwas mit deftigen Braten zu tun haben, kann man spätestens mit einem Blick auf die aktuelle Speisekarte erkennen. Wer ausgezeichnete vegetarische und vegane Küche sucht, ist im Brauereigasthof Jakob ebenso richtig wie hungrige Mägen, die nach Deftigerem lechzen. Wir haben uns letztens zum Beispiel für Fingernudeln auf Wirsinggemüse mit Spiegelei und Bergkäse sowie Kalbsleber mit Wirsinggemüse und Apfel-Kartoffelpüree entschieden. Und was sollen wir sagen? Es war wie immer köstlich! Übrigens: Haben Sie gewusst, dass die Familie Jakob auf eigenes Wild, Schafe und sogar auf eigenes Fischwasser und Fischrechte zurückgreifen kann? Zudem arbeitet der Küchenchef des Hauses fast ausschließlich mit saisonalen Produkten aus der Region. Genießen Sie doch mal im schö-

Inhaber:
Christoph Jakob

Adresse:
Hauptstraße 10
93149 Nittenau

Telefon:
09436/8224

E-Mail:
info@brauereigasthof-jakob.de

Öffnungszeiten:
Montag bis Samstag
9.00 – 14.00 und
17.00 – 22.00 Uhr
Küche täglich
11.30 – 13.45 Uhr und
17.00 – 21.00 Uhr
Sonntag durchgehend geöffnet
warme Küche bis 14.00 und
ab 17.00 Uhr

Ruhetag:
Mittwoch

Räumlichkeiten:
Gastzimmer mit angrenzendem Nebenzimmer (100 Plätze)
Wintergarten (70 Plätze)

Besonderheiten:
Es werden täglich wechselnde, günstige Mittagsmenüs angeboten, auch Catering ist möglich.
Gut beschilderte Wander- und Radwege in unmittelbarer Nähe, sowie das Freizeitparadies „Oberpfälzer Seenland".
Bademöglichkeit und Bootsfahrten im nahegelegenen Regen.
Angelscheine für die Umgebung direkt im Gasthaus erhältlich.
Fischbecken beim Biergarten, in dem man selbst gefangene Fische hältern und auch zubereiten lassen kann.

Biergarten:
Biergarten mit Blick auf den Regen (100 Plätze)

Bier:
Eigene Brauerei Jakob, Nittenau

Preise:
Suppen: 4,90 – 6,90 €
Brotzeiten: 5,50 – 9,50 €
Hauptgerichte: 9,50 – 18,50 €
Nachspeisen: 5,50 – 6,90 €

Warme Küche:
Täglich 11.30 – 13.45 Uhr und
17.00 – 21.00 Uhr
Sonntag warme Küche bis
14.00 Uhr und ab 17.00 Uhr

Übernachten:
18 schöne, gemütliche Zimmer in ruhiger Lage, teilweise mit Blick auf den Regen ab 75 €
Ferienwohnungen ab 95 € pro Tag

nen Wintergarten ein leckeres Menü oder entspannen Sie sich bei Bier und Brotzeit mit Blick auf den Regen und lassen Sie die Seele baumeln. Und falls Sie dazu keine Zeit haben und trotzdem nicht auf die hervorragende Küche verzichten möchten, dann nutzen Sie doch einfach das REBOWL-Angebot des Hauses. Für ein geringes Pfand erhalten Sie hochwertige REBOWL-Schüsseln mit Deckeln, mit denen Sie alle Gerichte bequem und umweltfreundlich mit nach Hause nehmen können. Und wenn Sie irgendwann mal Fingerfood für Stehempfänge oder Ähnliches benötigen, hat Küchenchef Christian Jakob bestimmt das Richtige für Sie zur Auswahl. Wer könnte zu einem Strammen Mäxchen mit Wachtelspiegelei, Lachs-Crêpe-Roulade oder der rosa gebratenen Entenbrust auf Mango-Chili-Chutney schon Nein sagen? Doch nun genug geschwärmt – überzeugen Sie sich doch einfach selbst und kehren Sie in den Brauereigasthof Jakob ein. Und wer weiß, vielleicht nutzen Sie ja sogar einen der vielen Wanderwege, die entlang herrlicher und abwechslungsreicher Landschaft führen, um ein gehaltvolleres Bier trinken zu können als wir.

Fazit

Wenn es um traditionelle Oberpfälzer Küche und erlesenes selbstgebrautes Bier geht, kommt man am Familienbetrieb der Jakobs in Nittenau nicht vorbei. Vor allem für Wanderer, Radwanderer, Fans von Bootstouren und Angler dürfte diese Traditionsgaststätte die bevorzugte Adresse sein, um sich nach den Freizeitaktivitäten in der klassisch eingerichteten Wirtsstube oder auf der Biergartenterrasse mit schönem Ausblick an den dargebotenen Köstlichkeiten zu erfreuen. Dies ist aufgrund der vorhandenen Gästezimmer bei Bedarf auch mehrere Tage möglich.

www.jakob-nittenau.de

Biergarten

Foto: Gabi Kiesl

Wir z'Haus

Beschreibung

Parsberg hat endlich wieder ein neues Wirtshaus und das auch noch im ehemaligen Spitzner-Haus. Das denkmalgeschützte Haus stammt aus dem 18. Jahrhundert und liegt unmittelbar unterhalb der Parsberger Burg. Lange stand das Geburtshaus von Alfred Spitzner, dem einstigen Bezirkstagspräsidenten der Oberpfalz, leer. Besitzer und Bauunternehmer Sebastian Moser hatte zwar schon lange den Wunsch gehegt, das Haus wieder mit Leben zu

SCHWEINEBRATEN INDEX

4 Bratwürstl mit Sauerkraut:	8,90 €
Halbe Bier:	3,90 €

Juli 2023

1 Martina Peter, voll in ihrem Element. [Foto: Gabi Kiesl]

2 Der Blick zum Eingang des „Wir z'Haus". [Foto: Gabi Kiesl]

3 Köstlicher Schweizer Wurstsalat. [Foto: Gabi Kiesl]

4 So geht Brotzeit: Kas & G'schmier mit Breze und Brot. [Foto: Gabi Kiesl]

5 Der erfrischendste Brotsalat, den wir jemals gegessen haben. [Foto: Gabi Kiesl]

6 Die gemütliche Gaststube. [Foto: Gabi Kiesl]

7 Der schöne „Wir z'Haus"-Steinkrug, der personalisiert werden kann. [Foto: Gabi Kiesl]

Parsberg | Wir z'Haus

Pächter:
Wir und das Haus GbR

Adresse:
Bergstraße 2
92331 Parsberg

E-Mail:
kontakt@wirunddashaus.de

Öffnungszeiten:
Do., Fr. und Sa.
18.00 – 23.00 Uhr
Öffnungszeiten sollen in Zukunft erweitert werden.

Ruhetag:
Sonntag – Mittwoch

Räumlichkeiten:
Gastraum 1 (20 Plätze)
Gastraum 2 (20 Plätze)
Gewölbe zum Rückzug
Ab Januar 2024 Veranstaltungsraum mit 25 – 30 Plätzen

Besonderheiten:
Gewölbe zum Rückzug. Ab Herbst werden personalisierte, handgemachte Stammkrüge mit eingraviertem Namen verkauft, die im „Wir z'Haus" verbleiben. Das Thema Oberpfalz und Franken mit dazu passenden Speisen und Getränken soll künftig noch besser ausgebaut werden.

Biergarten:
3 Sektionen vor und neben dem Haus mit insgesamt 60 Plätzen

Bier:
Helles, Kupfer und Pils von der Brauerei Winkler, Lengenfeld, Weißbier von der Brauerei Plank, Laaber

Preise:
Hauptgerichte: 5,90 – 8,90 €

Warme Küche:
Durchgehend
18.00 – 21.00 Uhr

füllen, doch gelungen ist es ihm letztendlich erst mit dem engagierten Trio Adriana Stritzel, Martina Peter und Andreas Pöller. Gemeinsam entstand die Idee für das jetzige „Wir z'Haus", was Hochdeutsch so viel bedeutet wie „Wir zuhause", und prompt kehrte wieder neues Leben in die alten Gemäuer. Es entstand aus dem ehemaligen Künstlerhaus ein begehbares Denkmal mit Wandmalereien im Eingangsbereich und einer Stuckdecke im ersten Obergeschoss. Alles wurde aufwendig restauriert und ist zu einem geselligen Mittelpunkt, einem Treffpunkt für Jung und Alt bei bayerischer Gemütlichkeit und traditionell-moderner Küche geworden. Wirtshauskultur wurde neu interpretiert und der große Gastraum mit hellen Stühlen und Tischen versehen, dazu wurde eine durchgehende Holzbank angebracht, die im Idealfall dafür sorgt, dass reger Austausch zwischen den Gästen stattfindet. Gute Gespräche bei regionalem Bier und Speisen, das liegt den Betreibern des neuen Wirtshauses sehr am Herzen. Daher versteht es sich von selbst, dass alle verarbeiteten Produkte aus der näheren Umgebung stammen. Angefangen bei Brauereien wie Winkler (Lengenfeld) und Plank (Laaber) über die Brennerei Kniffka (Schweigersdorf) bis hin zu regionalen Gemüsehändlern und Metzgereien – so geht Zusammenarbeit, so geht Nachhaltigkeit und Zukunft! Wir konnten selbstverständlich nicht widerstehen und mussten uns selbst davon überzeugen. Da wir uns nicht entscheiden konnten, landete vor uns auf dem Tisch ein buntes Potpourri von Wurst- und Brotsalat, Kas und G'schmier samt Breze und Brot. Auch wenn alles gleichermaßen lecker geschmeckt hat, so konnte uns der Brotsalat doch sehr begeistern. Was für ein erfrischender Genuss! Bei Dämmerung saßen wir noch eine Weile dicht an der alten Hausmauer und genossen die laue Sommernacht. Unweigerlich musste ich dabei an die handschriftliche Chronik von Alfred Spitzner denken: „Wer aber hier geboren ist, dem gefällt es besser als irgendwo auf der Welt!" Eine Kopie seiner ge-

7

schriebenen Worte dient im Gastraum als Hintergrund eines eingebauten Wandschränkchens, davor steht ein schöner Steinkrug mit der Aufschrift „Wir z'Haus Parsberg". Diese Krüge können die Gäste zukünftig käuflich bei dem Wirte-Trio erwerben und gern auch personalisieren lassen. Im Gewölbezimmer, das als stylischer Rückzugsort für all diejenigen gedacht ist, die sich etwas intimer unterhalten möchten, ist ein großes Wandregal aus Holz angebracht, in dem die Steinkrüge aufbewahrt werden. Uns gefällt die Idee und auch wenn wir weiter von Parsberg und dem schönen Wirtshaus entfernt sind als uns lieb ist, so gäbe es uns ein gutes Gefühl, wenn auch eines unserer Krügerl in diesem Regal auf unsere Rückkunft warten würde. Wie einst Alfred Spitzner schrieb: „Im Schatten der Burg, geschützt wie ein Bieberl von der Gluckhenne, liegt mein Elternhaus", so könnten wir jetzt schreiben: „Im Schatten der Burg, wie ein Bieberl von der Gluckhenne, da wartet ein Krügerl auf uns!" Prost!

Fazit

Das erst seit Anfang Juni 2023 eröffnete „Wir z'Haus" in Parsberg ist ein Treffpunkt für alle, hier sollen Menschen zusammenkommen, feiern, ratschen, trinken und essen, und auch musizieren. In dem einladenden Haus mit den drei angeschlossenen kleinen Biergärtchen – das nebenbei das Geburtshaus des bekannten Parsberger Künstlers und Politikers Alfred Spitzner ist (historische Belege dafür sind an einigen Stellen im Haus ersichtlich) – fühlt man sich sofort wohl. Man kann eines der kleinen aber feinen – aus regionalen Zutaten bereiteten – Gerichte genießen, oder ein süffiges Bier, vielleicht sogar einen Longdrink. Und nachdem man die supernetten „Wir z-Leute" Adriana, Martina und Andi kennengelernt hat, kehrt man immer wieder gerne hierher zurück, ins „Wir z'Haus".

www.wirzhaus-parsberg.de

„Freund, wo meine Wiese stand,
liegt der Acker voller Steine.
Eh der Winter dort vergeht,
fordert schon der Herbst das Seine."

Mein Elternhaus.

In der armseligen Oberpfalz steht mein Elternhaus. Meist ist von dem kargen Landstrich nicht viel mehr bekannt, als daß sich dort die Füchsen und Hasen gute Nacht sagen. Wie sollte man sich auch interessieren für eine Gegend, die wenig Extras oder gar Überschuß zu bieten hat, wo keine fetten Kühe auf satten Weiden grasen wie im nahen Niederbayern oder Schwaben, sondern wo die magere Kellheimer Rasse sich auf dem Juraboden spärliche Gräser suchen muß. Wer aber hier geboren ist, dem gefällt es besser als irgendwo auf der Welt. Vielleicht ist gerade das Schöne, daß so wenig Fremde kommen und das Land den Ansässigen selber gehört.

Und trotzdem liegt soviel Kostbares in dem Unbekannten verborgen, das sich nur dem erschließt, der sich eingehend damit beschäftigt. Außer vielen Naturschönheiten beruhend auf dem Reiz des Wechsels der verschiedenen geologischen Formationen dem Donautal, dem fränkischen Jura, der Schwandorfer Senke und dem düsteren Vogelgebirge, dem Bayrischen Wald, bietet sich eine Fülle von hervorragenden Werken der Kultur.

Neben dem mit besten Werken aus allen Stilepochen reich gesegneten Regensburg ist vor allem die Romanik stark vertreten. Namen wie Prüfening, Perschen, Kottingwörth, Kastl haben einen guten Klang. Aber auch die Gotik, Renaissance, das Barock und Rokoko warten im einzelnen mit Kostbarkeiten auf. Der Stolz der Oberpfälzer aber sind die Burgen.

Burg an Burg steht in der westlichen Oberpfalz, meiner engeren Heimat. Klingende Namen wie Schloß Prunn im Altmühltal, Rosenburg in Riedenburg, Wolfseck bei Neumarkt, Adelsburg, Velburg, Helfenberg, Ehrenfels, Hohenburg, Hohenfels, Habichtsberg erinnern an versunkene stolze Zeiten.

Mein Heimatort Parsberg selbst ist überragt von einer Felsenburg aus dem 17. Jahrhundert. Das was von der Zerstörung durch die Schweden übrigblieb stammt aus dem 12. Jahrhundert.

Die Parsberger sind stolz darauf, daß in Wilhelm Pinders Werk „Deutsche Burgen und feste Schlösser" (in der Serie der Blauen Bücher erschienen) ihre Burg auf dem Einbanddeckel steht.

Im Schatten dieser Burg, beschützt wie ein Zieperl von der Gluckhenne liegt mein Elternhaus. Leider haben wir das Baujahr bis auf den heutigen Tag nicht genau herausbringen können, doch läßt sich sagen, daß es aus dem Barock stammen muß. Ein breites, behäbig hingelagertes Bürgerhaus mit dicken Mauern und Gewölben, zugedeckt von einem Walmdach auf einem echten alten Dachstuhl mit Balken quer durch, die allen Richtlinien des Lehrstuhles für Hochbaukonstruktion an der TH München Hohn sprechen.

Aber vielleicht wirkt es gerade deswegen so schön! Schönheit geht eben nicht immer Hand in Hand mit der reinen nüchternen Zweckmäßigkeit.

 Tradition

 Biergarten

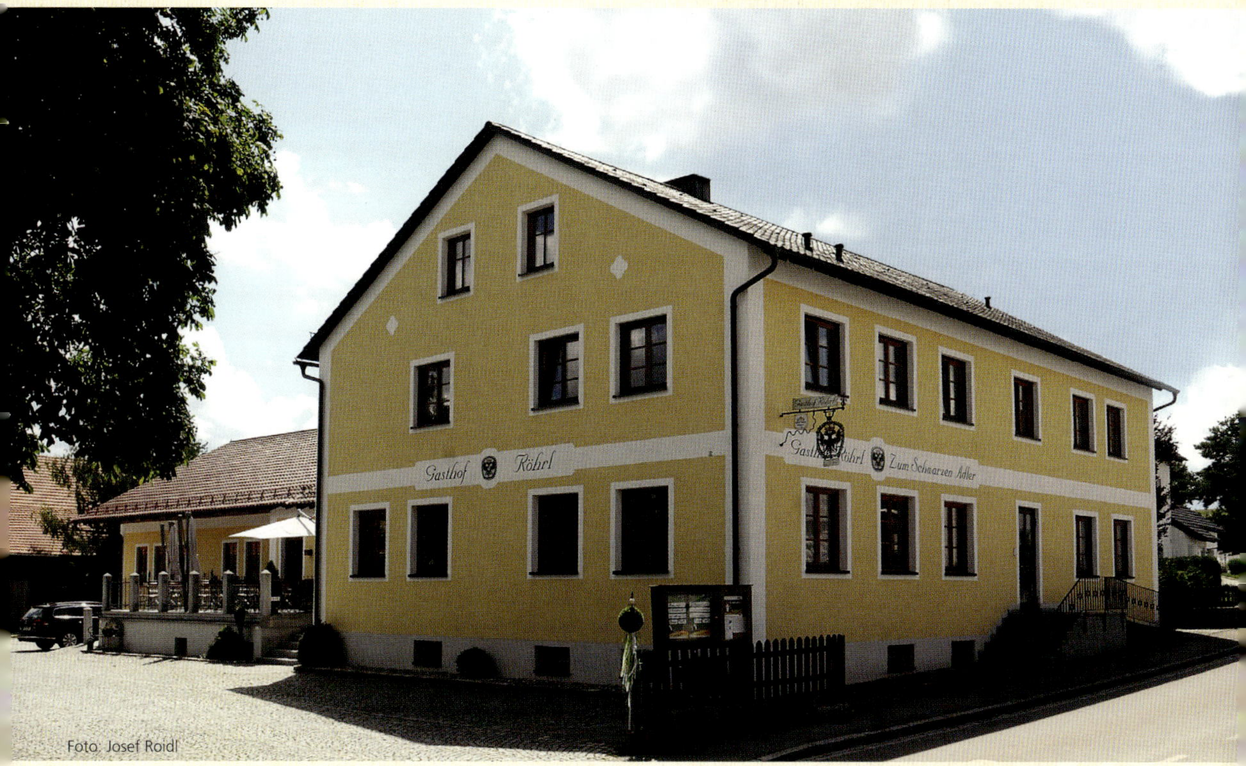

Foto: Josef Roidl

Gasthof Röhrl – Zum Schwarzen Adler

Beschreibung

Kehrt man in den Gasthof Röhrl – Zum Schwarzen Adler ein, erwartet man viel und erhält es auch. Deutsch-bayerische Küche mit durchaus internationalen Aspekten findet man auf der Speisekarte vor, die man kaum mehr aus den Händen legen will. Seit 2004 hat das Wirte-Ehepaar Claudia und Anton

Oberpfälzer Festtagssuppe:	4,50 €
Schnitzel Wiener Art:	9,90 €
Halbe Bier:	3,20 €

Juli 2023

1 Das Antonius-Stüberl, das auch durch einen Kachelofen beheizt wird. [Foto: Josef Roidl]

2 Rosa gebratene Entenbrust mit Saisongemüse. [Foto: Josef Roidl]

3 Ein leckerer Dessertteller. [Foto: Josef Roidl]

4 Das Schild an der Hausmauer. [Foto: Josef Roidl]

5 Der Gewölbestadl für Freiluftfeste ist besonders beliebt für Brautentführungen. [Foto: Josef Roidl]

Röhrl das Zepter fest in der Hand und erfüllt Gästeträume. Das hohe Niveau der Küche lässt sich schnell verstehen, wenn man erfährt, dass Küchenmeister Anton Röhrl sein Handwerk bei den ganz Großen der deutschen Küche erlernt hat und in Sternerestaurants von Heinz Winkler, Rüdiger Forst und Franz Feckl gelernt hat. Doch auch exzellenter Service wird im Gasthof Röhrl – Zum Schwarzen Adler großgeschrieben. Denn Claudia Röhrl, selbst gelernte Hotelfachfrau, überlässt nichts dem Zufall und schafft schnell für ihre Gäste eine Wohlfühlatmosphäre. Wir lassen uns heute die abwechslungsreiche Küche schmecken und haben uns für Entenbrust mit Kartoffelkrapfen und Chili-Aprikosen sowie Hähnchenbrust mit Tagliatelle entschieden. Danach noch eine Crème brûlée mit Himbeersorbet und die Welt ist mehr als in Ordnung. Egal was wir im Gasthof Röhrl – Zum Schwarzen Adler schon gegessen haben, auf die Handschrift von Küchenchef Anton Röhrl und seinem Küchenteam ist Verlass. Mit viel Liebe zum Detail wird hier nicht nur interpretiert und abgeschmeckt, sondern auch angerichtet. Kein Wunder, dass der Betrieb auch ein anerkannter Ausbildungsbetrieb ist und seine Auszubildenden mehrere Auszeichnungen auf regionaler und nationaler Ebene erhalten haben. Kehren Sie ein in einen der vielen gemütlichen Räume, die für jeden etwas zu bieten haben. Von urig traditionell über elegant und zurückhaltend bis hin zum modernen Saal ist alles vorhanden. Unser Tipp: Nutzen Sie bei nächster Gelegenheit einen der vielen Buffetvorschläge des Hauses. Bei der letzten Firmenfeier, auf der wir eingeladen waren, war das Küchenteam vom Schwarzen Adler für ein grandioses kaltes Buffet, das man bereits ab 20 Personen buchen kann, verantwortlich.

Inhaber:
Anton Röhrl

Adresse:
Ortsstraße 26
93101 Pfakofen

Telefon:
09451/2958

E-Mail:
info@gasthof-roehrl.de

Öffnungszeiten:
Do. und Fr. 17.00 – 23.00 Uhr
(Küche bis 21.30 Uhr)
Sa. 11.00 – 14.00 Uhr
(Mittagstisch)
17.00 – 23.00 Uhr
(Küche bis 21.30 Uhr)
So. 10.30 – 21.00 Uhr
(Küche 11.00 – 20.00 Uhr
durchgehend)
1. Quartal: nur von
10.30 – 16.00 Uhr geöffnet
(Ausnahmen bei Feierlichkeiten)

Ruhetag:
Montag – Mittwoch

Räumlichkeiten:
Gaststube (30 Plätze)
Antonius-Stüberl (45 Plätze)
St. Georg Stüberl (45 Plätze)
Gewölbestadl (100 Plätze)
Festsaal (250 Plätze)

Besonderheiten:
Valentinstagsmenü,
Top-Ausbildungsbetrieb,
Catering, gut für Feiern aller Art geeignet, Gutscheine,
Silvesterball, diverse
Kulturveranstaltungen.

Biergarten:
Terrasse mit 200 Plätzen

Bier:
Alle Biere von der Brauerei
Graf Arco, Adldorf

Preise:
Suppen: 4,50 €
Brotzeiten: 8,30 – 9,80 €
Hauptgerichte: 9,90 – 19,50 €
Nachspeisen: 4,50 – 9,50 €

Warme Küche:
Siehe Öffnungszeiten

Von Garnelen mit Avocado, Vitello Tonnato, Carpaccio mit Balsamico-Rucola und Parmesan, Bruschetta, Hähnchenspießen mit Asia-Salat bis hin zu Schottischem Lachs, Gegrilltem, mariniertem Gemüse, Tomaten-Brotsalat, Couscous mit Aprikosen und vielen weiteren italienischen Spezialitäten, war alles vorhanden. Vielleicht haben Sie im Sommer Geburtstag – beherzigen unseren Tipp und verbringen Sie gemeinsam mit Ihren Gästen einen traumhaften Abend auf der schönen Terrasse des Hauses. Glauben Sie uns, für ein derartiges Vorhaben lohnt sich wirklich jeder Anlass, und wenn der Geburtstag auch noch so unrund ist.

Fazit

Wo treffen Regionalität, Tradition, Moderne und Herzlichkeit aufeinander? Antwort: im Gasthof Röhrl – Zum Schwarzen Adler. Hier werden bayerische Spezialitäten mit internationalen Klassikern vereint und das mit sehr viel Liebe zum Detail. Seit 1417 lockt der Pfakofener Gasthof nebst der regionalen Küche mit seiner Gastfreundschaft in urig-traditionellem und doch modern-elegantem Ambiente. Der Wirt und Chefkoch Anton Röhrl durchlief nach seiner Ausbildung einige Sternerestaurants in Deutschland, was man auch jetzt an der Küche des Schwarzen Adlers merkt. Er vereint Tradition mit Moderne und setzt auf regionale Spezialitäten. Seine Gattin Claudia, ihres Zeichens Hotelfachfrau und Weinfachfrau, leitet den Service und die Geschäfte im Gasthof mit ihrer herzlichen Art. Das Essen hier ist ein einzigartiges Erlebnis und man kommt gerne immer wieder.

www.gasthof-roehrl.de

 Tradition
 Biergarten
 Gästezimmer

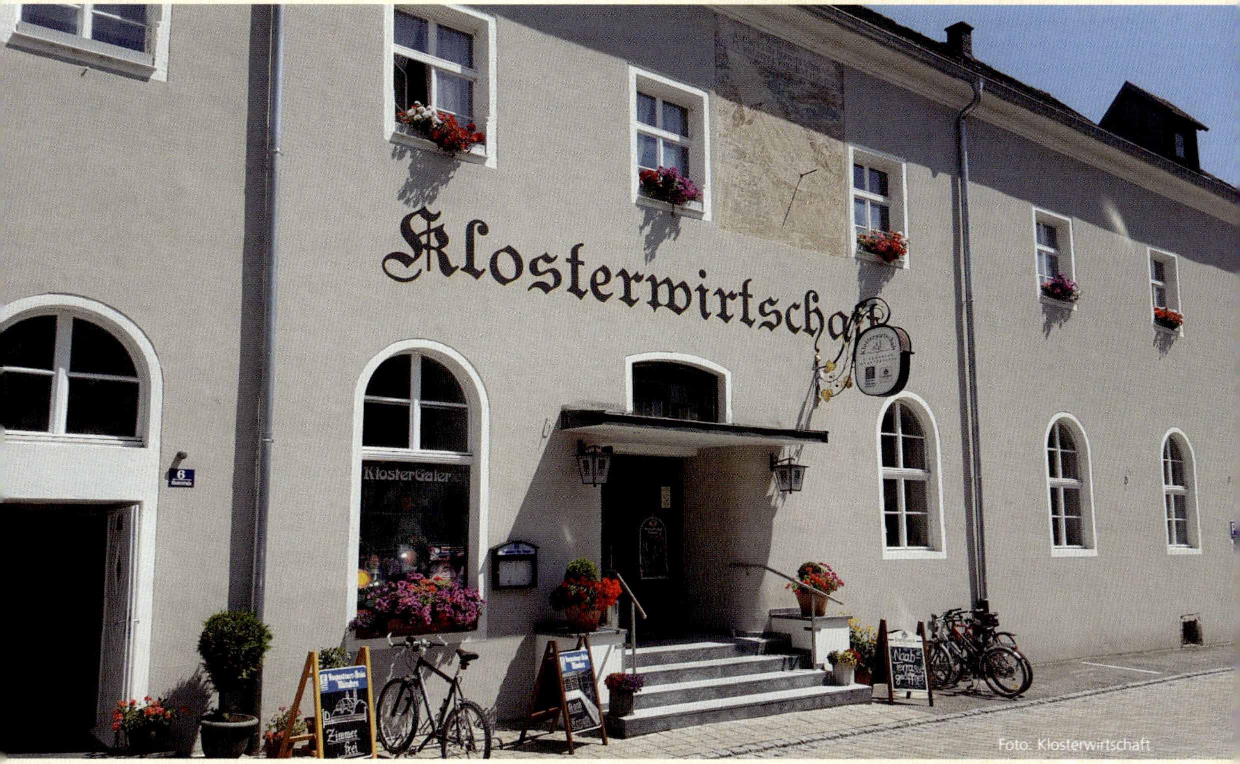

Klosterwirtschaft

Beschreibung

Romantisch gelegen, als Teil einer alten Klosteranlage, schmiegt sich die Klosterwirtschaft Pielenhofen an den Radwanderweg, der direkt durch das idyllische Naabtal zwischen Regensburg und Kallmünz führt. Ein kleiner Bootssteg an der Naab ermöglicht Bootsfahrern den direkten Ausstieg zur Klosterwirtschaft. Und spätestens wenn man mit dem Auge die wunderbare Naabterrasse entdeckt, die einem einen freien Blick auf den Fluss und seine

SCHWEINEBRATEN INDEX	
Leberknödelsuppe:	5,40 €
Schweinebraten mit Knödel & Salat:	13,90 €
Halbe Bier:	3,80 €

Juli 2023

1 Tolle Aussicht von der Naabterrasse. [Foto: Klosterwirtschaft]

2 Naabzimmer mit 300 Jahre altem Sandsteinportal. [Foto: Klosterwirtschaft]

3 Naabzimmer festlich eingedeckt. [Foto: Klosterwirtschaft]

4 Gewölbesaal. [Foto: Klosterwirtschaft]

5 Der Zugang zum einladenden, schattigen Biergarten. [Foto: Klosterwirtschaft]

6 Blick auf die nahegelegene Barockkirche. [Foto: Klosterwirtschaft]

Ufer bietet, muss man einfach einkehren! Immerhin ist diese überdachte Terrasse seit über achtzig Jahren unverändert in ihrer Struktur und bietet dank der Überdachung auch bei unschlüssigem Wetter ein geeignetes Plätzchen an der frischen Luft. Doch auch die Räumlichkeiten der Klosterwirtschaft suchen ihresgleichen. Wer historischen Charme in ehrfürchtigen Mauern sucht, wird hier fündig. Altes Mobiliar und Inventar wurden liebevoll erhalten und ergänzen sich wunderbar mit dem heimeligen Wirtshaus. Neben einem urigen Raum mit wärmendem Kachelofen findet man viele kleine Schmökereckchen, die zum Lesen einladen und teilweise auch mit Tischliteratur ausgestattet sind. Neben der eigentlichen Stube gibt es zudem noch zwei Nebenräume. Zum einen das beliebte Schützenzimmer, das sich für bis zu vierzig Personen eignet und – wie sollte man es auch anders benennen – das Naabzimmer, das bis zu dreißig Personen Platz ermöglicht und von dem aus man direkt auf die Terrasse gelangt. Übrigens: Das Sandsteinportal des Naabzimmers zeigt auf der Inschrift die stolze Jahreszahl 1702. Wer hier wohl schon alles gegessen hat? Wer alles werden wir wohl nicht mehr herausbekommen können, doch dass diese Gäste stets gut bewirtet wurden, darin besteht kein Zweifel. Von Wirtshausklassikern wie Schweinebraten mit Dunkelbiersoße, Sauerkraut und Reiberknödel über Hähnchenkeule mit Zwiebeln, Pilzen, Oliven, Tomaten und Rosmarinkartoffeln, bis hin zum veganen Salat „Waldgeist" – einem Salatteller mit gebratenen Champignons und Kürbiskernen mit Kräutervinaigrette –, in der Klosterwirtschaft Pielenhofen ist für jeden was dabei. Und veranstaltet wird hier auch allerhand. Von Buffetabenden bis zu Themen-

Pächter:
Hans-Willi Biek

Adresse:
Klosterstraße 6
93188 Pielenhofen

Telefon:
09409/1525 – 1005

E-Mail:
info@klosterwirtschaft.de

Öffnungszeiten:
Mi. – Fr. 11.00 – 20.00 Uhr
Sa. ab 11.00 Uhr
So. 9.00 – 20.00 Uhr
(warme Küche ab 11.30 Uhr)

Ruhetag:
Montag und Dienstag

Räumlichkeiten:
Schankraum (35 Plätze)
Schützenzimmer (40 Plätze)
Naabzimmer (30 Plätze)
Naabterrasse (60 Plätze)
Gewölbesaal (120 Plätze)

Besonderheiten:
Beeindruckendes historisches Gebäude und Inventar. Sonntagsbrunch, Buffetabende, Dinnerevents und kulturelle Veranstaltungen aller Art. Möglichkeiten zum Abhalten von Feiern aller Größenordnungen in den diversen historischen Räumlichkeiten.

Biergarten:
Schattiger schöner Biergarten gegenüber des Eingangs mit 100 Plätzen

Bier:
Augustiner Helles, Edelstoff, Pils und Dunkles, Gutmann Weißbier, Scherdel Pils, Weltenburger Dunkles und Bock

Preise:
Suppen: 4,90 €
Brotzeiten: 9,00 – 12,40 €
Hauptgerichte: 10,90 – 20,00 €
Nachspeisen: 3,80 – 6,40 €

Warme Küche:
Durchgehend ab 11.30 Uhr

Übernachten:
9 Doppelzimmer (auch als Einzelzimmer buchbar) mit idyllischer, ruhiger Terrasse, Preise zwischen 50 € und 90 €

dinnern und weiteren kulturellen Highlights ist alles möglich. Hier kann man in lockerer Atmosphäre etwas Besonderes erleben und das fängt meist schon mit einem liebevoll angerichteten Teller an. Sollte es einmal etwas länger dauern – kein Problem. Denn für charmante und geräumige Zimmer ist in der Klosterwirtschaft Pielenhofen ebenfalls gesorgt. Wer, wie zu Anfang erwähnt, als Fahrradtourist oder als Bootsfahrer unterwegs ist, kann dieses getrost unterstellen. Einen schattenspendenden Biergarten, den gibts natürlich auch, gleich gegenüber des Eingangsbereichs der schönen Klosterwirtschaft.

Fazit

Die Klosterwirtschaft Pielenhofen, Teil einer alten Klosteranlage, liegt im romantischen Naabtal, direkt am Naabtalradwanderweg zwischen Regensburg und Kallmünz. Man kann hier ein reiches Spektrum von Wirtshausklassikern, Brotzeiten bis hin zu kreativen, mediterran inspirierten Gerichten oder verführerische Süßspeisen genießen. In den zahlreichen Räumlichkeiten kann man auch Feiern aller Art abhalten oder sich beim immer wieder stattfindenden Sonntagsbrunch, den Buffetabenden, Dinnerevents und kulturellen Veranstaltungen kulinarisch als auch geistig vergnügen.

www.klosterwirtschaft.de

 Tradition
 Biergarten
 Gästezimmer

Foto: Ritterschänke

Ritterschänke Burg Randeck

Beschreibung

Wenn man von Kelheim kommend Richtung Altmühltal fährt, nimmt man unweigerlich die Beschilderung Burg Randeck wahr. Und wenn man eben dieser folgt, gelangt man nicht nur zur Burg hinauf, sondern auch zur Ritterschänke Burg Randeck. Das Gasthaus und die Burg selbst thronen majestätisch über dem Altmühltal und der Blick von der großflächigen Terrasse hinab ins Tal ist vor allem an schönen Tagen wahrhaft atemberaubend. Manchmal

Leberknödelsuppe:	4,50 €
Schweinebraten mit Knödel & Salat:	13,50 €
Halbe Bier:	4,10 €

Juli 2023

1 Terrasse mit Blick aufs Altmühltal. [Foto: Ritterschänke]

2 Das Team der Ritterschänke. [Foto: Ritterschänke]

3 Stilvoll eingedeckter Tisch im Rittersaal. [Foto: Ritterschänke]

4 Tochter Johanna Maria Sturm in der Küche. [Foto: Ritterschänke]

5 Die Vorspeisen sind angerichtet. [Foto: Ritterschänke]

6 Leckeres Dessert. [Foto: Ritterschänke]

7 Sonnenuntergang mit Blick auf Burg Randeck. [Foto: Ritterschänke]

8 Gästezimmer. [Foto: Ritterschänke]

5 6

kann man von hier aus sogar noch die Alpen erkennen und dann geschieht was geschehen muss: Die wunderschöne Aussicht, die Umgebung von sattgrünen Wäldern und die frische klare Luft bietet einem die meist so dringend nötige Entschleunigung vom Alltag. Frage: Was trägt mehr zur Erholung bei, als nicht selbst kochen und für sein leibliches Wohl sorgen zu müssen? Antwort: Nichts! Und sein eigenes Wohl kam man der dritten und vierten Generation der Familie Sturm getrost anvertrauen. Seit Michael und Maria Sturm im Jahr 1950 die Schänke ins Leben gerufen haben, wurde der Familienbetrieb erfolgreich weitergeführt. Maximilian Sturm und seine Frau Waltraud übernahmen 43 Jahre später den Betrieb und mittlerweile ist auch die nächste Generation fest im betrieblichen Ablauf integriert. Während Johanna Maria Sturm als Köchin und Maximiliane Gscheider-Sturm als Konditorin im Betrieb arbeiten, komplettieren Barchef Tobias Gscheider und Sommelier und Servicechef Kayetan Meissner das Ritterschänke-Team. Doch nun zum Wichtigsten, zur Küche des Hauses, bei der jeder Gaumen auf seine Kosten kommt. Egal ob man ein Gericht mit zartem Altmühltaler Lamm von der Schäferei Alfred Eichhorn aus Schernfeld oder eine typisch bayerische Spanferkelkopfsülze bestellt, es erwartet einem in jedem Fall ein Geschmackserlebnis. Ständig wechselnde regionale Spezialitäten findet man auf der umfangreichen Speisekarte. Pfifferlinge, Steinpilze, Abensberger Spargel oder auch Wildbret – auf beste Qualität und heimische Kultur wird in der Ritterschänke Burg Randeck mehr als Wert gelegt. Wer hier einkehrt hat die Wahl: traditionelle oder moderne Küche? Urige Brotzeit oder vegetarische Köstlichkeiten? Gutbürgerlich oder außergewöhnlich? Auf jeden Fall können Sie Ihr Wahlgericht mit einem passenden Getränk genießen. Denn edelste Biersorten von regionalen Brauereien, wie dem Riedenburger Brauhaus, den Brauereien Schneider und Kuchlbauer und der Klosterbrauerei Weltenburg, stehen Ihnen ebenso zur Auswahl

Inhaber:
Maximilian und Waltraud Sturm

Adresse:
Randeck 9
93343 Essing-Randeck

Telefon:
09447/377

E-Mail:
gasthof@ritterschaenke-sturm.de

Öffnungszeiten:
Von Ostern bis 12. Nov. durchgehend geöffnet
10.00 – 22.00 Uhr
13. Okt. – 30. Okt. Betriebsurlaub.
Ab 1. Dez. nur Fr., Sa., So. oder nach Absprache geöffnet.
Ab 2. Jan. 2024 Betriebsurlaub bis Ostern 2024.

Räumlichkeiten:
Ritterstube (40 Plätze)
Großer Panoramasaal (100 Plätze)
Wintergarten (60 Plätze)
Stüberl (40 Plätze)
Tagungsraum (50 Plätze)

Besonderheiten:
Wunderbarer Blick auf die Burg Randeck und aufs Altmühltal, Feiern aller Art sind hier möglich, Hochzeiten mit der Möglichkeit, im Turm der Burg Randeck getraut zu werden, auch Tagungen und Workshops, Burgkonzerte, täglich selbstgebackene Kuchen und Torten. Teilnehmer mehrtägiger Seminare profitieren von den Übernachtungsmöglichkeiten, die durch ihre ruhige Lage für die nötige Erholung sorgen.

7 8

Die umliegende Natur mit Ausflugsmöglichkeiten und Wanderwegen bietet den optimalen Ausgleich zum anstrengenden Tag.

Biergarten/Terrasse:
Biergarten mit 35 Plätze
Terrasse mit 100 Plätzen vor dem Haus mit Blick übers Altmühltal

Bier:
Helles, Pils und Weizen von der Öko-Brauerei Krieger in Riedenburg, Weißbier von der Schneider Brauerei in Kelheim, Dunkles von der Weltenburger Klosterbrauerei, Kuchlbauer Turm-Weiße, Saisonbiere von der Brauerei Schneider in Essing

Preise:
Suppen: 4,90 €
Kleine Gerichte: 9,50 – 19,80 €
Hauptgerichte: 12,90 – 29,50 €
Nachspeisen: 4,30 – 9,50 €

Warme Küche:
11.00 – 14.00 Uhr und
17.30 – 20.00 Uhr

Übernachten:
Modern eingerichtete Zimmer, teilweise mit Balkon, zwischen 110 € und 120 €

wie eine gut sortierte Weinkarte mit Produkten aus verschiedenen Anbaugebieten. Bei unserem letzten Besuch fiel unsere Essenswahl auf Schweinekrustenbraten, der übrigens täglich ofenfrisch gebraten wird, mit Dunkelbiersoße, Reiberknödel und Krautsalat sowie auf eine über dreizehn Stunden im eigenen Saft geschmorte Ochsenbrust mit kräftiger Burgundersoße und gemischten Knödeln. Unsere kritische und vegetarisch essende Freundin genoss gemischte Schwammerl in Kräuterrahm mit Gemüsepflanzerl, Semmelknödel und gemischten Salat. Was sollen wir sagen? Auch sie war, ebenso wie wir, von ihrem Essen zum wiederholten Male begeistert. Kleiner Tipp: Verlassen Sie die Ritterschänke Burg Randeck nie vor dem Dessert – Sie würden es sonst bitter bereuen. Und falls Sie möchten, dass Ihre Entschleunigung nach dem Dessert noch ein wenig länger andauert, dann buchen Sie doch einfach eines der geräumigen Zimmer und genießen Sie fernab von Lärm und Hektik weiterhin den unvergleichlichen Blick ins Altmühltal.

Fazit

Die Ritterschänke gleich neben der Burg Randeck, hoch über dem Altmühltal gelegen, ist ein Familienbetrieb, in dem man sowohl Produkte aus der eigenen Metzgerei als auch lokale Spezialitäten wie Altmühltaler Lamm oder Abensberger Spargel genießen kann. In dem Traditionsbetrieb ist die vierten Generation mittlerweile fester Bestandteil des Betriebes, zeigt ihr im In- und Ausland erworbenes Können und verwöhnt die Gäste sowohl mit gutbürgerlichen als auch außergewöhnlichen Gerichten.

Der Ausblick auf die gleich angrenzende Burg Randeck und die beeindruckende Sicht auf das Altmühltal lassen jeden Besuch hier – sei es zum Genießen der gebotenen Köstlichkeiten, zu einem Workshop oder einfach nur zu ein paar Tage hier Verweilen – zu einem unvergesslichen Erlebnis werden.

www.ritterschaenke-sturm.de

Anzeige

Bayerische Wirtshauskultur

ISBN 978-3-86646-390-5 · Preis: 14,90 €

ISBN 978-3-95587-070-6 · Preis: 14,90 €

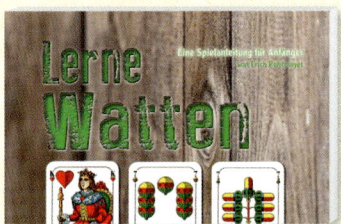

ISBN 978-3-95587-090-4 · Preis: 14,90 €

ISBN 978-3-95587-056-0 · Preis: 9,95 €

ISBN 978-3-95587-023-2 · Preis: 9,95 €

Battenberg Gietl Verlag GmbH
Pfälzer Straße 11 · 93128 Regenstauf
Tel. 0 94 02/93 37-0
E-Mail: info@battenberg-gietl.de

Fordern Sie kostenlos unser Verlagsprogramm an!
Unser komplettes Programm mit Leseproben finden Sie online unter
www.battenberg-gietl.de/heimat

Tradition **Biergarten** **Gästezimmer**

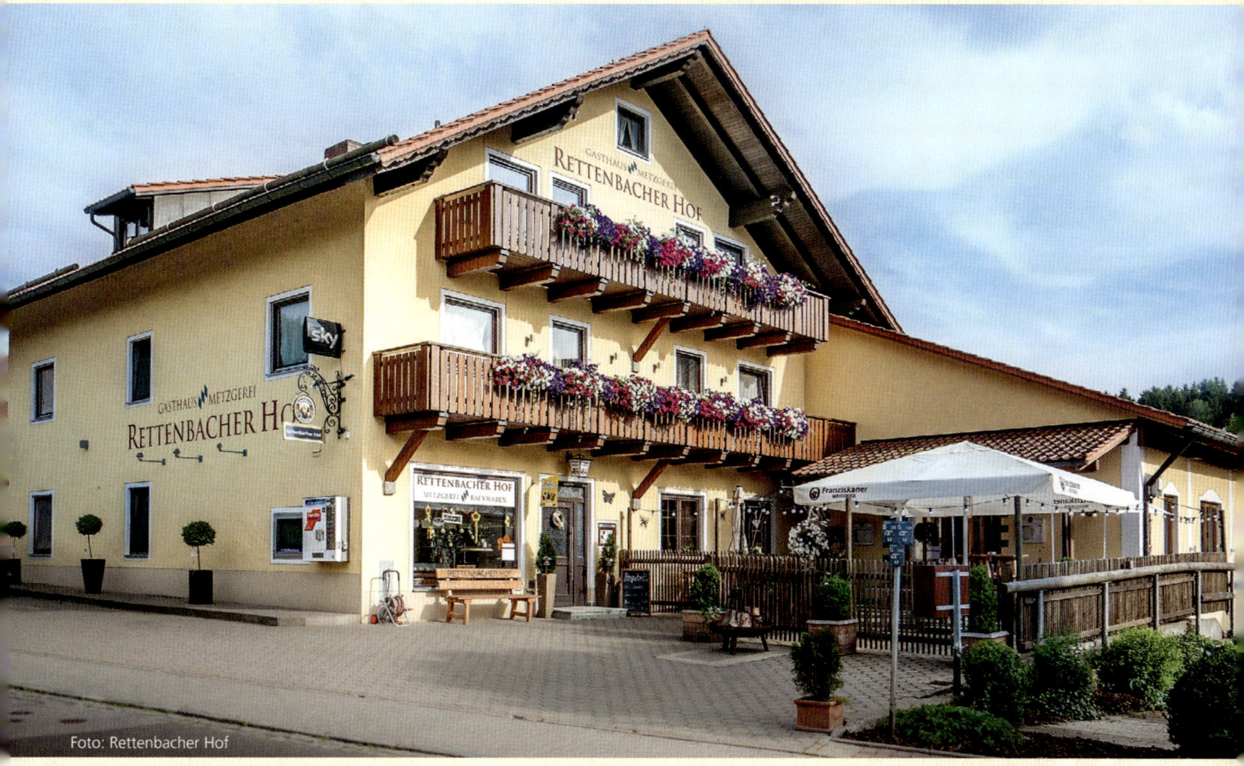

Foto: Rettenbacher Hof

Rettenbacher Hof

Beschreibung

Der imposante Rettenbacher Hof, der mittig in dem gleichnamigen Örtchen liegt, das wiederum die südlichste Gemeinde im Oberpfälzer Landkreis Cham ist, fällt jedem auf, der daran vorbeifährt. Und das natürlich nicht nur dann, wenn wieder eine größere Gesellschaft vor dem Haus eingetroffen ist, sondern auch an einem ruhigeren Tag, wenn die Sonne auf die mit bunten Geranien bepflanzten Balkonkästen strahlt und das schöne Wirtshaus

Leberknödelsuppe:	4,90 €
Schweinebraten mit Knödel & Salat:	12,90 €
Halbe Bier:	3,10 €

Juni 2023

1 Wunderschön garnierte Käseplatte. [Foto: Felix Liedl]

2 Knuspriges Spanferkel am Grill. [Foto: Rettenbacher Hof]

3 Rettenbacher Hof – einfach sauguad! [Foto: Rettenbacher Hof]

4 Inhaber, Metzgermeister und Koch Siegfried Höcherl jun. inmitten seines Teams. [Foto: Rettenbacher Hof]

5 Das junge und dynamische Ehe- und Wirtspaar Sabrina und Siegfried Höcherl. [Foto: Christian Greller]

6 Der festlich eingedeckte Saal. [Foto: Rettenbacher Hof]

Rettenbach | Rettenbacher Hof

Inhaber:
Siegfried Höcherl jun.

Adresse:
Dorfstr. 18
93191 Rettenbach

Telefon:
09462/1049

E-Mail:
info@rettenbacher-hof.de

Öffnungszeiten:
Mo. 7.00 – 12.30 Uhr
Di. 7.00 –14.00 Uhr
Mi. – Do. 7.00 – 14.00 Uhr
18.00 – 22.00 Uhr
Küche offen 18.00 – 20.30 Uhr
Fr. 7.00 – 18.00 Uhr
18.00 – 22.00 Uhr
Küche offen 18.00 – 20.30 Uhr
Sa. 7.00 – 12.30 Uhr
18.00 – 22.00 Uhr
Küche offen 18.00 – 20.30 Uhr
So. 10.00 – 14.00 Uhr
Küche offen 11.00 – 13.30 Uhr

Räumlichkeiten:
Gastraum (25 Plätze)
Nebenraum (55 Plätze)
Saal mit Tanzfläche (160 Plätze)

Besonderheiten:
Die SiGi DiBar, eine kleine moderne Bar für die jüngere Generation.
Eigene Kegelbahn.

Biergarten:
Vor dem Haus, bietet 35 Gästen Platz

Bier:
Löwenbräu München, Löwenbräu Passau, Karmeliten u.a.

Preise:
Suppen: 2,80 – 4,50 €
Brotzeiten: 7,00 – 8,50 €
Hauptgerichte: 10,90 – 19,90 €
Nachspeisen: 1,20 – 5,80 €

Warme Küche:
Durchgehend zu den Öffnungszeiten

Übernachten:
4 Doppelzimmer, Preise pro Person inkl. Frühstück nach telefonischer Absprache

zum Verweilen einlädt. Doch nicht nur die Augen werden magisch vom Rettenbacher Hof angezogen, sondern auch die Nase. Je näher man dem Eingangsbereich kommt, desto mehr steigt einem der köstliche Duft von herzhaften Schmankerln entgegen. Und spätestens dann, wenn man in die Stube des Wirtshauses eintritt und kurz danach die Speisekarte begutachtet, wird einem klar, dass man hier richtig ist. Das reichhaltige Angebot an bayerischen Spezialitäten und herzhaften Steakgerichten überzeugt ebenso wie die familiäre Gastlichkeit des Serviceteams. Hier kann man erfolgreich den Alltag hinter sich lassen und das Leben genießen. Und dass der Genuss nicht zu kurz, sondern auch auf den Teller kommt, dafür sorgt Küchenchef und Geschäftsinhaber Siegfried Höcherl junior. Nachdem der heutige Wirt Ausbildungen als Koch im Hotel Held in Regensburg und als Metzger in der Metzgerei Höcherl in Falkenstein absolviert hatte, konnte er sein Fachwissen erfolgreich im Landhaus Feckl in Stuttgart beim dortigen Sternekoch und später einige Jahre im elterlichen Betrieb erweitern. Und diese Erfahrung schmeckt man einfach! Festliche Gerichte, die ausschließlich mit frischen und regionalen Zutaten gekocht werden. Wurst und Fleischwaren, die täglich frisch aus der verwandtschaftlichen Metzgerei Höcherl aus Falkenstein kommen. Und das alles liebevoll von Meisterhand zubereitet, was will man mehr? Ein Grillereignis vielleicht? Kein Problem: Die Grillmeister des Rettenbacher Hofes bereiten gerne für Sie und Ihre 50 bis 350 Gäste deftige Schmankerl aus dem eigens dafür konstruierten Spezialgrill zu. Sie möchten bei Ihrer Firmenfeier einen klassischen Braten genießen und benötigen dazu Platz für 250 Personen und eine geeignete

Bühne? Auch kein Problem. Der Rettenbacher Hof bietet Ihnen einen modernen Veranstaltungssaal und man kümmert sich auf Wunsch auch um eine individuelle Saal- und Tischdekoration. Und für die nötigen Übernachtungsmöglichkeiten ist ebenfalls gesorgt: Eine Übernachtung in einem der hellen und freundlichen Zimmer ist der ideale Abschluss eines entspannten Abends. Doch vergessen Sie dabei nicht, dass die Lage des Rettenbacher Hofes auch der optimale Ausgangspunkt für sportliche Abwechslung oder Wanderungen und Ausflüge ist. Reservieren Sie doch eine der hauseigenen Kegelbahnen und verbringen Sie Zeit in geselliger Runde. Oder falls Sie es etwas ruhiger angehen lassen wollen, werfen Sie einfach mal die Angel im nahegelegenen Stausee aus. Egal für was Sie sich entscheiden, eins ist sicher: Ein Aufenthalt im Rettenbacher Hof ist Genuss pur!

Der Rettenbacher Hof ist die Anlaufstelle für trendig bayerische Küche, modern rustikales Ambiente und gelebte Oberpfälzer Gastlichkeit. Wer sich von kulinarischen Spezialitäten überraschen lassen möchte, die einem auf der Zunge zergehen und aus regionalen Zutaten bestehen, der sollte schnellstmöglich im Rettenbacher Hof einkehren und sich eine Auszeit gönnen.

Fazit:

Traditionelles Gasthaus mit bayerischen Schmankerln, bietet außerdem noch einen Party-Service nebst selbst konstruiertem Spanferkel-Grill und Kühlanhänger zum Ausleihen an. Es gibt günstige Übernachtungsmöglichkeiten inklusive einer Hochzeits-Suite. Nahe am Naturschutzgebiet „Höllbachtal" gelegen, wo man schön wandern kann. Nahe am Rettenbacher Stausee, wo geangelt werden kann.

www.rettenbacher-hof.eatbu.com

Tradition

Biergarten

Gästezimmer

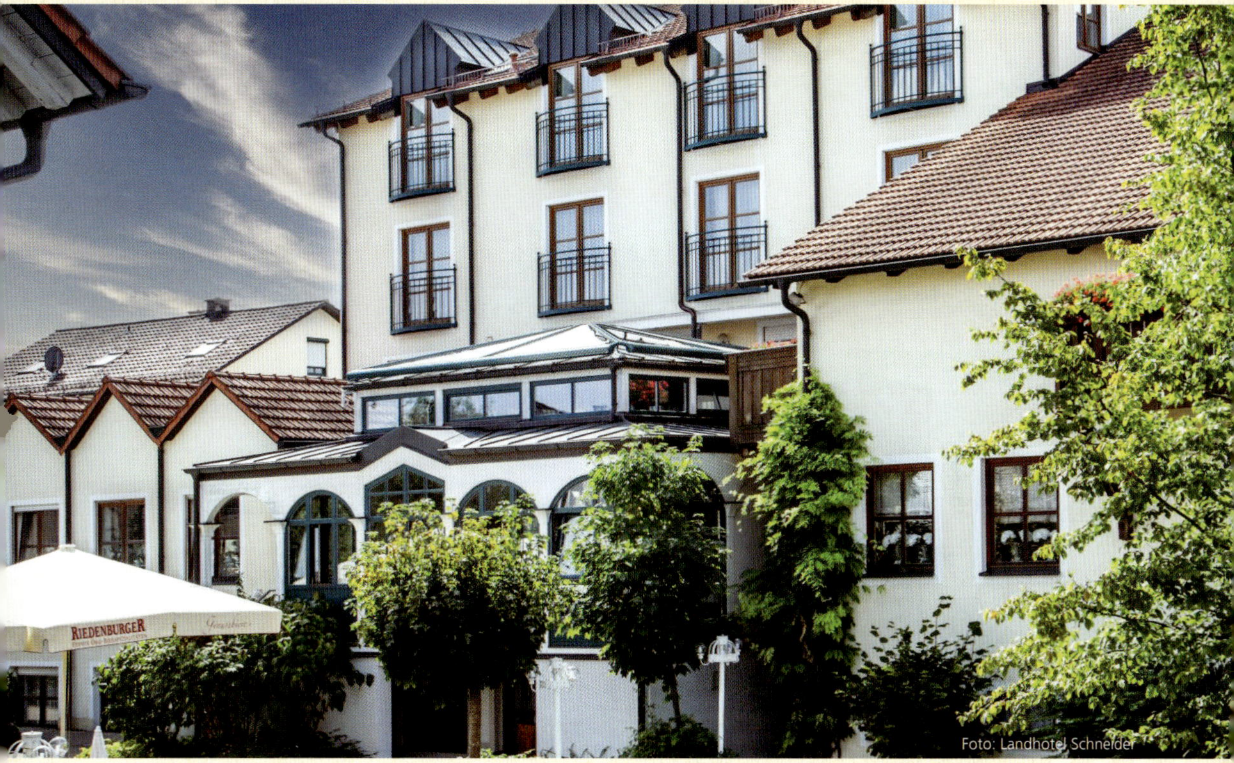

Foto: Landhotel Schneider

Landhotel Schneider

Beschreibung

Wenn man von Kelheim kommend Richtung Riedenburg ins Altmühltal fährt, geht es nach Essing links zu dem kleinen Örtchen Buch. Serpentinenartig führt die Straße hinauf und man ahnt schnell, dass man hier richtig liegt, wenn man ein beliebtes Wirtshaus zum Einkehren sucht. Eigentlich muss man in den warmen Sommermonaten nur den Radfahrern folgen, denn diese haben dort fast alle das gleiche Ziel – nämlich den gemütlichen Hofgarten des Land-

Leberknödelsuppe:	4,50 €
Schweinebraten mit Reiber- und Semmelknödel:	11,90 €
Halbe Bier:	3,90 €

Juli 2023

1 Die besonders bequemen Sitzgelegenheiten im angenehm ruhigen Biergarten. [Foto: Landhotel Schneider]

2 Familie Schneider. [Foto: Landhotel Schneider]

3 Geschmackvoll dekorierte Tische in der gemütlichen Elisabethstube. [Foto: Landhotel Schneider]

4 Als Starter die leckere Maultaschensuppe. [Foto: Landhotel Schneider]

5 Köstliche, phantasievolle Burgervariationen sind auf der Speisekarte zu finden. [Foto: Gabi Kiesl]

6 Sehr zu empfehlen: die geschmorte Ochsenbrust mit Hopfen- und Reiberknödel. [Foto: Gabi Kiesl]

7+8 Die heimelig eingerichteten Doppelzimmer laden zu einem längeren Besuch ein. [Foto: Landhotel Schneider]

5 6

hotels Schneider. Und auch wenn wir selbst letztes Mal mit dem Auto angereist sind, so konnten wir durchaus gut nachempfinden, wie appetitfördernd der Weg zu Fuß oder mit dem Fahrrad hinauf zum schön gelegenen Biergarten des Hauses Schneider sein muss. Und dieser Weg lohnt sich auf jeden Fall. Bereits von Weitem kann man auf den gemütlichen Hofgarten blicken, der großräumig angelegt ist und mit Holzbänken mit bequemen Lehnen, langen Tischen und schattenspendenden Sonnenschirmen lockt. Viele Biergartenbesucher – Familien mit Kindern, Wandergruppen oder Tagesausflügler mit Vierbeinern – lockt das schöne und ruhig gelegene Landhotel gleichermaßen an. Doch das liegt natürlich nicht nur an dem windgeschützten Garten, sondern in erster Linie an der traditionellen Wirtshauskultur und der bayerisch-modernen Kochkunst. Vom einfachen Leberwurstbrot angefangen bis hin zum Spargel-Burger ist hier alles erhältlich. Die umfangreiche Speisekarte lässt jeden das Seine finden. Wir zum Beispiel kamen dieses Mal in einer Gruppe und ließen uns zur Vorspeise Brennnesselsuppe und Brezenknödelsuppe schmecken, um uns im Anschluss ein Potpourri an verschiedenen Hauptgerichten servieren zu lassen. Von Wild bis Ochsenbraten, Knödel-Trilogie, Käsespätzle oder Spezial-Burger – alles war in gut bayerischer Manier und mit gehobenem Anspruch serviert worden und hat uns allen außerordentlich gut geschmeckt. Nur den hausgemachten Kuchen zum Kaffee konnten wir lediglich am Nachbartisch beäugen, da wir keinen Bissen mehr heruntergebracht hätten. Das zufriedene Paar am Nebentisch versicherte uns, dass wir es schwer bereuen würden, wenn wir den leckeren Kuchen nicht probieren würden. Sie hatten recht, doch nicht allzu lange, denn der nächste Wirtshausbesuch im Landhotel Schneider wurde von uns bereits am selben

Inhaber:
Anna und Konrad Schneider

Adresse:
Kirchstraße 3
93339 Riedenburg-Buch

Telefon:
09442/1659

Telefax:
09442/3384

E-Mail:
info@landhotel-schneider.com

Öffnungszeiten:
Täglich geöffnet
warme Küche Mo. – Sa.
11.30 – 13.30 Uhr und
17.30 – 20.00 Uhr
warme Küche
Sonn- und Feiertage:
11.00 – 14.00 Uhr und
17.00 – 20.00 Uhr

Ruhetag:
Keiner

Räumlichkeiten:
Konrad-Stube (45 Plätze)
Wirtsstube (18 Plätze)
Wintergarten (55 Plätze)
Ludwigstube (30 Plätze)
Anna- und Elisabethstubn
(180 Plätze kombinierbar)
Sonnenterrasse
Innenhofgarten

Besonderheiten:
Altmühltaler Lamm von den Wacholderheiden der nahegelegenen Hänge mit extravagantem Geschmack.
Bayerische Tradition kombiniert mit moderner Kochkunst.
Regionale Küche verfeinert mit internationalen Nuancen.

Verschiedenste, themenbezogene Übernachtungspakete für alle, die mal abschalten wollen. Gourmetwoche und „Romantisches Altmühltal" im Advent.

Biergarten:
Im Hof mit ca. 80 Plätzen

Bier:
Alle Biere der Schneider Brauerei, Kelheim

Preise:
Suppen: 4,50 – 4,90 €
Brotzeiten: 9,00 – 10,90 €
Hauptgerichte: 9,00 – 27,80 €
Nachspeisen: 3,90 – 9,80 €

Warme Küche:
Montag – Samstag
11.30 – 13.30 Uhr und
17.30 – 20.30 Uhr
Sonn- und Feiertage:
11.00 – 14.00 Uhr und
17.00 – 20.00 Uhr

Übernachten:
65 Betten in Ein-, Zwei-, Drei- und Vierbettzimmern mit allem Komfort

Nachmittag beschlossen. Nächstes Mal, so waren wir uns einig, wollten wir in eine der vielen Stuben einkehren, obwohl uns ehrlich gesagt die Wahl der Räumlichkeiten schwerfallen wird. Sollten wir dafür die Konradstube – das Herzstück des Hotels – oder die Anna-, Elisabeth- oder Ludwigstube wählen? Den Wintergarten, die Sonnenterrasse oder doch wieder den Hofgarten? Nach kurzer Überlegung war schnell klar, dass wir auf die traditionelle Wirtsstube des Hauses zurückgreifen würden. Denn dies ist zwar die kleinste Stube, aber auch die gemütlichste und sie bietet nicht nur Einheimischen und Stammgästen Platz, sondern auch allen, die gern zusammensitzen und sich austauschen wollen. Eben genau das, was ein schönes Wirtshaus ausmacht: Geselligkeit und ein warmherziges Miteinander. Und sogar unsere nächste Speisenauswahl ist bereits geklärt: Altmühltaler Lamm, saftige Steaks und Fischspezialitäten lassen wir uns bei unserer nächsten Einkehr servieren. Und unser Auto lassen wir demnächst unten am Donauufer stehen und wandern zu Fuß hinauf nach Buch. Vielleicht schaffen wir dann endlich auch ein Stück Kuchen nach dem Hauptgang oder eines der sensationellen Desserts.

Fazit

Das Landhotel Schneider in Buch bei Riedenburg besticht durch seine gute regionale Küche mit durchaus internationalem und teilweise angenehm erfindungsreichem Touch. Hier macht schon das Lesen der Speisekarte Spaß und das Genießen der tollen, variantenreichen Gerichte lässt einen sehr gerne wiederkehren. Es ist ein gut organisierter Familienbetrieb und das merkt man von Anfang an.
Nicht zu erwähnen braucht man hier die Umgebung mit zahlreichen beliebten Ausflugszielen, von denen man vor dem Besuch dieses aussergewöhnlichen Gasthauses zusätzlich angezogen wird.

www.landhotel-schneider.com

Tradition

Biergarten

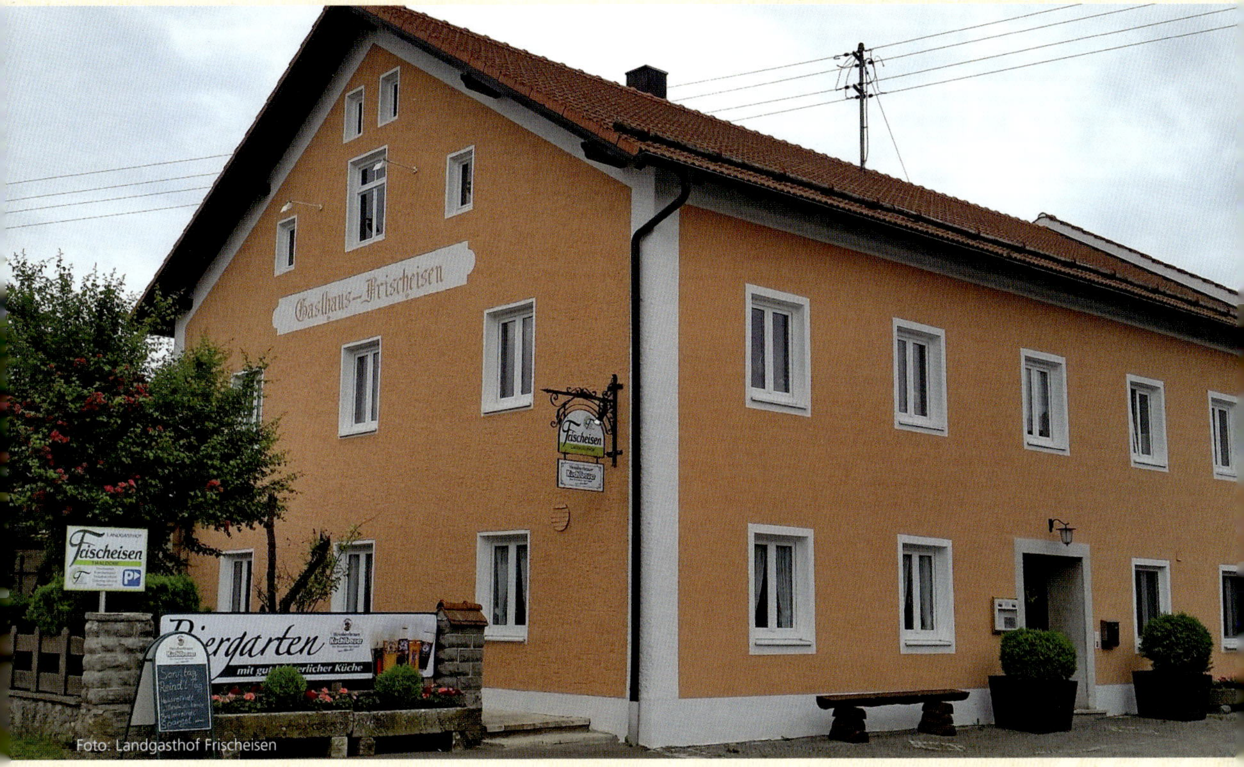

Foto: Landgasthof Frischeisen

Landgasthof Frischeisen

Beschreibung

Malerisch gelegen, direkt gegenüber der kleinen Kirche und inmitten des Ortes Thaldorf befindet sich der Landgasthof Frischeisen. Die Wirtshausgeschichte des Hauses lässt sich bis zum Jahre 1880 zurückverfolgen. Kein Wunder also, dass dieses Haus hungrige Gäste seit jeher magisch anzieht. Und wer, wie wir, das große Glück hat, das gepflegte Wirtshaus an einem sommerlichen Tag kennenzulernen, der wird dies sicherlich nicht bereuen.

Leberspätzlesuppe:	3,90 €
Schweinebraten mit Knödel & Sauerkraut:	11,50 €
Halbe Bier:	3,50 €

Juli 2023

1 Ein Cordon bleu, wie man es gerne mag.
[Foto: Gabi Kiesl]

2 Saisonales Spargelgericht, kunstvoll angerichtet.
[Foto: Landgasthof Frischeisen]

3 Die urige Stube lädt zum Verweilen ein.
[Foto: Landgasthof Frischeisen]

4 Blick vom weitläufigen Garten aus auf die Dorfkirche. [Foto: Gabi Kiesl]

5 Hier sind Familien willkommen. [Foto: Gabi Kiesl]

6 Der Troadbod'n für rustikale Festlichkeiten.
[Foto: Landgasthof Frischeisen]

7 + 8 Festlicher Saal mit eingedeckten Tischen.
[Foto: Landgasthof Frischeisen]

Schon von Weitem erkennt man den vielversprechenden Rundbogen des Eingangs zum Biergarten. Doch der schmale Blick hindurch trügt, denn dahinter verbergen sich nicht nur die üblichen Biergarten-Freisitze, die man in einem Landgasthof vermutet, sondern auch ein wunderschöner und weitläufiger Garten. Dort kann man sogar direkt unter Obstbäumen oder an einem großen Steintisch sitzen, während Kinder in dem umzäunten Garten herumtollen und sich sicherlich an den vielen verschiedenen Tieren im Garten erfreuen. Dort können sie rutschen, schaukeln, klettern oder gemeinsam im geräumigen Trampolin hüpfen. Fernab von Hektik, Trubel und Straßenverkehr kann man hier zur Ruhe kommen, barfuß Natur und scheinbar ganz nebenbei hervorragendes Essen genießen. Bei den Wirtsleuten Frischeisen kann man zusammenkommen, fühlt man sich wohl – wie es eben in einem bayerischen Wirtshaus sein sollte. Sabine und Markus Frischeisen haben ein wahres Refugium geschaffen, in das man sich gerne als Gast zurückzieht. Hier steht der Wirt noch persönlich in der Küche, hier bedient einen die Wirtin manchmal auch noch selbst. Gepflegte Gastlichkeit in unmittelbarer Nähe des malerischen Donaudurchbruchs, ein frisch angezapftes Kuchlbauer Dunkel und die Vorfreude auf ein leckeres Essen – was will man mehr? Egal ob ein klassisches Schnitzel in Butter gebraten mit Pommes und Salat, ein saisonales Spargelgericht mit Salzkartoffeln oder Bärlauch-Käsespätzle mit Röstzwiebeln: Alles wird hier selbstverständlich frisch, regional und mit viel Liebe auf den Teller gebracht. Doch lassen Sie sich nicht täuschen, denn Markus Frischeisen kocht durchaus auch internationale Küche, und das mit sehr viel Raffinesse. Selbstverständlich bietet der Landgasthof Frischeisen auch den idealen Anlaufpunkt für sämtliche Festivitäten, Familienfeiern, Hochzeiten und

Inhaber:
Sabine und Markus Frischeisen

Adresse:
Hauptstraße 6
93309 Kelheim, OT Thaldorf

Telefon:
09441/8591

E-Mail:
info@landgasthof-frischeisen.de

Öffnungszeiten:
Do. und Fr. ab 16.00 Uhr
Sa. und So. ab 11.00 Uhr
oder nach Vereinbarung

Ruhetag:
Montag bis Mittwoch

Räumlichkeiten:
Wirtsstube (35 Plätze)
Festsaal (ca. 180 Plätze)
Troadbod'n (ca. 120 Plätze)

Besonderheiten:
In unmittelbarer Nähe zum Donaudurchbruch/Weltenburger Enge gelegen, aber abseits von Trubel und Hektik.
Täglich eine neue Speisekarte.
Schöner Kinderspielplatz.
Der frühere Getreideboden für Festlichkeiten der besonderen Art.
Öffnungszeiten „bis der Letzte geht".

Biergarten:
Der romantische Biergarten mit den Schatten spendenden Obstbäumen hat ein ganz besonderes Flair. Er bietet ca. 150 Plätze und bei privaten Veranstaltungen können die Sitzgelegenheiten auch frei aufgestellt werden. Gleich nebenan befindet sich ein Spielplatz ... fernab vom Straßenverkehr.

Bier:
Alle Biere von der Weißbierbrauerei Kuchlbauer, Abensberg
Original Weißbier von der Brauerei Schneider, Kelheim
Schierlinger Pils

Preise:
Suppen: 3,90 €
Brotzeiten: ab 7,00 €
Hauptgerichte: 10,90 – 18,90 €
Nachspeisen: 5,50 – 6,50 €

Warme Küche:
Durchgehend zu den Öffnungszeiten

7 8

Taufen in einem traumhaften Ambiente. Unser Tipp: Schwingen Sie sich auf ihr E-Bike, steigen Sie in Ihr Auto oder in den nächsten Bus und genießen Sie einen wunderschönen Ausflug mit kulinarischem Abschluss im urgemütlichen Landgasthof Frischeisen bei bayerischer und gut gelaunter Stimmung. Wir jedenfalls kommen immer wieder gerne zu Besuch und können ein Wiedersehen kaum erwarten.

Fazit

Ist man einmal beim Essen dort gewesen, beim Landgasthof Frischeisen in Thaldorf bei Kelheim, wird man gerne immer wiederkommen um die bayerisch-traditionellen oder auch ausgefalleneren Gerichte und saisonalen Schmankerln zu genießen. Die netten Wirtsleute Frischeisen haben sich auch auf Feste aller Art spezialisiert: Hochzeiten (samt Saaldekoration), Taufen, Geburtstage, Familienfeiern in allen Größenordnungen. Der urige Troadbod'n macht Familienfeiern oder Vereinsfeste zu einem unvergesslichen Erlebnis und die Nähe zum Weltenburger Donaudurchbruch lockt auch viele Wanderer an.

www.landgasthof-frischeisen.de

Tradition

Biergarten

Gästezimmer

Foto: Gabi Kiesl

Gasthof zur Walba

Beschreibung

Der Gasthof „Zur Walba", so scheint es, hat die Sonne gepachtet. Strahlt der Stern nicht hell vom Himmel, so ist er für unzählige Radfahrer als Einkehrziel gleich nochmal begehrter. Denn immerhin liegt die Walba direkt am „Tour de Baroque"-Radwanderweg, der flussabwärts am Donauufer nach Regensburg und flussaufwärts zum Kurort Bad Abbach führt. Für Wanderer, Radfahrer und Skater ist die beliebte Strecke inmitten herrlicher Landschaft eine

SCHWEINEBRATEN INDEX

Grießnockerlsuppe:	4,80 €
Schweinebraten mit Knödel & Sauerkraut:	15,90 €
Halbe Bier:	4,50 €

Juli 2023

1 Der Gastraum. [Foto: Josef Roidl]

2 Der Kachelofen im hinteren Bereich des Gastraums. [Foto: Josef Roidl]

3 Ein Ortsname, den man dem Navi buchstabieren sollte. [Foto: Gabi Kiesl]

4 Hier wird Radfahrern geholfen. [Foto: Gabi Kiesl]

5 Das Eingangstor zum Biergartenparadies. [Foto: Gabi Kiesl]

Unterirading | Gasthof zur Walba

5

Inhaber:
Eva Menzl

Adresse:
Unterirading 1
93080 Pentling

Telefon:
09405/2102

E-Mail:
kontakt@walba.de

Öffnungszeiten:
Mo. – So. 10.00 – 22.00 Uhr

Ruhetag:
Oktober bis März
am Montag Ruhetag

Räumlichkeiten:
Gasttraum, in 2 Räume
abteilbar (150 Plätze)
Gewölbe (50 Plätze)
Saal (180 Plätze)

Besonderheiten:
Vom Landkreis ausgezeichnetes „Kinderfreundliches Wirtshaus". Schöner Blick zur Donau vor dem Haus, vom Biergarten aus. Umzäunter Spielplatz. Direkt am „Tour-de-Baroque"-Radwanderweg gelegen. Am 1. Mai spielt die Kapelle Josef Menzl auf. Diverse Kultur- und Konzertveranstaltungen.

Biergarten:
Schöner Biergarten mit toller Aussicht zur Donau, 400 Plätze

Bier:
Alle Biere von der Spitalbrauerei Regensburg, Weißbier von der Brauerei Schneider, Kelheim

Preise:
Suppen: 4,80 €
Brotzeiten: 7,50 – 12,50 €
Hauptgerichte: 13,90 – 22,80 €
Nachspeisen: 7,50 €

Warme Küche:
Durchgehend

Übernachten:
6 Doppelzimmer,
1 Dreibettzimmer,
2 Ferienwohnungen,
ab 90 €

absolute Traumtour. Kein Wunder also, dass der Gasthof „Zur Walba", der direkt an der blauen Donau gelegen ist, ein beliebtes Ziel für eine kürzere oder längere Rast ist und auch gern als Übernachtungsmöglichkeit genutzt wird. Mitten in der Natur aus seinem Pensionszimmer und entspannt auf das fließende Gewässer der Donau zu blicken, das hat schon was. Und hungrig bleibt dabei auch niemand. Denn im Wirtshaus „Zur Walba" wird mit viel Leidenschaft gekocht. Das Küchenteam verarbeitet ausschließlich Produkte aus der Region. Der Fisch zum Beispiel, der schwimmt direkt am Wirtshaus vorbei. Daher finden sich hervorragende Forellen, Saiblinge, Zander und Hechte auf der täglich wechselnden Speisekarte. Und heimische Jägerinnen und Jäger sorgen dafür, dass darauf auch regelmäßig regionales Wild zu finden ist. Ein echter Walba-Klassiker ist übrigens das sogenannte Brotzeitquartett. Auf viergeteilten Tellern, ganz wie es in den 1970er-Jahren üblich war, wird das aus warmen und kalten Speisen bestehende Quartett serviert. Darauf findet man dann meist Bärlauchspätzle mit Schinken und Bergkäse, Schnitzel Wiener Art mit Kartoffelsalat, eine Tafelspitzsülze und Limburger Käse im Sauerbiersud vor. Und glauben Sie uns: Dieser Teller sieht nicht nur sensationell aus, er schmeckt auch so! Als Dessert schlagen wir einen bayerischen Klassiker vor, nämlich den Semmelschmarrn mit Erdbeer-Rhabarber-Kompott – sommerlicher geht's nicht! Und wo wir gerade bei der schönsten Jahreszeit sind: Bei Sommerwetter sollten Sie Ihr Essen unbedingt auf der riesigen Terrasse, die locker vierhundert Gästen Platz bietet, einnehmen. Bei kühleren Temperaturen können Sie sich selbstverständlich auch im geräumigen und von Holz dominierten Gastraum bewirten lassen. Beeindruckend ist auch der ehemalige Stall, der zu einem Gewölbekeller umgebaut wurde und sich hervorragend für Familienfeste eignet. Dabei handelt es sich um den einzigen Teil des Hauses, dessen historische Bausubstanz noch bis heute erhalten wurde und in dem auch das Frühstück für die Übernachtungsgäste serviert wird. Jetzt fragen Sie sich sicher, warum das Wirtshaus eigentlich „Zur Walba" heißt, das ist einfach erklärt. Denn es wurde nach der einstigen Wirtin Walburga benannt. Witzigerweise hat auch heute noch eine Wirtin im Haus das Sagen – Eva Menzl nämlich, die selbst aus einer traditionsreichen Wirte-Familie stammt und der ehemaligen Walburga in nichts nachsteht. Also machen Sie sich auf „Zur Walba" und genießen Sie bei gutem Essen oder mehr die herrliche Donaulandschaft. Egal ob Sie aus München, Nürnberg, Regensburg oder dem Rest der Welt anreisen. Eine Einkehr in die Walba kann man eigentlich nicht in Kilometern messen, die Sehnsucht nach dem schönen Wirtshaus an der Donau verzeiht schon mal ein paar hundert Kilometer.

Fazit

Das Wirtshaus „Zur Walba" ist vielleicht das schönste an der Donau, die Lage des angenehmen Biergartens bewirkt, dass man die Sonne bis zum Untergang mit tollem Blick zur Donau genießen kann. Die Speisen sind traditionell bayerisch unter Verwendung durchwegs regionaler Zutaten, der Ort ist auch prädestiniert für Feiern aller Art. Durch den sicheren Kinderspielplatz und die Kinderkarte gefällt es natürlich auch dem Nachwuchs. Wenn man auf dem vorbeiführenden „Tour de Baroque"-Radwanderweg an der Donau entlang hier vorbeikommt, hat man eine optimale Einkehr- und Übernachtungsmöglichkeit. Von Zeit zu Zeit können hier auch Kultur- und Musikevents miterlebt werden, ein Highlight ist sicher ein Auftritt von der Kapelle Josef Menzl, dem Hausherrn, die sich mittlerweile überregional einen Namen gemacht hat.

www.walba.de

Weltenburg | Klosterschenke Weltenburg

Tradition

Brauerei

Biergarten

Gästezimmer

Foto: Klosterschenke

Klosterschenke Weltenburg

Beschreibung

Wer kennt es nicht, das malerische Fleckchen Erde, an dem sich die älteste Klosterbrauerei samt Klosterschenke Weltenburg samtweich an die Donau schmiegt und das tagtäglich von vielen Touristen und Einheimischen besucht wird? Unweit von der Königsstadt Kelheim entfernt und direkt an einer Schiffsanlegestelle gelegen, findet man nicht nur eines der bekanntesten, sondern auch eines der schönsten Wirtshäuser Bayerns. Tagtäglich legen

Leberknödelsuppe:	5,90 €
Schweinebraten mit Knödel & Salat:	14,90 €
Halbe Bier:	4,90 €

Mai 2023

1 Dunkles Radler im schattigen Biergarten. [Foto: Gabi Kiesl]

2 Knusprige Schweinshaxe in Dunkelbiersoße. [Foto: Klosterschenke]

3 Weltenburger Brauerei: hohe Braukunst. [Foto: Josef Roidl]

4 Im schattigen Biergarten ist immer was los. [Foto: Gabi Kiesl]

5 Hochwassermarkierungen auf altem Gemäuer. [Foto: Gabi Kiesl]

6 Der weltberühmte Donaudurchbruch. [Foto: Gabi Kiesl]

4

dort viele Donauschiffe an, um Passagiere in der Schenke einkehren zu lassen. Doch nicht nur per Schiff ist diese erreichbar. Egal ob man mit dem Auto, mit dem Bus, mit dem Fahrrad oder zu Fuß anreist, ein Besuch in dieser besonderen Gaststätte oder in dem dazugehörenden schattigen Biergarten lohnt sich allemal. Ich erinnere mich nur zu gut daran, als ich das erste Mal, im Kindesalter, mit meinen Eltern an diesem beeindruckenden Ort im Schatten saß: Schön war's, beeindruckend war's, guad hat's gschmeckt! Ich habe das zufrieden grinsende Gesicht meines Vaters noch immer im Kopf, als er damals auf einen Teller mit knuspriger Schweinshaxe und ein Glas frisch gezapftes Barock Dunkel blickte. Sein Blick verriet mir damals wie heute, dass das Essen in der Klosterschenke Weltenburg nicht nur im herkömmlichen Sinne satt, sondern auch Lust auf mehr machte. Kein Wunder also, dass wir auch heute, viele Jahre später, immer noch gerne hierherkommen. Und auch wenn meine Eltern mittlerweile gern den kostenlosen Shuttlebus vom nahegelegenen Parkplatz nutzen, hat sich eins nicht verändert: das zufriedene Lächeln meines Vaters. Wenn sich überhaupt irgendetwas verändert hat, dann lediglich der Inhalt unserer Biergläser, denn mittlerweile genießen wir meist ein dunkles Radler und lassen es etwas durstlöschender angehen. Hier, direkt im Herzen von Bayern, schmeckt einfach jede der leckeren Biersorten. Denn hier versteht man es einfach auch, ein besonderes Bier zu brauen. Vom Halm bis ins Glas wird in der Klosterbrauerei Weltenburg nichts dem Zufall überlassen. Bezogen werden alle Zutaten ausschließlich von langjährigen regionalen Partnern, die den höchsten Qualitätsansprüchen beständig bestehen können, und im brauereieigenen Labor werden alle Rohstoffe der

Geschäftsführer:
Abt Thomas Freihart OSB,
Rolf Holthausen

Adresse:
Asamstraße 32
93309 Kelheim

Telefon:
09441/67570

Telefax:
09441/6757525

E-Mail:
info@klosterschenke-weltenburg.de

Öffnungszeiten:
Täglich 18. März 2023 bis
8. Oktober 2023
9.30 – 19.00 Uhr
(Küche und Konditorei bis 18.30 Uhr)
Täglich 9. Oktober 2023 bis
5. November 2023
9.30 – 17.00 Uhr
(Küche und Konditorei bis 16.45 Uhr)

Räumlichkeiten:
Gartensaal (200 Plätze)
Barocksaal (80 Plätze)
Prälatenstüberl (30 Plätze)
Asamstüberl (45 Plätze)
Donaustüberl (55 Plätze)
Raum St. Martin (45 Plätze)

Besonderheiten:
Direkt an der Sehenswürdigkeit Donaudurchbruch / Weltenburger Enge gelegen.

5   6

Biergarten:
Einer der schönsten und beliebtesten Biergärten Bayerns ist im Innenhof der barocken Klosteranlage gelegen. Unter alten Kastanien und Linden, die teilweise im 19. Jahrhundert gepflanzt wurden, ist für bis zu 1100 Besucher ausreichend Schatten an sonnigen Tagen.

Bier:
Weltenburger Kloster Barock Dunkel
Weltenburger Kloster Anno 1050 (Märzen)
Weltenburger Kloster Hell
Weltenburger Kloster Asam Bock
Weltenburger Kloster Helles Weizen
Alle Biere direkt von der Weltenburger Klosterbrauerei

Preise:
Suppen: 5,90 €
Brotzeiten: 10,90 – 12,90 €
Hauptgerichte: 9,90 – 25,40 €
Nachspeisen: 8,70 €

Warme Küche und hauseigene Konditorei:
Durchgehend zu den Öffnungszeiten

Übernachten:
Gästehaus St. Georg mit 57 Zimmern.

www.klosterschenke-weltenburg.de

Weltenburger Biere vor Verarbeitung genauestens analysiert und zudem fortlaufend geprüft. Viele Auszeichnungen bei nationalen und internationalen Wettbewerben sprechen für sich. Ob die Wandermönche, die das Kloster einst im 7. Jahrhundert gegründet hatten, jemals im Traum daran gedacht haben, was sich draus entwickeln würde? Ob sie jemals geglaubt hätten, dass die Küche der späteren Klosterschenke einen sehr hohen Qualitätsanspruch hätte und sich in der Hochsaison beinahe 150 Mitarbeiter für das Wohl der Gäste aus der ganzen Welt sorgen würden? So oder so, dass heutzutage längst nicht nur bayerisch-traditionelle Gerichte, sondern auch Spezialitäten wie das beliebte Altmühltaler Lamm, leckere Fischgerichte aus der Region, zahlreiche saisonale Spezialitäten wie Wild und Spargel und viele fleischlose Gerichte weit über die klassischen Käsespätzle hinaus auf der Speisekarte der Klosterschenke Weltenburg angeboten werden, ließe die Herzen der einstigen Mönche sicher noch höher schlagen. Unsere tun es jedenfalls jedes Mal wieder aufs Neue, wenn wir hier zu Gast sein dürfen!

Fazit

Die Weltenburger Klosterbrauerei ist die älteste Klosterbrauerei der Welt. Das direkt am beliebten Ausflugsort mit Schiffsanlegestelle bzw. Shuttlebus oder auch zu Fuß leicht zu erreichende, am berühmten Donaudurchbruch gelegene Barock-Kloster samt Klosterkirche und Gaststätte samt riesigem Biergarten lädt alle Ausflügler, Gäste und auch Feiernde dazu ein, sich traditionell-kulinarisch und bei bestem Gerstensaft verwöhnen zu lassen. Wer möchte kann auch gerne im Gästehaus St. Georg nächtigen.

Foto: Josef Roidl

Foto: AdobeStock

Bücher für Bayern ♥ aus Liebe zur Heimat

Die schönsten Wirtshäuser in Stadt und Landkreis Cham
ISBN 978-3-95587-076-8 · Preis: 19,90 €

Knödellust – So schmeckt Glückseligkeit
ISBN 978-3-95587-801-6 · Preis: 24,90 €

Grosses Oberpfälzer Kochbuch – So schmeckt's dahoam!
ISBN 978-3-95587-097-3 · Preis: 24,90 €

Kartoffelsterz und Hollerkoch – Rezepte aus schweren Zeiten
ISBN 978-3-95587-826-9 · Preis: 24,90 €

Brennsuppn und Erdäpfel – Vergessene Rezepte aus dem Bayerischen Wald
ISBN 978-3-95587-825-2 · Preis: 24,90 €

Regensburg in historischen Bildern
ISBN 978-3-86646-324-0 · Preis: 14,90 €

Regensburg in historischen Bildern Teil 2
ISBN 978-3-86646-346-2 · Preis: 14,90 €

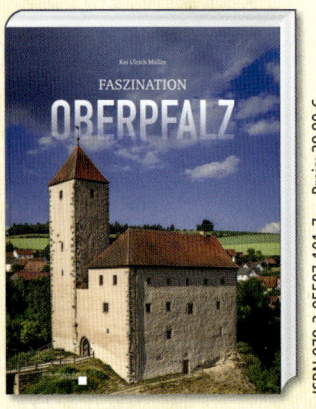

Faszination Oberpfalz
ISBN 978-3-95587-101-7 · Preis: 39,90 €

Genuss Wandern Regensburg
ISBN 978-3-95587-421-6 · Preis: 17,90 €

Toni Lauerer – Älter werden is koa Gaudi. Geschichten vom ewigen Kindskopf
ISBN 978-3-95587-430-8 · Preis: 16,90 €

Heimat battenberg gietl verlag

Battenberg Gietl Verlag GmbH
Pfälzer Straße 11 · 93128 Regenstauf
Tel. 0 94 02 / 93 37-0
E-Mail: info@battenberg-gietl.de

Fordern Sie kostenlos unser Verlagsprogramm an!

Unser komplettes Programm mit Leseproben finden Sie online unter www.battenberg-gietl.de/heimat